VIE

DE

MONSEIGNEUR DUBUIS

L'APOTRE DU TEXAS

Par l'Abbé J. P.

LYON

LIBRAIRIE
EMMANUEL VITTE
3, place Bellecour, 3

LIBRAIRIE RUBAN
6, place Bellecour, 6

LIBRAIRIE DE LA CROIX
MATHIEU PAQUET
46, rue de la Charité, 46

LIBRAIRIE SAINT-DOMINIQUE
C. ALLIMANT
17, rue Saint-Dominique, 17

ROANNE
LIBRAIRIE RÉBÉ SŒURS, 30, rue du Lycée, 30

1900

VIE

DE

MONSEIGNEUR DUBUIS

MONSEIGNEUR CLAUDE-MARIE DUBUIS
Evêque de Galveston
1817-1895

VIE

DE

MONSEIGNEUR DUBUIS

L'APOTRE DU TEXAS

Par l'Abbé J. P.

LYON

LIBRAIRIE
EMMANUEL VITTE
3, place Bellecour, 3

LIBRAIRIE RUBAN
6, place Bellecour, 6

LIBRAIRIE DE LA CROIX
MATHIEU PAQUET
46, rue de la Charité, 46

LIBRAIRIE SAINT-DOMINIQUE
C. ALLIMANT
17, rue Saint-Dominique, 17

ROANNE

LIBRAIRIE RÉBÉ SŒURS, *30, rue du Lycée, 30*

1900

MONSEIGNEUR C[illegible] DUBUIS

Évêque de [illegible]

1817-[illegible]

VIE

DE

MONSEIGNEUR DUBUIS

L'APOTRE DU TEXAS

Par l'Abbé J. P.

LYON

LIBRAIRIE
EMMANUEL VITTE
3, place Bellecour, 3

LIBRAIRIE RUBAN
6, place Bellecour, 6

LIBRAIRIE DE LA CROIX
MATHIEU PAQUET
46, rue de la Charité, 46

LIBRAIRIE SAINT-DOMINIQUE
C. ALLIMANT
17, rue Saint-Dominique, 17

ROANNE
LIBRAIRIE RÉBÉ SŒURS, *30, rue du Lycée, 30*

1900

ARCHEVÊCHÉ
DE LYON

—

Lyon, le 6 Octobre 1899.

CHER MONSIEUR L'ABBÉ,

C'est de grand cœur que je vous accorde l'*imprimatur* pour votre ouvrage intitulé : *Vie de Monseigneur Dubuis, apôtre du Texas.*

Je regarde comme une grâce de la Providence d'avoir connu ce vénérable évêque et je conserve avec un religieux respect le souvenir de son dévouement et des saints exemples de ses dernières années.

Mgr Dubuis a mérité le beau titre d'apôtre du Texas et vous avez fait une bonne action en le justifiant, par des preuves sans nombre. Il a été l'une des gloires du diocèse de Lyon : nous devons conserver et honorer sa mémoire.

Les prêtres du diocèse liront avec édification la vie d'un évêque qu'ils ont connu et aimé; c'est en leur nom et au mien que je vous remercie en priant Notre-Seigneur de répandre sur votre ministère ses meilleurs bénédictions.

† PIERRE, Card. COULLIÉ,
Archevêque de Lyon et de Vienne.

ÉVÊCHÉ
DE LAVAL

Laval, le 17 Août 1899.

MONSIEUR L'ABBÉ,

Laissez moi tout d'abord vous féliciter d'avoir fait une bonne œuvre en écrivant la vie de Mgr Dubuis. La mémoire de ce saint évêque si connu des Lyonnais, si populaire parmi ses compatriotes, méritait d'être conservée et fixée à jamais. Sans doute nous qui l'avons connu et approché depuis notre enfance, nous n'oublierons jamais cette forte et originale physionomie d'évêque-missionnaire. Nous conserverons impérissable le souvenir de ces récits ardents, de ces descriptions enflammées que nous faisait l'évêque de Galveston au sujet de ses chères missions du Texas, de ses courses apostoliques, des périls encourus, aussi bien que des souffrances endurées.

Sans doute les impressions profondes laissées dans nos âmes par sa foi vive, sa foi d'apôtre des premiers âges ne s'effaceront jamais; mais il était bon que ces souvenirs fussent laissés à ceux qui viendront après nous, ne fût-ce que pour faire germer des futures vocations de missionnaires et apprendre aux catholiques à quels prix les âmes sont conquises. Il était bon surtout qu'on sût, les preuves en mains, tout le bien accompli par cet homme de Dieu, qu'on peut mettre à bon droit au nombre des fondateurs de l'Eglise Américaine : « Jamais, me disait un de ses compagnons

« d'apostolat et un de ses prêtres (l'abbé Faure, mort
« aumônier de la Charité, à Saint-Etienne), jamais on
« ne saura le bien immense, le travail colossal accom-
« plis par Mgr Dubuis, au Texas. »

Grâce à vous, Monsieur l'Abbé, on le saura, on saura plus encore : on apprendra que dans l'évêque au cœur ardent, à la parole parfois un peu trop colorée d'imagination, il y avait un saint.

Vous avez donc bien mérité en faisant ce livre des Missions Catholiques de la Jeune Eglise du Texas et du diocèse de Lyon qui lui a donné ses premiers apôtres.

Agréez, Monsieur l'Abbé, encore une fois, mes sincères félicitations, avec mes meilleurs sentiments en N.-S.

† PIERRE JOSEPH,

Evêque de Laval.

PRÉFACE

« *Ecce sacerdos magnus qui in diebus suis placuit Deo et inventus est justus.* Voici un prêtre éminent qui, dans sa vie, plut à Dieu et fut trouvé juste (1) ».

S'il fut à notre époque un apôtre auquel ce magnifique éloge se puisse appliquer sans réserve, c'est bien Mgr Dubuis, l'apôtre du Texas.

Son activité, son endurance vraiment surhumaine, sa foi, sa confiance en Dieu, aidées d'une brillante intelligence que voilait une bonhomie charmante, ont littéralement accompli des prodiges.

On peut, sans amoindrir les apôtres des premiers siècles du christianisme sur le vieux continent, leur comparer ce créateur, cet organisateur d'églises dans le Nouveau-Monde. Il y eut en lui du Paul et du Barnabé ; on y retrouve Pothin et Irénée, Patrice et

(1) *Ecclésiastique* § 44, 45.

le moine Augustin, Boniface, Cyrille et Méthode ; il semble même que la plupart des fondateurs chrétiens ont eu besoin de moins de courage et de persévérance que lui, et il triompha parfois de situations tellement difficiles, tellement désespérées, que les plus belles pages de nos annales n'offrent rien de plus héroïque.

Ni l'immensité des déserts, ni le manque de points d'appui dans ces solitudes, ni les assauts des sectaires *Know-nothing*, ni les ruines accumulées par la guerre civile, rien ne le déconcerte. Il dompte à force d'énergie calme, il apaise à force de charité, il finit par conquérir la sympathie avec l'admiration, jusque chez les adversaires, et il est certainement un de ceux qui ont le plus contribué à amener, aux Etats-Unis, de la part des Protestants, cet état d'esprit plus équitable et plus serein, dont parlait récemment Mgr Keane :

« Chez nous les relations des catholiques avec leurs compatriotes non catholiques sont maintenant bien améliorées. Pendant des siècles, et avec raison, les premiers étaient habitués à considérer les seconds comme des agresseurs de l'Eglise, qui ne doivent être abordés pour ainsi dire qu'à la pointe de la baïonnette.

« Aujourd'hui, à l'exception d'une petite minorité de fanatiques, telle n'est point du tout l'attitude des non catholiques. Ils sont protestants simplement par la force de l'hérédité (ou de l'ignorance) et presque tous en parfaite bonne foi. Nous les regardons eux aussi comme chrétiens, mais comme ayant perdu, par la faute de leurs ancêtres, une partie de l'enseignement chrétien et se trouvant dans une situation fausse par rapport à l'Eglise et aux canaux de la grâce, et nous tâchons, dans un esprit de charité fraternelle, de les amener à la plénitude de la vérité et de la grâce (1). »

A qui les Etats-Unis doivent-ils cette pacification morale et cette sorte « d'honnêteté religieuse? » A la miséricorde divine tout d'abord. Mais les instruments dont elle s'est servie pour la produire, ce sont les évêques fondateurs des jeunes églises américaines, pour la plupart missionnaires venus de France (et en particulier de Lyon) : les Cheverus, les Odin, les Dubuis.

On a pensé avec raison que la vie de ce dernier est une partie précieuse de l'histoire générale de l'Eglise et de celle de notre temps, et qu'il ne fallait pas laisser tomber dans l'oubli tant de beaux exemples, susceptibles d'inspirer à leur tour des imitateurs.

L'écrivain qui a entrepris de les recueillir et qui les offre au public dans ce volume était admirablement qualifié pour une semblable tâche.

Compatriote de Mgr Dubuis et en quelque sorte son fils spirituel, il a pu voir dès l'enfance sa foi, ses vertus, son amour de la pauvreté, et entendre sa chaude et pénétrante parole. Il lui a servi la messe bien souvent; il a connu sa mère et toute sa famille. Plus tard, séminariste et prêtre, il l'a étudié avec plus de soin encore; il a compris, en le contemplant, ce que c'est qu'une figure de saint.

Les documents ne lui ont pas manqué, non plus que l'amour de son sujet.

Cet ouvrage étant pour lui un début, nous nous sommes permis de l'encourager.

(1) Article de *Revue*, cité par la *Vérité* du 12 avril 1898.

Pectus est quod disertos facit. Ceux qui liront la *Vie de Mgr Dubuis* sentiront bien vite que c'est le cœur qui a inspiré le biographe.

Ils seront nombreux, nous n'en doutons pas, le talent du narrateur, que nous leur laissons le soin d'apprécier, n'étant pas inférieur à la grandeur du héros.

Et ainsi revivra parmi nous, dans sa patrie, ainsi pourra de nouveau traverser les mers et reprendre au Texas sa tâche interrompue, pour la gloire de Dieu, l'honneur de l'Eglise et le bien des âmes, un des apôtres les plus féconds que l'on ait vu depuis saint François-Xavier, et l'une des plus belles figures du siècle qui va finir.

J.-M. VILLEFRANCHE.

VIE
DE
MGR DUBUIS

CHAPITRE PREMIER

SA NAISSANCE, SON ENFANCE ET SON ÉDUCATION

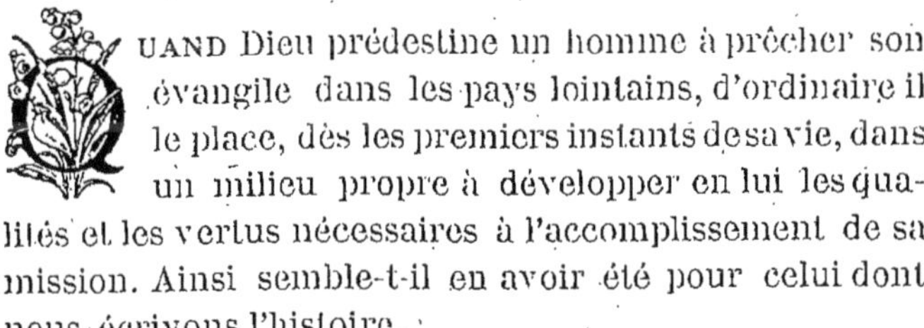

QUAND Dieu prédestine un homme à prêcher son évangile dans les pays lointains, d'ordinaire il le place, dès les premiers instants de sa vie, dans un milieu propre à développer en lui les qualités et les vertus nécessaires à l'accomplissement de sa mission. Ainsi semble-t-il en avoir été pour celui dont nous écrivons l'histoire.

Claude-Marie Dubuis naquit au hameau de Têche, paroisse de Coutouvre, à 14 kilomètres de la ville de Roanne. Des hauteurs où s'épanouit ce hameau un vaste horizon se déroule à la vue ; d'un côté, les monts du Lyonnais s'échelonnent comme de gigantesques degrés, de l'autre, l'œil s'égare sur les vastes et fertiles plaines du Roannais et du Bourbonnais, sillonnées par la Loire et limitées par les monts d'Auvergne ; en face, dans un amphithéâtre de verdure semé de maisons et de métairies, le bourg est assis sur le versant nord d'un coteau escarpé. Quant au hameau lui-même, il est difficile de trouver un coin de terre aussi accidenté et par conséquent un endroit ou l'homme ait besoin de plus d'énergie pour escalader constamment ces pentes rapides.

Malgré leurs dévastations, la Révolution et l'Empire avaient respecté les sentiments religieux de la population, l'esprit chrétien avait résisté à la tourmente et au moment où s'ouvre cette histoire, la paroisse de Coutouvre avait conservé ses traditions religieuses avec la simplicité des mœurs des aïeux. C'est là, dans cette vaste et gracieuse nature, au milieu de cette population vraiment chrétienne que naquit le 8 mars 1817, celui qui devait être plus tard l'apôtre du Texas, c'est là qu'il passa les plus beaux jours de son enfance, en présence des merveilleux contrastes qu'y présente l'œuvre divine. Les horizons, a-t-on dit, aussi bien que la société, exercent sur la formation de l'homme moral une étrange mais réelle influence ; peut-être faut-il attribuer en partie à cette cause les aspirations de son âme ardente qui toujours le tinrent élevé au-dessus des égoïsmes de la vie matérielle.

Deux jours après sa naissance, il fut porté sur les fonts sacrés et y reçut le nom de Claude-Marie, il eut pour parrain son oncle maternel l'abbé Claude Dubost, alors vicaire à Violay, et pour marraine sa tante maternelle qui habitait Sevelinges. Claude-Marie était le cinquième des huit enfants de la famille.

En été, son père, François Dubuis, cultivait sa petite propriété et l'hiver il tissait le chanvre. Il n'avait ainsi que le travail de ses mains pour se procurer sa subsistance et celle de sa nombreuse famille. Mais s'il n'était pas riche il était honnête et il jouissait d'une telle réputation de vertu qu'il passait à l'endroit de la probité pour porter la délicatesse de conscience jusqu'au scrupule. Ceux qui l'ont bien connu nous affirment que son caractère franc et ouvert lui attirait l'affection de tout le hameau.

Sa mère appelée Antoinette, n'était pas moins recommandable par sa pitié et par le soin extrême qu'elle prenait de bien élever ses enfants et de leur inspirer dès leurs plus tendres années la crainte et l'amour du Seigneur. C'était une femme d'une grande énergie et d'une nature profondément religieuse. Claude-Marie hérita de ces deux traits et la plus chaude sympathie régna toujours entre la mère et le fils ; toujours la mère disait : « mon petit » avec une tendresse qui ne nuisait pas à la grande vénération qu'elle portait plus tard à son caractère d'évêque.

Les parents du futur prince de l'Eglise étaient donc dénués des biens de la fortune, mais riches en vertus, ce qui vaut mieux. On allait voir se vérifier une fois de plus en ce jeune enfant la parole du psalmiste : « *De stercore erigens pauperem ut collocet eum cum principibus.* Il a tiré le pauvre de la boue pour le placer parmi les princes. » L'Église de Jésus-Christ, là où elle n'est pas violentée dans ses choix par la dure main de l'Etat, ne tient pas compte, dans la vocation de ses pontifes, des considérations accessoires de naissance et de fortune. Elle se souvient que ses premiers apôtres furent des pêcheurs du lac de Génésareth. Aussi quoi qu'on dise, elle reste la société démocratique par excellence, ses dignités sont accessibles à tous et elle ne considère que le mérite et la sainteté de l'élu. Plus d'une fois on a vu tirer des derniers rangs de la société, ceux au front desquels elle fait rayonner la mitre d'or ou la tiare du

Pontife suprême. Cette économie de la Providence, qui revêt parfois un caractère surnaturel, nous la voyons constamment suivie pendant tout le cours des âges. Sous l'Ancien Testament, Dieu prend le plus souvent des hommes de rien, de simples bergers pour en faire les chefs et les prophètes de son peuple. Les annales ecclésiastiques sont pleines de noms de grands et saints personnages sortis des plus pauvres et des plus obscures conditions. Et quand Dieu daigne quelquefois choisir les grands et les riches du siècle pour les employer aux choses de son royaume, il faut que ces riches et ces grands commencent par se détacher, qu'ils se fassent humbles et petits, qu'ils méprisent le faste et l'opulence de leur premier état; ce n'est qu'à ce prix qu'ils peuvent mériter de devenir les dignes ministres d'un Dieu pauvre et humilié.

Cette pauvreté et cette abjection que tant de saints prêtres et de saints évêques ont volontairement embrassée, Dieu voulut que son serviteur Claude Dubuis la trouvât à son berceau.

Il fut donc élevé à cette rude et saine école de la pauvreté laborieuse, qui n'est pas la misère avec ses déchéances presque inévitables, mais qui retranche toutes les superfluités et le confortable malsain, avec lequel la mollesse de l'éducation bourgeoise gâte aujourd'hui les meilleures natures. Il fut élevé pauvrement, comme le sont les enfants du peuple et c'est là pour un apôtre la meilleure préparation.

Personne ne pressentait alors l'avenir qui lui était réservé; néanmoins ce n'était pas un enfant ordinaire. A le voir si bouillant et si intrépide, à contempler son regard si vif et si assuré, son attitude ferme jusqu'à la raideur, mais toujours souple à la voix de ses parents, on devinait d'instinct qu'il y avait là une âme d'élite chez qui la nature et la grâce auraient à se livrer parfois de rudes combats. On pouvait tout espérer ou tout craindre d'un pareil tempérament. En un mot, c'était un enfant terrible qui laissait douter encore, dans quel sens il réaliserait l'horoscope que selon la tradition, une vieille femme aurait proféré sur son berceau : « Ce sera un évêque ou un brigand ».

On nous permettra, pour dépeindre son enfance, de reproduire dans leur naïveté les confidences d'un vieillard du hameau : « Si j'ai connu Mgr Dubuis ? Oui certes, je l'ai connu, puisque nous étions du même âge et que j'étais son plus proché voisin. Mais que puis-je vous raconter sur son sujet ? Il m'est si doux de me transporter à ce temps heureux ou bien jeunes encore nous nous amusions ensemble ! Comme il était gai, remuant, boute-en-train ! Dès l'âge de sept ans il menait aux paturages deux vaches et une chèvre. J'allais souvent avec lui, nous nous amusions beaucoup. Bien des fois, selon l'usage des bergers, nous fîmes de petites constructions en terre et en cailloux ; moi je bâtissais des petits fours ; lui il construisait des églises et il me parlait souvent de voyage. Souvent il me racontait les exploits des missionnaires qu'il avait entendus raconter dans la famille ou qu'il avait lu lui-même, il m'exprimait son désir de visiter les grandes villes.

« En attendant il aimait plus que tout autre à jouir de la campagne et de la liberté des champs ; aussi en usait-il largement. Nous partions à travers les bois des soirées entières. Souvent au lieu de diriger nos pas vers la forêt nous allions vers l'étang et y prenions un bain. A l'âge de cinq à six ans nous faillimes nous noyer tous deux, mais grâce au secours de nos mères nous pûmes sortir de l'eau sain et sauf. A partir de ce moment, comme mesure de précaution, nous avions toujours près de nous des paquets de joncs pour nous soutenir en cas de défaillance. C'est une chose admirable : alors que dans le hameau personne ne connaissait la natation, lui, à l'âge de sept ans nageait sans crainte comme un poisson. Lorsque, devenu missionnaire, il me parlait de ce bon vieux temps, il me faisait admirer la Providence de Dieu. Que de fois, disait-il, cet art de la natation m'a servi pour traverser les rivières et les fleuves ! »

Mais l'enfançe à la campagne ne se passe pas seulement dans les loisirs et les jeux, le travail est pour tous, étant partout nécessaire et à la portée de tous. Il y a là un apprentissage de la vie que rien ne remplacera. Le jeune Dubuis était le premier à prendre sa part des travaux ; il allait donc aux champs, et le souvenir de sa vie de berger resta profondément gravé dans sa mémoire. Devenu évêque de Galveston, lorsqu'il gravissait le sentier qui monte de Coutouvre au hameau de Têche, il aimait à en rappeler le temps, et sa figure s'épanouissait, quand il nous disait : « Ah ! dans ces prés, j'ai bien souvent gardé le petit troupeau de mon père ! »

On raconte que, bien jeune encore, il disparaissait souvent pendant de longues heures, entraîné par l'ardeur de sa nature exubérante et lorsqu'on s'inquiétait de son absence, c'était souvent du sommet d'un arbre qu'il faisait écho à la voix maternelle. Déjà à cette époque, comme plus tard en Amérique, il aime à parcourir les forêts et les prairies ; pendant des journées entières il se perd au sein des solitudes, il ose traverser en tous sens les grands bois, il est infatigable et insatiable des pures et nobles émotions qui fortifient le caractère et agrandissent le cœur.

A l'âge de quatre ans, raconte encore le vieillard dont nous avons emprunté les souvenirs, se trouvant humilié de porter encore des robes et jugeant cet habit trop incommodé pour courir dans les champs et monter sur les arbres, il vint trouver sa mère et la supplia de lui donner des culottes. Sa mère lui fit observer que sa robe était encore presque neuve et qu'il fallait qu'elle soit usée avant d'avoir ses premières culottes. L'enfant ne répondit rien à ce raisonnement, mais le lendemain il se présenta de nouveau devant sa mère avec sa robe toute en lambeaux ; il l'avait déchirée dans tous les sens pour qu'il fut impossible de la raccommoder. La mère, on le devine sans peine, le punit sévèrement, mais elle fut obligée de s'exécuter et de lui donner ce qu'il avait réclamé. Ce fait du jeune âge nous donne déjà une idée de l'énergie, de la volonté qu'il montrera plus tard dans ses missions.

Aussi remuant pendant son sommeil que pendant la journée, nous raconte sa sœur aînée, à l'âge de cinq ans il tomba un jour de son lit dans un tonneau de plume ; réveillé par sa chute, il appela au secours et mit toute la maison en émoi, il fallut le sortir de sa prison et le replacer dans son lit.

Cependant, malgré cette exubérance de vie qui l'éloignait souvent de la maison paternelle, sa mère avait les yeux sur lui et elle savait profiter de toutes les circonstances pour en faire sortir des leçons utiles. Un jour le petit Claude apportait joyeusement dans ses mains trois belles prunes.

— Où as-tu pris ces fruits ? lui dit la mère.

— Je les ai trouvés sur le chemin, sous un prunier, en revenant du bourg, répond le petit Claude.

— Ces prunes ne t'appartiennent pas, va immédiatement les rapporter ou tu les as prises.

— Mais, maman, elles étaient sur le chemin, elles seront nécessairement prises ou écrasées par les passants.

— Peu importe, và immédiatement reporter ces fruits.

Claude partit aussitôt et fit un quart d'heure de chemin pour remettre à leur place ces prunes qu'il avait cru pouvoir ramasser en toute sécurité de conscience. Lorsqu'il fut de retour, sa mère lui expliqua la délicatesse qu'il faut avoir sur la probité, pour ne point faire de la peine au Bon Dieu. « Craignons, lui dit-elle, craignons les petites fautes qui mènent aux grandes. Les voleurs ont tous commencé par prendre des bagatelles, des choses d'une valeur insignifiante, puis, peu à peu, ils se sont enhardis et sont devenus de vrais brigands ».

C'est ainsi que cette mère comprenait l'éducation de son fils ; elle savait bien que l'enfant est presque toujours ce que le fait l'éducation maternelle.

Pour compléter le tableau de ces premières années, il faudrait écarter un instant le voile qui défend contre tout œil profane le sanctuaire de la famille chrétienne ; nous retrouverions là sans doute le germe précieux des vertus que la grâce a développées facilement dans la suite. « Ce qu'on appelle l'homme, c'est-à-dire l'homme « moral, a écrit Joseph de Maistre, est peut-être formé « à dix ans ; et s'il ne l'a pas été sur les genoux de sa « mère, ce sera toujours un grand malheur. Si la mère « surtout s'est fait un devoir d'imprimer profondément « sur le front de son fils, le caractère divin, on peut « être sûr que la main du vice ne l'effacera jamais ». Telle fut l'influence de la famille de Claude à l'âge de dix ans ; il avait si bien profité des leçons quotidiennes qu'il recevait au foyer domestique, que le caractère divin resta imprimé dans son âme en traits indélébiles.

Devenu évêque, il aimait à revenir souvent sur les religieuses impressions de sa première enfance ; il rappelait volontiers les leçons qu'il avait apprises jadis sur les genoux de sa mère. « Lorsque j'étais tout petit, ne sachant pas encore lire, racontait-il un jour, ma mère m'expliquait la Sainte Messe, elle me parlait de l'excellence du grand sacrifice. Pour bien entendre la messe, me disait-elle, puisque tu ne sais pas encore assez lire, tu diras ton rosaire, et si le prêtre a fini la messe avant, tu resteras encore un moment à l'église pour finir tes trois chapelets ».

Cependant l'étude l'attirait ; son intelligence précoce le faisait remarquer de toute la famille qui souhaitait pour lui une instruction plus développée.

Ce n'était pas chose facile, au commencement du siècle, que d'acquérir de l'instruction. La Révolution française qui — selon le mot célèbre — n'avait pas besoin de savants, avait tout détruit. Elle avait bien ensuite restauré les grandes écoles ; mais, pour le peuple, elle n'avait eu que des projets. Il n'y avait d'instituteur de village ni à Coutouvre, ni dans les environs et quiconque voulait s'instruire était obligé d'aller étudier chez des étrangers qui parcouraient le pays durant quelques mois de l'hiver. Ce fut dans ces écoles de hameau, tantôt dans une maison, tantôt dans l'autre, que Claude-Marie Dubuis apprit à lire et à écrire. Sa mère aussitôt lui acheta un catéchisme et elle voulut qu'il se perfectionnât à la lecture de ce manuel de l'enfance chrétienne.

Avec une telle éducation, l'enfant avait constamment les yeux tournés vers Dieu, il étudiait pieusement son catéchisme et en pénétrait le sens. La pensée de sa première communion était souvent présente à son esprit, elle l'excitait puissamment à l'accomplissement de tous ses devoirs. Son cœur était déjà prêt à recevoir le Pain des Anges, il n'avait que dix ans, mais à cause de sa science et de sa piété, le bon curé de Coutouvre le jugea digne de ce grand bienfait. Ce fut le 12 mai 1827, en la fête de Saint Pothin, que Notre-Seigneur entra pour la première fois dans cette âme pure et bien disposée à subir toutes les impressions de la grâce.

Cependant, son oncle et parrain qui, du vicariat de Violay, était allé à la cure de Saint-Marcel-l'Eclairé, voyant les excellentes dispositions du jeune Claude, crut discerner en lui un travail spécial de la grâce et un germe de vocation sacerdotale; il résolut donc de le prendre chez lui et de lui donner les premières leçons de latin. L'abbé Dubost fit part de ses intentions au père et à la mère de Claude. Elles étaient trop conformes aux vues de la famille pour n'être pas acceptées avec joie et reconnaissance. A l'instant même on fixa le jour où Claude se rendrait au presbytère de Saint-Marcel.

L'abbé Dubost était un de ces hommes de mérite en qui l'on remarque un jugement droit, et dont les généreuses qualités du cœur sont encore rehaussées par la simplicité des manières; spirituel et gai, avec un fond de foi et de piété solides, comme était ce clergé qui avait vu la tourmente de la Révolution, franc comme l'or, généreux jusqu'à l'excès, il était un véritable père pour tous ses paroissiens.

Le jeune Claude, lui, était certes content d'aller chez son parrain pour faire ses études, mais sa joie n'était pas sans nuage. Se séparer de ses parents, de ses petits amis, du hameau bien aimé, de son village, d'une église où il venait de faire sa première communion; se séparer ainsi de tant d'objets chers à son cœur et à sa piété, tout cela, a-t-il dit plus tard, lui valut des émotions bien douloureuses. Ce ne fut donc qu'avec effort sur lui-même qu'il s'éloigna du hameau de Têche, de la paroisse de Coutouvre.

Mais à peine arrivé au presbytère de Saint-Marcel, Claude se mit de tout son cœur au travail. Nous n'avons que bien peu de détails sur le temps qu'il passa dans ce pays, ce que nous savons, c'est que chaque matin il servait pieusement la Sainte Messe, et qu'il accompagnait toujours son parrain lorsque celui-ci portait le Viatique aux malades. Il n'oubliait cependant pas son pays natal; il allait souvent visiter sa famille et ses amis, et c'était toujours pour lui un nouveau bonheur, lorsque selon son expression favorite, il pouvait visiter les enfants de Saint-Denis.

Le jeune Dubuis resta ainsi au presbytère pendant cinq ans, rendant mille petits services à son oncle ; par son amabilité, sa docilité affectueuse et sa tendre piété, il était comme un doux rayon de soleil dans la maison de cet excellent prêtre. Entre temps, il balbutiait les déclinaisons latines et ruminait quelques règles de grammaire que le bon curé lui expliquait de son mieux, autant du moins que les soins multiples du ministère lui permettaient de s'occuper de lui.

Claude avait quinze ans. L'abbé Dubost qui le chérissait tendrement aurait voulu le conduire lui-même jusqu'au terme de ses études, mais se trouvant trop occupé, et, en outre n'ayant plus assez présentes à la mémoire toutes les matières de l'enseignement, il jugea plus avantageux de l'envoyer dans un établissement diocésain.

Sans doute, les installations où l'on rassemble un grand nombre d'élèves ne sont pas sans offrir quelques inconvénients ; elles ont toutefois une incontestable supériorité pour la formation des esprits et des cœurs. On y fait l'apprentissage de la vie, et il serait difficile de trouver en dehors d'elles cette émulation puissante et surtout ce don de développer la virilité, le savoir-vivre, la souplesse d'humeur et le bon sens pratique, par des habitudes régulières et par les frottements divers qui s'y rencontrent. Cet âge est sans pitié a dit le grand fabuliste et, ajoute un autre plus récent :

> Collège et pension, monde en miniature,
> Où l'on apprend la vie, où, sans ménagements,
> Ecoliers ont entre eux de rudes frottements (1).

A la fin des vacances scolaires de 1833, Claude Dubuis entra à l'Argentière.

(1) VILLEFRANCHE, Le *Fabuliste chrétien*, liv. XII, fol. 14.

Cette école secondaire ecclésiastique est attachée aux flancs de la montagne du Chatelard et domine, du point où elle est assise, la riche vallée de la Brevenne, très large en cet endroit. Elle occupe les bâtiments de l'ancien prieuré de Notre-Dame-de-Coyse, où le cardinal Fesch transporta, en 1804, le petit séminaire de Saint-Galmier. Dirigée par les prêtres de la Société de Saint-Irénée, qui sont les missionnaires diocésains de Lyon, elle était alors très florissante et comptait quatre cents élèves, tous pensionnaires.

Claude, avec son caractère gai et enjoué gagna promptement l'amitié de ses camarades, et il n'eut bientôt qu'à se louer de ses bonnes relations avec eux.

Malheureusement, chez son oncle les études avaient été bien rudimentaires. Il n'avait pas étudié du tout la langue grecque, et cependant on l'avait mis dans la classe de troisième. Il réussit donc fort mal dans sa classe et au bout de quelques jours on dut le faire descendre en cinquième. Découragé, le jeune Claude écrivit à l'abbé Dubost et lui demanda ce qu'il avait à faire. L'abbé le rappela près de lui, et quelques jours après le conduisit à Tarare auprès de M. Chapiron. Celui-ci était un de ces instituteurs comme on en rencontrait beaucoup à cette époque, qui aux classes de français ajoutait quelques notions de latin et de grec. Claude, pendant six mois, prit des leçons de ce nouveau maître et là encore il ne fit que de médiocres progrès. De plus en plus découragé et n'ayant plus pour l'étude toute l'ardeur désirable, il se demanda s'il était véritablement appelé au sacerdoce et s'il ne ferait pas mieux d'aller rejoindre ses parents pour se livrer comme eux à un travail manuel. Pendant plusieurs semaines il fut triste, rêveur, indécis ; enfin croyant en finir avec ses doutes et avec ses agitations, par une de ces déterminations brusques qui étaient dans sa nature, il précipita le dénouement. A la grande surprise de son maître, de ses amis et surtout de son oncle, tout à coup il déclare qu'il rompt avec les études et qu'il rentre dans sa famille. Et il exécute sa résolution.

Ce fut pour lui pendant deux ans une nouvelle vie, il installa un métier à tisser le chanvre à côté de celui de son père et se mit résolument à l'ouvrage. L'on ne peut pas dire qu'il devint artiste dans l'art de tisser, cependant il eut bien vite appris et se montra assez habile. Le dimanche il se réunissait à des camarades et se distinguait par une joyeuse turbulence. Il jetait sa gourme ; on citait ses escapades ; il se mêlait même volontiers aux sauteries des bals rustiques quand venaient les fêtes patronales des villages voisins. Interrogés sur ces souvenirs, les anciens sourient encore gaillardement en les évoquant. Il était toujours gai ; la plaisanterie lui était familière, et il la maniait avec aisance, mais les traits n'étaient jamais méchants et ne provoquaient pas autre chose que le rire : Sa bonté naturelle s'opposait à toute malice mordante ou mortifiante, aussi était-il très aimé de tous.

Mais Dieu poursuivait cette âme qu'il voulait à lui et la voix de la grâce retentissait plus forte que jamais au fond de son cœur. Le joyeux apprenti paraissait extérieurement heureux, et cependant même au milieu de ses amusements et de ses triomphes, il rêvait à des joies plus pures ; il ne pouvait oublier la haute vocation qui avait failli le vouer à la gloire de Dieu et au salut des âmes.

Il avait dix-huit ans et il sentait déjà le vide des choses de ce monde ; il les trouvait incapables de satisfaire son cœur créé pour l'Infini. D'autre part, n'ayant pas reçu de bons principes de latin au commencement de ses études, il ne croyait pas pouvoir arriver au sacerdoce. C'est alors qu'il prit une nouvelle résolution : « Si je ne suis pas prêtre, dit-il, je veux au moins me consacrer à Dieu, je serai Frère Mariste, je pourrai ainsi aller dans les missions et enseigner aux sauvages le nom de Jésus-Christ ». Il vint donc exposer son plan à son père.

Celui-ci était un trop bon chrétien pour l'empêcher d'exécuter ses généreux desseins, mais ne voulant pas prendre sur lui la responsabilité de cette détermination nouvelle : « Mon fils, lui dit-il, va trouver ton parrain, il a déjà été ton guide durant cinq ans, il est à même de savoir ce que tu peux et ce que tu dois faire ».

Claude prit donc de nouveau le chemin de Saint-Marcel, et exposa à l'abbé Dubost que, ne pouvant arriver au sacerdoce et voulant néanmoins se consacrer à Dieu, il songeait à se faire missionnaire comme Frère Mariste.

Le bon curé, en l'écoutant, fut touché jusqu'aux larmes. Il avait toujours conservé l'espoir de voir arriver Claude au sacerdoce. « Non, lui répondit-il aussitôt, tu ne seras pas Frère Mariste, mais prêtre. Te voilà grand maintenant, tu sauras travailler avec plus d'application et plus de profit, et tu arriveras très rapidement au but tant désiré ».

Il fut convenu qu'il passerait son année à faire du latin et du grec chez M. Fouilland, instituteur à Jarnosse, et qu'à la rentrée il irait au séminaire.

Le village de Jarnosse n'est qu'à une demi-heure du hameau de Têche. Chaque jour Claude, pendant huit mois, quittait ses parents le matin et se dirigeait vers son nouveau maître pour rester chez lui jusqu'au soir. M. Fouilland était un ancien séminariste qui ne rêvait qu'à enseigner le latin et à faire de la poésie ; il fut donc enchanté d'avoir pour s'exercer, un élève de dix-huit ans.

De fait, malgré son originalité proverbiale, il lu

donna d'excellentes leçons et prévit bientôt que son élève lui ferait honneur. Tout en vendant son tabac (M. Fouilland tenait le bureau de tabac), nous disait un jour Mgr Dubuis, il corrigeait mes thèmes et mes versions d'une façon admirable, et pendant qu'il glissait sa marchandise dans le papier, il parlait de barbarismes et de solécismes à ces pauvres Jarnossins ébahis de trouver tant de science dans cet homme.

Le professeur, comme il nous le racontait lui-même un jour, vit presque tout de suite que son élève avait une grande facilité et que s'il n'avait pas réussi à Largentière, c'est que les notions fondamentales des langues anciennes lui avaient été mal ou pas du tout enseignées. Lorsqu'il le vit plus tard évêque, il était tout fier de rappeler cette époque et surtout tout fier d'avoir su discerner en lui une réelle valeur. De son côté, Claude, maintenant qu'un maître habile lui expliquait en détail toutes ses fautes, prit beaucoup d'intérêt à ses leçons ; l'étude cessa de le rebuter, il s'y affectionna même jusqu'à la passion et fit dès lors de réels progrès.

Les vacances scolaires de 1836 touchaient à leur terme : l'heure était venue pour Claude de retourner au petit séminaire. On craignit pour lui les souvenirs trop récents et trop peu encourageants qu'il avait laissés à l'Argentière et on l'envoya à Saint-Jodard, maison florissante aussi, dans une belle et saine situation presqu'au bord de la Loire.

Avant de partir, malgré son bonheur, Claude jeta sur la campagne qui l'entourait un regard dans lequel se peignait le sentiment d'un adieu pénible; tant il est vrai de dire avec un célèbre écrivain : « qu'il y a dans le lieu natal un attrait caché, je ne sais quoi d'attendrissant qu'aucune fortune ne peut donner, qu'aucun pays ne peut rendre ». Claude avait dix-neuf ans et cette fois il avait entendu la voix de Dieu parler impérieusement à son âme, aussi se mit-il au travail avec toute l'ardeur de sa nature impétueuse. Dès la seconde année, c'est-à-dire son année de rhétorique, il fut à la tête de sa classe et s'y maintint jusqu'à la fin de ses études.

Le programme de l'enseignement à Saint-Jodard ne dépassant pas la rhétorique, Claude Dubuis entra de nouveau au séminaire de l'Argentière pour y suivre, pendant deux ans, les cours de philosophie et de science. L'expérience déjà acquise et la maturité de son âge le plièrent plus que jamais aux habitudes d'un travail réfléchi, il s'appliqua non plus en enfant, mais en homme et ne tarda pas à apprécier surtout la philosophie.

Mais laissons parler un instant un de ses condisciples, il nous fera le portrait du jeune Dubuis :

« C'était un excellent élève, un des premiers de sa classe; de plus il avait un très grand empire sur nous tous. Esprit très droit, cœur loyal, nature vive et énergique, impétueux au travail comme au jeu. Les divertissements, les courses, les parties de balles et de barres étaient pour lui le suprême bonheur. Je me souviens encore du transport, de la surabondance de joie et de vie qu'il y trouvait: c'était une véritable ivresse. Adroit et fort, il était un des meilleurs joueurs, et dans toutes ses relations avec ses camarades il montrait une si noble énergie qu'on lui donna le surnom de Civis, citoyen; ce qui signifiait pour nous l'homme fort, énergique et digne, sachant comme saint Paul revendiquer ses droits avec une sainte fierté ».

CHAPITRE II

LE GRAND SÉMINAIRE, LE VICARIAT

PARMI tous les séminaires de France, celui de Lyon a toujours passé à bon droit pour occuper un des premiers rangs, soit par le nombre des élèves, soit par l'ordre et la discipline qui y règnent. Il est dirigé par la pieuse et savante compagnie de Saint-Sulpice et placé sous le vocable de saint Irénée.

Sur la fin de 1840, à l'âge de vingt-trois ans et quelques mois, M. Claude Dubuis fit son entrée dans cette école sacerdotale supérieure qui devait avoir une si grande influence sur la formation de son âme et l'orientation de sa vie.

Le grand séminaire, bâti avant la Révolution sur la place Croix-Pâquet, assez isolé à cette époque et entouré seulement de communautés religieuses, était devenu un assemblage très irrégulier de bâtiments disparates, ces vieilles constructions étaient enserrées par un amas de maisons ouvrières de la colline Saint-

2

Sébastien qui dominait le séminaire et par le Rhône qui y apportait de l'humidité.

Situé ainsi dans un quartier bruyant et assez monotone il n'avait donc rien de bien attrayant pour un jeune homme. En outre cette quasi-claustration imposée par la règle à l'âge de l'indépendance, le plus riant et le plus bouillonnant de la vie, cette rude discipline toute de silence, de prière et d'étude et n'admettant pour la santé que le minimum de récréation nécessaire, tout cela formait un ensemble austère et pénible ; mais M. Dubuis l'accepta avec bonheur et fut heureux d'entrer dans cette maison où il sentait que Dieu allait lui faire connaître sa vocation. Lui si remuant et naguère si indépendant, il s'y trouvait á l'aise au milieu des mille entraves qui lient la liberté, car, au séminaire, on ne s'appartient pas ; qu'on en juge : Une heure de récréation passée à midi et le soir dans l'étroite cour quand il faisait beau, ou dans la salle commune, interrompait seule les exercices sérieux d'une journée qui commençait à cinq heures du matin et s'achevait vers neuf heures du soir ; prières et études étaient la trame serrée dont étaient tissées ces journées. Mais l'âme du jeune homme s'épanouissait dans les exercices religieux, dans l'oraison et la prière ; et son esprit se plaisait à étudier la suite logique et raisonnée des preuves de la religion. Saint-Irénée comptait alors deux cent-soixante élèves, tous théologiens, ayant terminé leur philosophie.

Une chose bien digne de remarque est l'attachement que le jeune abbé Dubuis professait dès lors pour les divines prérogatives du vicaire de Jésus-Christ, le Pontife romain. On sait qu'à cette époque les esprits conservaient encore un fond d'idées à la fois jansénistes et révolutionnaires au sujet de l'Eglise et des maximes gallicanes. On en sentait, malgré la réaction qui commençait, comme le souffle dans l'atmosphère. Bien qu'elles n'eussent pas fait complète invasion dans le clergé, ces idées n'étaient pas sans exercer quelque influence sur les jeunes lévites, et chaque année la question de l'infaillibilité du Pape soulevait une vraie tempête dans ce monde de la solitude et de la prière. Le concile du Vatican, en 1870, en définissant comme article de foi l'infaillibilité doctrinale du Pontife romain a mis fin pour toujours aux discussions fâcheuses dont nous parlons, et qui, du reste, avaient déjà fait place, dans tous les séminaires, à la saine doctrine.

Mais à l'époque où l'abbé Dubuis faisait ses études théologiques les préjugés gallicans n'avaient pas encore complètement disparu, cependant, pour lui, l'auguste chef de l'Eglise était déjà ce qu'il le déclara plus tard au concile du Vatican : le pilote infaillible du navire, hors duquel il ne peut y avoir de salut. Au moment du concile il déclarait avoir toujours, dès le séminaire, fait parti du camp ultramontain.

Ainsi l'abbé Dubuis cherchait la science avec ardeur et s'attachait aux saines doctrines ; mais le grand séminaire n'était pas seulement pour lui une école de théologie ; c'était encore l'école de l'esprit écclésiastique, le noviciat préparatoire au sacerdoce, aussi comprenait-il parfaitement ces beaux sentiments d'un illustre publiciste : « Oh ! les années précieuses, que l'on consacre dans les pépinières de la sainte Eglise, à cultiver, arroser, faire grandir ces arbrisseaux choisis des enclos réservés du Christ. Qu'il demande à être bien rempli le temps d'apprentissage qui s'écoule dans ces noviciats du sacerdoce, dans ces ateliers spirituels, véritables arsenaux des soldats de Dieu où sont forgés toutes les armes pour les combats du Seigneur ! O ineffable paix, que l'on goûte dans ces cités de refuge où le jeune lévite vient défendre son âme des entreprises corruptrices du siècle, sur ces montagnes sereines ou comme jadis à Moïse, Dieu parle au cœur de ses futurs apôtres. Et qu'il doit être fécond le labeur journalier dans ces écoles de science divine et du saint amour où l'aspirant au sacerdoce travaille à devenir cet homme de Dieu vraiment complet, qu'on a muni de toutes pièces pour les œuvres du salut. »

Vers la fin de sa première année de séminaire, le 5 juin 1841, l'abbé Dubuis fut heureux de recevoir la tonsure, et ce fut avec joie que sa belle âme se consacra à Dieu et à l'Eglise par cette première démarche; ce fut aussi avec joie qu'il quitta les vanités du monde afin de prendre Dieu seul pour partage et qu'il prononça ces belles paroles : *Dominus pars hæreditatis meæ et calicis mei, tu es qui restitues hæreditatem meam mihi.*

La deuxième année, en rentrant au grand séminaire, il fut investi d'une charge très importante : Ses supérieurs n'avaient pas été sans admirer sa piété, sa bonne humeur et sa charité, aussi lui confièrent-ils l'infirmerie : De toutes les fonctions qu'exercent les séminaristes, celle d'infirmier est une des plus honorables, comme aussi une des plus importantes. On ne la confie qu'à un élève intelligent, actif et plein d'entrain, afin que par ses bons soins, son tact, sa gaieté, il puisse non seulement bien soigner les malades, mais réagir contre la dépression qu'engendre la maladie. Toutes ces qualités, l'abbé Dubuis les réunissait, et il trouva dans son emploi d'infirmier un moyen excellent d'exercer la charité et d'apprendre quelques notions de médecine.

Seulement c'était beaucoup que d'avoir ainsi à s'occuper de lui-même et des autres ; malgré sa constitution, sa santé ne put tenir longtemps à cette robuste vie si intense, il tomba malade vers la fin de l'année. Le médecin déclara que la poitrine chez lui était atteinte et qu'il lui fallait des soins particuliers. Un instant on put croire que sa vie était en danger.

Cette épreuve ne fut pas inutile à sa piété ; il lui dut même peut-être l'orientation de sa vie.

Dans une prière ardente, il éleva ses mains vers le Ciel et s'écria avec ferveur : « Seigneur, vous êtes le maître de la vie et de la mort ; je suis gravement malade, mais vous pouvez me guérir ; écoutez ma prière afin que je puisse travailler au salut des âmes ; si vous m'exaucez, je vous promets d'aller dix ans dans les missions pour porter votre nom aux infidèles ! »

Dieu écouta sa prière et, contre toute attente, il fut bientôt complètement rétabli.

Le jour solennel arriva enfin le 1er juin 1844 ; âgé de vingt-sept ans et demi, l'abbé Dubuis reçut, avec l'onction sainte, le pouvoir redoutable aux anges mêmes ; pour la première fois il immola de ses propres mains l'auguste Victime. Qui nous racontera les célestes communications qui se firent alors du cœur sacré de Jésus-Christ au cœur de son nouveau ministre, les engagements qui se prirent des deux côtés, les nœuds étroits qui se formèrent entre le divin Pasteur des âmes et celui qui devait à son exemple évangéliser un peuple entier ?

Après son ordination et sa première messe, l'abbé Dubuis alla passer quelques jours à Coutouvre et à Saint-Marcel ; puis il fut envoyé par le cardinal de Bonald, archevêque de Lyon, à Saint-Martin-de-Fontaine, près de Lyon, sur la limite du diocèse de Belley.

Le nouveau vicaire se rendit immédiatement à son poste ; il trouva dans le curé, M. Deschavannes, un pasteur d'une excessive bonté. Quelques jours suffirent pour les mettre sur le pied d'une intimité pleine d'abandon, simple et paternelle du côté du curé, mêlée de respect du côté du vicaire. C'était un père et un fils, le presbytère de Saint-Martin était devenu un paradis.

L'abbé Dubuis se mit avec bonheur aux fonctions du ministère. Faire le catéchisme aux enfants, administrer les sacrements de baptême et de mariage, présider aux sépultures, confesser, prêcher, visiter les malades, porter le Viatique aux mourants, tels sont les exploits journaliers du prêtre.

L'entrain du jeune vicaire faisait merveille parmi les habitants de Saint-Martin, son affabilité les charmait. Il les voyait tous également, sans distinction de rang ou de personne, et s'il avait une préférence, c'était pour les pauvres et les enfants ; il les appelait par leurs noms et trouvait pour chacun un mot agréable. Son esprit les ravissait, ils étaient fiers de leur abbé. Il avait réuni quelques enfants autour de lui et leur enseignait les éléments de la grammaire latine, afin de les conduire au sacerdoce. Un de ces élèves nous raconte avec bonheur le charme de ses leçons, sa bonté et sa condescendance vraiment extraordinaires pour ces enfants cependant si volages et si bruyants.

CHAPITRE III

DÉPART POUR LES MISSIONS. - VOYAGE DE FRANCE AU TEXAS. - LES BARRENS - GALVESTON

Au mois de mai 1845, Mgr Odin était à Paris et faisait un appel à la charité de tous les catholiques. Trois ans auparavant il avait reçu la consécration épiscopale et avait été désigné pour organiser l'Eglise catholique au Texas, mais il n'avait ni prêtres, ni religieuses. et il venait en chercher en France. Les journaux lui ouvrirent leurs colonnes; l'*Univers* du 1er juin lui consacrait l'article suivant :

« La presse a publié ces jours-ci un article intéressant sur le Texas. Nous sommes heureux en reproduisant un passage de cet article, écrit par un homme instruit et témoin oculaire, de faire connaître les courageux et pieux efforts de Mgr l'évêque de Claudiopolis. Ce saint prélat appelle sur lui et sur son immense diocèse, créé seulement depuis quelques années, l'intérêt le plus vif.

Nous savons qu'il est en ce moment à Paris, d'où il doit se rendre à Rome sous peu de jours. Il se propose de repartir au mois d'octobre pour le Texas, afin d'y continuer sa sainte et difficile mission.

« L'orage révolutionnaire de 1836 renversa la domination mexicaine; la constitution nouvelle rendit à chacun la liberté de son culte, et bientôt les ministres des nombreuses sectes qui se créent chaque jour en Amérique suivirent l'émigration. Les catholiques seuls demeurèrent sans prêtres jusqu'en 1841, époque à laquelle Mgr Odin, évêque de Claudiopolis, fut chargé de la mission apostolique du Texas. A sa demande, vivement appuyée par la France, les églises furent rendues au culte catholique, mais que ce mot église ne trompe personne, ce ne sont que les ruines des établissements espagnols.

« Se consacrant tout entier à la mission qu'il avait reçue, l'évêque de Claudiopolis, Français de cœur et de naissance, était habitué déjà à la vie dure et pénible de missionnaire qu'il avait menée dans le Missouri; par son activité, son zèle, ses vertus, sa piété, son exemple surtout, il ranima la foi des catholiques. Pauvre si ce n'est plus, du moins autant que Job, ne comptant pour rien ses fatigues de toute nature et de tous les jours, il faut le voir souvent seul, traverser à cheval les immenses déserts du Texas, sans craindre la flèche des sauvages, ni la dent des animaux féroces, et sans autres armes que sa croix et son bréviaire; couchant dans les bois au pied d'un arbre ou dans les prairies au milieu des herbes, mangeant de la viande séchée au soleil, buvant l'eau des ruisseaux ou des marais, souvent forcé de jeûner trente à trente-six heures, faute de provisions, suivant que sont plus ou moins éloignées les habitations où il va prêcher la parole de Dieu. Plus d'une fois victime de son zèle, épuisé de fatigues et sous le poids des fièvres violentes, produites par les privations, les pluies et le climat, il a dû être déposé et demeurer plusieurs semaines entre la vie et la mort, dans la cabane du premier colon rencontré.

« Tel est le chef apostolique de la mission du Texas; telle est sa vie misérable, celle d'un véritable apôtre; mais aussi ce vénérable prélat commande-t-il le respect et l'admiration; toute la population, à quelque secte qu'elle appartienne, est heureuse de le recevoir et d'écouter ses instructions. Les églises, construites en bois à Galveston et à Houston sont trop petites pour le nombre des assistants, une partie est forcée de rester aux portes ; on se presse aux fenêtres pour voir officier l'évêque. Ce n'est pas assurément la pompe ni l'éclat des cérémonies qui les attirent, car la pauvreté du prélat est si grande, qu'il y a un seul ornement sacerdotal; que pour toutes les églises du Texas, il y a un ostensoir et un encensoir, des croix de bois; pour chandeliers quelquefois des bouteilles. Aujourd'hui la population texienne comprend environ vingt-deux mille catholiques, douze mille sont sincèrement attachés à leur religion, dix mille ont reçu le baptême à leur entrée sur le territoire, aux termes de la domination de l'Espagne ou du Mexique. Le surplus représentant les quatre cinquièmes de la population totale des habitants libres, se divise en presbytériens, méthodistes, unitaires, baptistes, anabaptistes, etc., etc., avec quelques rares israélistes. »

Nous avons reproduit l'article en entier ; car il fait déjà connaître la situation du Texas à cette époque. A Lyon, les vocations ne furent jamais plus nombreuses, pour répondre à la parole ardente de cet apôtre. Un des séminaristes qui le suivit au Texas, raconte la manière dont Mgr Odin provoquait le dévouement et les entraînait à sa suite.

« Le pieux évêque parlait avec l'éloquence chaleureuse du cœur, de ces pays lointains, où s'élevaient des nations nouvelles, de ces masses d'émigrants, qui dispersés et disséminés dans les solitudes, vivraient sans les secours et les bienfaits de la religion, si des prêtres dévoués ne les suivaient résolument au milieu des plaines, des montagnes et des bois. Il ne cacha pas à ceux qui s'offraient pour le suivre, les dangers et les misères, les aventures et les souffrances qui attendaient là-bas le missionnaire. « Vous n'aurez pas toujours, disait-il, de quoi manger et boire ; vous voyagerez sans cesse dans un pays plus ou moins inconnu où les distances sont énormes, les plaines immenses, les forêts gigantesques. Vous passerez des nuits sur une terre humide, et des jours sous un soleil brûlant ; vous traverserez des périls de toute sorte, et vous aurez besoin de tout votre courage et de toute votre énergie. »

L'abbé Dubuis entendit cette parole enflammée, et lui qui brûlait d'une soif ardente pour le salut des âmes, qui se rappelait sa promesse du grand séminaire et qui se trouvait à l'étroit dans une petite paroisse, se sentit poussé par une main invisible vers cet avenir inconnu de dévouement et d'épreuves.

Cette vie paisible de vicaire de campagne, n'allait guère d'ailleurs avec son tempérament de feu, il avait besoin d'un plus vaste théâtre pour exercer son zèle ; il lui fallait un champ neuf où il pût développer tout ce qu'il avait de foi et de vitalité. Aussi après avoir prié et consulté il vint s'offrir à l'évêque du Texas.

L'abbé Dubuis obtint assez facilement la permission de son archevêque et aussitôt il apprit à sa bonne paroisse de St-Martin son départ pour les missions. Ce fut alors qu'il comprit combien son cœur était attaché à cette paroisse et comme il était aimé des habitants. La veille de Noël on connaissait sa résolution et, pendant sa longue séance au confessionnal, bien des personnes pleuraient le départ du vicaire si zélé et si dévoué. Lui-même à plusieurs reprises ne put retenir son chagrin et il lui fallut sortir de l'église pour laisser libre cours à ses larmes.

Il fallait encore annoncer à sa famille la grave résolution qu'il avait prise, et c'était pour lui une chose pénible. Il n'ignorait pas la peine que cette nouvelle allait causer à ses parents bien-aimés. Aussi ne voulut-il point faire parvenir directement cette nouvelle et il se servit de l'intermédiaire d'une amie de sa famille, Mademoiselle Traclet, morte supérieure des religieuses de Coutouvre. Il espérait partir directement pour le Texas, mais Mgr Odin voulut qu'il obtînt le consentement de ses parents et qu'il allât lui-même faire ses derniers adieux. Voici ce qu'il écrit à ce sujet :

« Lorsque j'eus l'honneur de vous voir, vous eûtes la « bonté de vous charger d'annoncer à mes parents la « nouvelle de mon départ pour le Texas : On exige « maintenant un sacrifice bien pénible pour moi, le « sacrifice de voir ma famille et d'obtenir son consente- « ment, ou plutôt de lui faire mes derniers adieux. « Ainsi ayez l'obligeance de dire à mon beau-frère que « mes malles sont parties pour Paris, que je suis rem- « placé à St-Martin pour le vicariat et que dans dix ou « quinze jours j'irai passer quelque temps avec eux. « Exigez s'il vous plaît que mon beau-frère en avertisse « mon père et ma mère, sinon je ne pourrais faire le « voyage. Mais comme je suis autorisé à partir de suite, « si cette visite contrariait ma famille, j'attends votre « réponse. Mes parents, sans s'opposer à ma vocation ar- « rêtée pour toujours, préfèrent-ils que je passe quelque « temps avec eux ? Je compte sur votre bonté pour « m'en avertir. »

Il vint en effet à Coutouvre et y passa quinze jours au milieu de ses parents et de ses nombreux amis.

Sa mère, puisant dans sa foi l'abandon à la volonté de Dieu et comprenant l'appel de la grâce, lui donna bien vite son consentement. Il n'en fut pas de même de son père, qui ne s'expliquait que difficilement pourquoi son fils ne travaillait pas à la vigne du Seigneur en France, au lieu d'aller si loin au milieu des peuplades sauvages. Quelques temps après, Mgr Odin vint à Coutouvre et s'adressant au père Dubuis : « M'en voulez-vous encore, lui demanda-t-il, d'avoir pris votre fils ? — Ah! Monseigneur, je ne vous en veux pas, mais vous avez exigé de moi un bien dur sacrifice; vous m'enlevez la plus belle fleur de mon jardin ! »

Il fallut enfin quitter la famille bien-aimée, les amis, le pays. Ce fut un moment bien pénible pour son cœur aimant, mais il avait fait son sacrifice et il ne laissa rien paraître des combats qui se livraient dans son âme. Le devoir étant accompli, l'abbé Dubuis obéissait consciencieusement à la voix de Dieu, malgré le déchirement de son cœur.

Ce fut donc vers la fin du mois de février 1846 que l'abbé Dubuis et ses compagnons quittèrent Lyon pour se rendre à Paris en attendre d'autres. Nommé chef de la caravane, il avait huit missionnaires et trois futures ursulines sous sa direction. A cette époque le chemin de fer n'existait pas encore, ils prirent la diligence Lafitte et Gaillard qui mettait trois jours et trois nuits pour faire le voyage.

A Paris, faute d'argent, on fut obligé d'entasser les missionnaires dans un galetas de l'hospice des Frères de St-Jean-de-Dieu. Toutes les couchettes se touchaient; aussi, quand le soir ils rentraient pour se coucher, ils devaient passer les uns sur les autres pour arriver à leurs places respectives. De là des scènes grotesques qui les faisaient rire aux éclats, jusqu'à ce que le frère Bonaventure vint leur imposer silence, sous peine, disait-il en riant, lui aussi, de leur mettre la camisole de force. De quoi ne plaisante-t-on pas quand on est jeune et missionnaire ?

Ce fut là que Mgr Odin vint les rejoindre. Mais laissons la parole à l'un des expatriés ; il vous racontera comment leur évêque les surprit et quelle admiration suscitait partout ce groupe de missionnaires.

Paris, 5 mars 1846.

« Nous allâmes loger chez les frères de St-Jean-de-Dieu, près des Invalides. Nous étions couchés dans deux grandes chambres sous les toits, où, si nous n'étions pas absolument mal, nous n'étions guère bien. Le dimanche matin nous nous levâmes à 7 heures, Monseigneur Odin vint nous visiter. Nous n'étions pas encore entièrement vêtus ; n'importe ; il nous sauta au cou et nous embrassa en riant, et avec de grandes démonstrations de joie et d'amitié. Nous le priâmes de nous excuser si nous n'étions pas en costume de cérémonie ; il nous répondit que nous ne saurions comprendre la joie dont son âme était inondée en nous voyant. « O mes chers enfants, mes chers amis, mes chers compagnons, nous dit-il, que je suis content de vous voir ! vous me donnez dix ans de vie ! Avez-vous fait un bon voyage ? Ne vous est-il rien arrivé ? Avez-vous bien dormi, bien mangé, bien reposé ? Ne vous manque-t-il rien ? Oh ! que je suis fâché de vous recevoir si mal ; mais je n'ai pu trouver aucune place ailleurs ! » Toutes ces questions se succédaient avec tant de rapidité que nous n'avions pas le temps de répondre. Enfin nous nous séparâmes et nous continuâmes de vaquer à notre modeste toilette.

« A sept heures du soir, nous allâmes en voiture à Notre-Dame-des-Victoires, car M. des Genettes avait annoncé le dimanche précédent que Mgr Odin, évêque du Texas, assisterait, avec huit jeunes missionnaires du diocèse de Lyon, à l'office du dimanche suivant. Une foule plus nombreuse que de coutume s'était réunie ce soir là pour nous voir. Nous allâmes en rochet au pied de l'autel de Notre-Dame-des-Victoires. Après un petit discours, M. des Genettes recommanda les missions et principalement celle du Texas « dont, dit-il, vous voyez le pieux évêque, entouré de sa petite cohorte de jeunes apôtres, au pied de l'autel de la Mère de Notre Sauveur. » Son allocution nous fit rougir jusqu'au blanc des yeux ; nous suions sang et eau lorsque nous vîmes la moitié de l'auditoire se lever pour nous voir. »

Le 8 mars ils quittèrent Paris pour le Havre, où ils arrivèrent le lendemain matin. Faute d'argent toujours, Mgr Odin les fit loger à l'hôpital. Quitter une maison de fous pour une maison de fiévreux, ce n'était guère gagner au change, mais « nécessité ne connaît pas de loi. » Leur entrain leur faisait supporter ces misères joyeusement, et ils se trouvaient très heureux d'avoir un abri sachant qu'au Texas il leur ferait souvent défaut.

A cause du mauvais temps il leur fallut attendre plusieurs jours au port.

Enfin, le 20 mars 1846, le beau voilier américain l'*Elisabeth-Ellen* sortit du Havre, emportant vers la Nouvelle-Orléans beaucoup d'émigrants allemands et un certain nombre de missionnaires : les abbés Dubuis et Giraudon, prêtres, MM. Domenech, Lacour, Chambodut, Chanrion, Chazelle, Padey, diacres ou clercs, du diocèse de Lyon, avec quelques autres ecclésiastiques d'Espagne, d'Irlande et d'Italie. Le voyage fut des plus heureux, voici d'ailleurs le récit que nous en fait un des missionnaires dans son journal :

« L'évêque était venu présider à notre embarquement ; de la jetée, il nous donna sa bénédiction, et nous

nous prosternâmes pour la recevoir. En quittant notre chère patrie, bien des larmes secrètes mouillèrent nos yeux car nous pensions que ce départ serait peut-être sans retour, et il n'est pas donné à tout homme le pouvoir de se sevrer brusquement de ses affections de famille, de s'éloigner d'amis et de rompre avec de vieilles habitudes, sans que la nature soit affectée de ce sacrifice.

« Nous ne pûmes rester longtemps sur le pont du navire : les flots étaient agités, le vent sifflait avec violence dans les cordages, la tempête mugissait dans l'espace, et le mal de mer, le plus prosaïque de tous les maux, nous chassa dans nos cabines, longtemps avant que les côtes de France eussent disparu à nos yeux. La tempête nous força d'abord de relâcher à Portsmouth ; mais nous repartîmes bientôt et trois jours après nous quittions la Manche pour nous lancer sur l'Océan.

« Comme nous approchions des tropiques, les gros temps cessèrent, avec la bonne mer et le calme, la vie à bord devint plus régulière, plus monotone et moins accidentée. La prière, l'étude et la lecture occupaient nos journées jusqu'au soir ; après le coucher du soleil et le souper, on chantait en chœur pour se distraire et rompre la monotonie. Les Allemands se donnèrent souvent un concert vocal qui se prolongeait bien avant dans la nuit.

« Durant la traversée, nous eûmes à bord trois morts, trois baptêmes et un mariage ; mais la cérémonie religieuse qui nous impressionna le plus, fut une messe solennelle chantée sur le pont du navire, le dimanche de Quasimodo, par l'abbé Dubuis. Le ciel était sans nuages, la mer calme et unie ; nous dressâmes un autel sur le gaillard d'arrière et grâce à la générosité des dames françaises, notre chapelle improvisée était gracieuse et riante comme un reposoir de la Fête-Dieu. Presque tous les passagers assistèrent à l'office, à genoux, la tête découverte, dans le plus profond recueillement.

« Qui pourrait dire combien les cérémonies religieuses célébrées en pleine mer émeuvent et se présentent avec un cortège de nobles pensées et de douces consolations ! tout va à l'âme dans ces grands spectacles : l'immensité du ciel, l'immensité de l'Océan, la brise légère qui souffle dans la nature, les petites vagues qui s'élèvent et s'affaissent continuellement ; tout est plein de voix douces et de vagues murmures : tout célèbre l'harmonie éternelle du Tout-Puissant, *Vox domini super aquas :* c'est l'éloquence de Dieu elle-même qui parle au cœur de l'homme.

« Après mille péripéties amusantes, graves ou tristes, le 11 mai nous aperçumes Saint-Domingue ; nous suivîmes ses rivages pendant deux jours, puis ceux de Cuba embaumés des parfums d'orangers ; puis nous entrevîmes la Jamaïque et enfin le 24 le Mississipi nous apparut.

« Un remorqueur vint nous prendre pour nous faire remonter ce fleuve si vanté. Ses eaux sont bourbeuses, ses bords plats, montagneux, à demi submergés vers le golfe du Mexique, allongent vers l'horizon d'interminables prairies où s'élèvent quelquefois, pour toute variété, de rares bouquets de saules ; et un mortel ennui vous prendrait, si de temps en temps un alligator qui se baigne ne montrait son dos épineux. Cependant, à mesure qu'on approche de la Nouvelle-Orléans, on aperçoit des maisons de planteurs, blanches, gracieuses, élevées sur des piliers au-dessus du sol, construites en planches et en briques, et entourées de jardins d'orangers, d'altheos et de fleurs tropicales. A côté de l'habitation s'alignent les cabanes des nègres ; les plantations de cannes à sucre et de maïs s'étendent sur les deux côtés du fleuve, bornées au loin par les bois de pins et les forêts vierges ».

Enfin après deux mois de voyage, nos missionnaires arrivèrent le vingt-cinq mai à la Nouvelle-Orléans. Assise sur les bords du Mississipi qui en cet endroit est large d'un kilomètre, cette ville est à la fois une ville inquiète, affairée et bruyante où se pressent les trafiquants de toutes nations ,et, dans certains quartiers, une ville tranquille et silencieuse où les créoles mènent une vie molle et insouciante. Nos voyageurs se soucièrent peu d'admirer la beauté du site et de goûter le charme du climat. Ils se préoccupaient avant tout de parvenir rapidement au but de leur voyage. Aussi, malgré les fatigues d'une si longue traversée, après seulement deux jours de repos dans cette ville, ils étaient à bord d'un autre bateau à vapeur le *Champion*, qui devait remonter le Mississipi jusqu'à Saint-Louis, état du Missouri.

Ce nouveau voyage exigeait dix jours. Il serait difficile de peindre en quelques lignes l'immense panorama qui se déroulait sous les yeux de l'abbé Dubuis, à mesure qu'il remontait l'un des fleuves les plus vastes et les plus majestueux du monde. Ses bords sont tour à tour sauvages, grandioses, charmants. A droite, à gauche, de riches plantations de cannes à sucre, encadrées dans les forêts vierges. Là, dans les vastes plaines rarement entrecoupées de petites collines, l'on voit le catalpa, le cotonnier, le saule, le peuplier, le sycomore qui se développent avec une exubérance vraiment surprenante. Plus loin des falaises surmontées de petites villes, comme Natchez, la plus gracieuse et la plus embaumée de toutes ; plus loin encore le lit du fleuve forme des îles boisées dont la verdure s'élève au-dessus des eaux, présente un spectacle ravissant. Le jour, les oiseaux animent ces vastes solitudes par leurs chants ; le soir, des myriades de luccioles ou mouches luisantes les éclairent en bourdonnant.

Le silence des immenses solitudes, à peine interrompu par le bruit du bateau ou par le cri de quelque bête des forêts, plongeait l'âme pieuse de notre jeune missionnaire dans de saintes pensées et dans une contemplation muette de ces beautés qui lui étaient encore inconnues.

Le Mississipi, en certains endroits, a plus de soixante mètres de profondeur et quatre ou cinq kilomètres de largeur. Son delta se compose d'une série de forêts submergées, ou de radeaux naturels au nombre de dix superposés les uns sur les autres. Tous ces arbres sont des cyprès chevelus, quelques-uns atteignent sept mètres de diamètre.

Après ce voyage à travers ce pays immense, l'abbé Dubuis et ses compagnons arrivèrent à Saint-Louis, appelée autrefois la Reine de l'Ouest. Cette ville fondée vers la fin du dernier siècle, par un Français du nom de Laclède, était vraiment reine et maîtresse par son commerce de fourrures et de blé, de tout l'ouest des Etats-Unis. On y voyait alors ces trappeurs légendaires, si bien dépeints dans les romans de Fenimore Cooper, des sauvages qui venaient faire des échanges et quelques-uns de ces aventuriers célèbres appelés « voyageurs », qui défrichaient des lambeaux de ces immenses solitudes et fondaient des villes. Trappeurs et voyageurs étaient à peu près tous créoles ou canadiens, c'est-à-dire d'origine française.

En arrivant à Saint-Louis, M. Dubuis écrivait à ses parents la lettre suivante qui nous dépeint d'une façon admirable l'état de son âme, en même temps que son bonheur d'être missionnaire :

« Mon cher Père et ma chère Mère.

« Je viens de finir gaîment mon petit voyage. Ma santé est si bonne que Monseigneur ne pouvait me reconnaître et je vais vous en donner une autre preuve, parce que sur un seul témoignage, peut-être refuseriez-vous de me croire. Eh! bien, je viens d'écrire quatre lettres aussi longues, ou peu s'en faut, que celle-ci. Ne faut-il pas être robuste ? Si j'eusse tant travaillé en France, je me serais reposé toute une semaine : aussi, c'est une chose arrêtée, je me porte très bien. Vous désirez savoir comment je suis habillé ? Mieux que les sauvages; excepté l'hiver, pendant lequel je serai comme eux vêtu d'une peau d'ours ; c'est le tanneur qui doit me faire ce manteau sans mode ni façon; pour le moment, je ressemble à un officier français qui aurait perdu ses galons. Malgré mon déguisement qui aurait rassemblé en France tous les enfants d'un village, j'ai partout passé pour un prêtre catholique, sans essuyer la plus légère injure. Cependant, au cap Girardeau, sur le Mississipi, un bonhomme étonné de nous entendre appeler « prêtres » s'approcha pour voir si nous avions des cornes. « Lui, dit-il, pas prêtre, lui pas de cornes! » c'est ce qu'enseignent les ministres protestants. C'est un bonheur pour nous de pouvoir prouver à ces pauvres ignorants que nous n'avons pas de cornes, et que nous n'avons pas de dispositions à en avoir ; certes, s'il en était autrement, comment ferions-nous pour traverser les forêts ? Nous nous embarrasserions dans les ramures...

« Je ne suis pas encore au bout du pain ; il est aussi bon ici qu'en France, seulement on en mange peu, je n'y tiens pas beaucoup étant amateur des patates et du lard; lorsque j'aurai fait 800 lieues au bout desquelles finit le pain, je l'oublierai entièrement. Nous serons toujours armés dans nos courses, même nous irons à la chasse pendant les six mois d'études des langues, pour nous accoutumer à ne point trembler devant les bêtes sauvages; et nous ne descendrons guère de cheval que pour dire la messe. Demain, en quittant le bateau à vapeur, j'en trouverai un autre pour me rendre au milieu des bois, où se trouve le séminaire. Un cheval, la selle et la bride, coûtent 60 francs. Je ne veux plus que vous dire un mot sur les repas à l'Américaine. Les seules liqueurs sont le café, le thé vert à l'eau, toujours à la glace; puis on apporte des patates, toute la différence que j'y trouve avec nos pommes de terre, c'est que celles-là sont beaucoup plus douces. Regardez-moi prendre dans une main une de ces patates, toujours d'un demi-pied; dans l'autre main une tranche de lard de même dimension, voilà le premier service ; le second, encore et toujours des patates avec du beurre. Depuis le jour que j'ai quitté la France je n'ai pas pris un seul repas sans avoir sur la table une molette de beurre à la glace, voilà le repas américain dans lequel toutes les cérémonies de politesse se réduisent à avoir les deux coudes bien posés sur la table, et à boire la bouche pleine. Après le dîner on s'éloigne un peu de la table sur laquelle on met ses deux pieds ; c'est dans cette position que chacun fume son énorme cigare ; jamais Américain ne s'assied, s'il n'a ses jambes au moins et à la hauteur du menton.

« Je vais à présent vous apprendre quel est ici l'animal le plus dangereux. Ce n'est pas le crocodile, il dévore promptement, mais le nageur seul ; qui s'expose sur le Mississipi ; ce n'est pas l'ours, il est poltron, l'animal le plus dangereux c'est le moustique ; il ne vit que vingt-quatre heures, parait-il, mais il a fait sur moi d'épouvantables ravages ; j'ai eu la tête, les bras, les jambes et tout le corps sillonné de ses piqûres, avec une enflure partout.

« Le moustique américain est beaucoup plus gros que le cousin français, mais il est de la même famille. Quelques fois j'en ai par centaines autour de moi, et j'en aurais des millions que je ne pourrais regretter d'être missionnaire. Mon bonheur, depuis que j'ai quitté le Havre, a été trop constant, ma joie est ici trop grande pour que rien sur la terre puisse m'inquiéter. Cela ne veut pas dire que je vous oublie. Déjà sur l'Océan, lorsque je préparais pour le ciel cette bonne mère qui allait mourir loin de son fils, je lui disais : « J'ai bien aussi une mère, j'ai un bon père, et il ont fait de moi un sacrifice, quand vous serez devant Dieu, n'oubliez pas qu'ils ont consenti à ce que je vinsse ici pour vous convertir.

« J'espère bien, mes chers parents, vous faire d'autres protecteurs auprès de Jésus-Christ ; ainsi je vous enrichirai plus dans ma pauvreté que si je fusse demeuré en France, car je ne vous demanderai pendant toute ma vie qu'une seule chose, c'est que vous disiez à mes deux frères et à ma sœur qui est encore jeune, que si je ne les revois pas en ce monde, ils veillent à ce que nous ne soyons pas séparés en l'autre. Vous le savez trop, mon cher père et ma chère mère, c'était là ma grande inquiétude, je quitte ce sujet parce qu'il m'arrache toujours de nouvelles larmes.

« Adieu, mon cher père et ma chère mère, adieu, je vous

souhaite autant de bonheur, autant de joie qu'en goûte votre enfant missionnaire. Adieu, dites à nos voisins que je ne les oublie pas, dites-leur que je les aime toujours et ils prieront pour moi ; je ne nomme personne parce que l'espace me manque, d'ailleurs tous m'étaient et me sont encore chers, leur noms sont écrit dans mon cœurs.

« *Saint-Louis, le 6 juin 1846.*

« DUBUIS, pr. miss. »

Les plus jeunes missionnaires restèrent à Saint-Louis pour terminer leurs études ecclésiastiques au Grand Séminaire. Les plus âgés, à la tête desquels se trouvait l'abbé Dubuis, partirent pour le séminaire des Barrens afin d'apprendre l'anglais. Ce séminaire établi dans un lieu désert, comme le nom l'indique, est à une petite distance de Saint-Louis ; c'est le lieu où Mgr Odin avait fait ses premières armes en Amérique! En effet, ce pieux prélat y avait enseigné la théologie durant plusieurs années, et c'est ce qui nous fait comprendre pourquoi les missionnaires allaient se préparer dans cet asile.

Pour bien nous rendre compte de ce qu'était cette maison où l'abbé Dubuis devait passer six mois à l'étude de l'anglais, laissons la parole un instant à Mgr Odin lui-même, qui dans une lettre à sa famille fait la description du pays et du genre de vie des séminaristes.

« Le Séminaire de Barrens se trouve au milieu d'une vaste étendue de bois, dans une terre occupée il n'y a pas longtemps par les sauvages. Il est bâti en bois et dans certains appartements l'on entend encore siffler le vent avec force ; cependant nous avons une chapelle, une salle d'étude et quelques autres chambres assez propres. Nous sommes logés bien commodément en comparaison dès premiers missionnaires qui sont arrivés ici. Sur notre table, nous trouvons du lard et du bœuf, du lait et de l'eau. Quelquefois nous allons cueillir, dans les bois, des raisins sauvages pour notre dessert, L'Amérique ne produit ici ni cerises ni aucun des fruits délicats d'Europe. Dans certains coins cependant il y a des pêches, des prunes et quelques petites poires. Les légumes y sont si rares qu'on est obligé de faire gras les samedis et pendant tout le carême à l'exception du mercredi et du vendredi.

« Tous les jours, à quatre heures du matin, j'ai le bonheur d'offrir le saint sacrifice de la messe. Nous faisons ensuite une heure de méditation. Les autres exercices sont à peu près les mêmes que dans les séminaires de France. Il faut être prêt à chaque instant à monter à cheval pour aller assister les malades. Aussitôt qu'on nous appelle nous quittons tout promptement pour voler à leur secours et, malgré toute la diligence que nous y mettons, nous avons quelquefois le chagrin de les trouver mourants ou morts. Souvent mon cheval s'est abattu, des branches d'arbres auraient dû, à chaque instant, m'arracher la vie, les serpents qui fourmillent presque partout se sont trouvés souvent entre les jambes de mon cheval, les ours ont fui devant moi et parmi tous ces dangers, rien de fâcheux ne m'est arrivé. Oh ! combien ces marques de la protection divine devraient m'attacher au Seigneur et m'encourager à étendre son règne ! »

Voilà quelle fut aussi la vie de l'abbé Dubuis pendant ces six mois. Ses journées étaient partagées entre l'apostolat et l'étude aride de la grammaire anglaise.

Mais plutôt, donnons-lui de nouveau la parole. Dans une longue lettre à sa famille, il nous donne quelques détails sur sa vie aux Barrens et surtout il nous fait connaître toutes les péripéties du long voyage des Barrens au Texas.

« Mon bien cher Père, ma très chère Mère,

« J'ai reçu votre aimable lettre au commencement de décembre. Je reçus en même temps celle de M. le Curé. L'une et l'autre me comblèrent de joie : mais je ne pus aussitôt vous rendre réponse, étant sur le point de partir pour Saint-Louis, d'où je pensais vous écrire, après quelques heures il fallut m'embarquer avec quatre de mes compagnons MM. Giraudon, Chambodut, Chanrion et Chazelles, tous lyonnais. Avant de vous faire le récit de ce voyage, que nous venons de terminer, je veux vous dire ce que je suis devenu pendant mon séjour à l'ouest de l'Amérique Septentrionale. D'abord, je n'ai pas éprouvé un ennui d'une minute, ni une maladie d'un instant ; ma santé est mille fois meilleure qu'en France. Je passe sous silence ce qui concerne le pays tout couvert d'immenses forêts ; puisqu'en trois voyages qui, réunis, font plus de quinze cents lieues, je n'ai vu autre chose que des bois ; mais je veux vous raconter comment j'ai vécu. Pour la nourriture ce sera bientôt dit : le lard, le café, le thé et l'eau ; c'est tout. Comment se salue t-on ? On ne touche pas son chapeau, seulement nous prenons la main droite de la personne que nous rencontrons ; elle secoue ou agite les nôtres par trois fois en disant : « hou do you do » (ces mots se prononcent *haou dou you dou*, et signifient : comment vous portez-vous) on ne reçoit jamais d'autre salut que celui-ci, fut-on un prince ou un évêque.

« Il en fut de la langue comme du reste, il fallut redevenir enfant, épeler les lettres, puis lire, écrire et enfin parler ; ce dernier point est le plus pénible, oh ! croyez-moi, j'ai désiré plus d'une fois retrouver la patience des religieuses. Dieu soit béni, le difficile est passé.

« Je vais vous parler maintenant de mon dernier voyage, mais à la condition que vous ne vous ferez pas une seule goutte de mauvais sang en lisant les petites péripéties de ma dernière navigation.

« Je partis des Barrens le 10 décembre. Le Mississipi ayant alors peu d'eau, le bateau à vapeur ne put aborder le rivage : on m'envoya une chaloupe qu'on ne pouvait gouverner à cause de la force du courant et de la violence du vent : d'ailleurs à neuf heures du soir la nuit était très sombre. Avec cette réunion de difficultés, je sautai dans le fleuve au lieu de joindre la chaloupe ; j'en fus quitte pour un peu de fraîcheur, car je ne crains pas de traverser quelque rivière que ce soit, pourvu que j'aie seulement les pieds libres ; il est vrai qu'en hiver la natation est un exercice fort peu agréable, je n'eu pas de feu, quoique la gelée fut très forte : mais enfin, lorsque Dieu garde, rien n'est dangereux.

« Le troisième jour de navigation, à deux lieues environ de Saint-Louis, les brouillards les plus épais que j'aie jamais vue nous environnèrent de tous les côtés. Cependant le capitaine ordonna d'avancer. Nous avançames en effet, mais sur un banc de gravier d'où nous ne pûmes sortir qu'après douze heures de travail. Le choc fut si violent que tous, matelots et passagers poussèrent un cri soudain « *my God, my God ! helpus* » (mon Dieu ! mon Dieu ! aidez-nous) l'Américain n'en dit pas davantage ; dans toutes mes courses je n'ai entendu qu'une seule fois une parole grossière contre Dieu, je n'en ai entendu aucune contre la chasteté. Jamais rien non plus contre les prêtres, quoique j'aie toujours été reconnu. Seulement lorsque notre bateau eut été engravé, un marin prétendait que c'était le diable qui nous avait conduits sur un banc et que c'était moi qui l'avais poussé à cela avec mon *Yellow book* (livre jaune, mon bréviaire). Ce sont les ministres protestants qui répandent ces bruits et disent aussi que nous avons une corne au front. Je ne sais si c'était pour voir cette prétendue corne ; mais chaque fois que je suis arrivé sur un bateau à vapeur j'ai été entouré d'une foule de curieux, je leur distribuais du tabac en quantité, tellement qu'en six mois j'en ai usé vingt-cinq livres à priser ou à fumer ; mais enfin ce moyen m'a toujours fait bon nombre d'amis et ainsi j'ai voyagé agréablement.

« Le 16 je débarquais à Saint-Louis pour changer de bateau à vapeur. Je choisis le plus fort ; car je devais faire cinq cents lieues sans le quitter. Le quatrième jour de navigation depuis mon départ de Saint-Louis, nous arrivâmes à un endroit du Missouri appelé « le passage du diable ». Là nous vîmes quatre bateaux à vapeur enfoncés dans le sable. Notre capitaine, homme prudent, fit jeter l'ancre ; mais quelques heures s'étaient à peine écoulées que l'un de ces infortunés bateaux sonna la cloche d'alarme pour nous donner onze voyageurs désolés de se voir ainsi arrêtés au milieu d'une rivière. Nous nous approchâmes et nous les reçûmes tous avec des transports de joie de leur part et de la nôtre. Hélas ! il fut court ce moment de plaisir, car à la distance d'un jet de pierre nous sentîmes que notre bateau portait sur le gravier, nous étions tous tristes et rêveurs. Pendant que le capitaine faisait dresser une machine pour nous sortir de ce terrible passage, on planta deux arbres, un de chaque côté du bateau, qui par ce moyen fut relevé : puis on lança toute la force de la vapeur et nous fûmes dégagés après dix heures de travail ;

« Ce même jour nous perdîmes un chauffeur, par suite d'excès de la boisson appelée whiskey affreuse liqueur une fois plus forte que l'eau-de-vie. Ce malheureux se disait catholique, mais il était connu des marins pour n'être d'aucune religion ; mon ministère lui fut inutile. On s'approcha un peu du rivage et son cadavre fut jeté dans le bois, sans laisser le moindre signe de tristesse, excepté dans le cœur du prêtre qui n'avait pu le préparer à paraître devant Dieu. Le reste de la navigation fut heureuse et le 29 décembre nous arrivâmes à la Nouvelle-Orléans.

« C'était pour la seconde fois que je voyais cette ville, je ne m'y arrêtais que deux jours, juste le temps nécessaire pour trouver un bateau beaucoup plus fort, afin de traverser le golfe qui a deux cents lieues de large.

« Je partis de la Nouvelle-Orléans le dernier jour de l'année. J'étais content de pouvoir bientôt mettre le pied sur la terre que nous devions évangéliser ; mais Dieu voulait nous faire passer encore par deux terribles épreuves : le premier jour de l'an, à peu près à huit heures du matin, pendant que vous étiez dans la joie en recevant les vœux de bonne année de mes frères, beaux-frères et de mes sœurs, pendant que j'étais moi-même tout pénétré de l'idée que Dieu voudrait bien agréer les désirs de mon cœur et mes prières pour votre santé et surtout pour que nous soyons tous réunis dans le ciel, au milieu, dis-je, de cette émotion que j'éprouvais, j'entendis tout à coup pousser un grand cri de frayeur. Nous avions été violemment poussés sur un banc de sable et nous avions échoué. Nous étions à trente milles environ de la Nouvelle-Orléans. On détacha la chaloupe et on partit chercher dans la ville un bateau à vapeur. Nous déchargeâmes toutes les marchandises et, après deux jours du travail le plus opiniâtre, le *Palmetto* (c'est le nom du bateau) se remit en mer ; à peine avions-nous fait une lieue qu'un vaisseau à trois mâts arriva contre nous et brisa le tribord déjà ébranlé par le choc du banc de sable. C'était peu rassurant pour mon compagnon et moi. Dès lors nous ne comptâmes plus sur la vie, seulement nous étions contents d'avoir laissé à la Nouvelle-Orléans trois de nos compagnons et nous disions : « Au moins, ces trois ne périront pas. »

« Le trois janvier fut le jour le plus mauvais de ma longue navigation d'Europe au Texas et je n'en reverrai problablement jamais de plus affreux. Un vent violent roulait sur notre steamer des montagnes d'eau, les chambres se remplissaient, le tribord était brisé, soixante passagers pleuraient sur le pont, le capitaine était au haut du grand mât pour découvrir les côtes ; quelques passagers prenaient une espèce d'habit de sauvetage, appelé préservatif de la vie, et allaient se jeter à la mer. Nous fîmes bonne contenance ; c'est facile lorsqu'on a aucune crainte de la mort. Cela fit croire à plusieurs voyageurs que nous connaissions dans notre livre d'or (le bréviaire) que nous ne péririons pas ; nous leur répondîmes que nous n'en savions rien, mais que nous l'espérions avec une grande confiance. Nous allâmes cependant nous coucher, quoique nos lits fussent inondés par les vagues ; mais le temps était très chaud, nous étions plus bas que le Tropique.

« A notre réveil nous trouvâmes la mer parfaitement calme et le vent tout à fait apaisé. Nous fîmes beaucoup de chemin ; on forçait la vapeur autant que possible. Le lendemain, nous arrivâmes à Galveston.

« Galveston est une ville de cinq mille âmes, c'est la principale et la plus importante du Texas. Les maisons n'y ont qu'un étage ; elles sont en planches et permettent libre entrée à tous les vents. Quelques-unes sont sur quatre roues et, lorsque vous croiriez les trouver en tel endroit, elles sont parties en tel autre, sept ou huit cents pas plus loin. Galveston est dans une île de douze lieues de longueur sur deux de large : cette île, comme tout le Texas, est une plaine qui n'offre pas à l'œil le plus léger monticule ; elle est nue, c'est-à-dire sans arbres, excepté quelques figuiers et des palma Christi. C'est là que réside Mgr Odin, notre évêque. Son palais est en planches et a juste un pied plus haut que moi. Sa cabane de bois (elle mérite mieux ce nom que celui de palais) est si petite que nous fûmes obligés d'aller loger à une demie lieue de là et à cent pas de la mer dans une maison de planches que personne n'habitait. Là nous passâmes quelques nuits, mon compagnon et moi, tous deux peu rassurés dans le commencement, lorsque nous entendions rôder autour de notre habitation une foule de nègres ; mais ils apprirent que nous étions missionnaires et ils nous parurent très bons. Chaque jour, ils nous apportaient de l'eau, du café et de petites boulettes de pâte moitié crues, qu'au surplus enfin nous ne restâmes pas longtemps à considérer, étant servis par un fort bon appétit. Si vous saviez, chers parents, comme les goûts changent et les idées aussi, dans certaines circonstances ! En France, si on m'eût dit de manger du lard cru et qui n'aurait reçu d'autre chaleur que celle de ma bouche, j'aurais répondu que je ne suis pas un sauvage. Eh ! bien, je ne suis pas plus sauvage que je ne l'étais à Coutouvre et cependant la plupart du temps je prends mes repas de cette façon. Ils sont excellents ; je vous conseille de faire comme moi ; ainsi vous ménagerez le bois et la cuisinière ne se brûlera pas. »

Alors en effet, Galveston était une ville naissante, construite en planches avec quelques maisons en briques, sur une île de sable blanc et fin dans lequel on enfonçait jusqu'à la cheville et même plus haut. Les constructions se sont améliorées, non le climat. Pendant le jour, le sable, brûlé par le soleil, embrase l'air et rend le séjour insupportable ; la nuit, les maringouins ou moustiques en font un lieu de supplice. Pour avoir un peu de végétation, on apporte de la terre du continent ; heureusement cette terre est si fertile qu'en la mêlant au sable elle produit de bons fruits et de bons légumes. L'eau de pluie, conservée dans des citernes de bois ou de briques est la seule que possède la ville. Pour rendre cette eau potable on y mêle de la glace ; car, sans glace, son goût saumâtre et plus ou moins fétide la rendrait imbuvable.

L'évêché se composait alors de trois ou quatre cabanes contenant sept ou huit petites chambres entourées d'une galerie pour atténuer l'ardeur du soleil. Dans une sorte de cour on voyait quelques figuiers, des lauriers roses, des grenadiers et des citronniers rabougris qui donnaient très peu d'ombrage. La cathédrale était une cabane de planches dans laquelle il fallait ouvrir les parapluies lorsqu'il pleuvait.

CHAPITRE IV

LE TEXAS - DE GALVESTON A CASTROVILLE

L'HISTOIRE et la géographie du Texas sont aussi utiles à notre récit qu'elles sont curieuses. Texas est un mot indien qui veut dire « chasse giboyeuse ». Situé entre le 26° et le 36° de latitude et le 93^{30} et le 106^{40} de longitude, sa superficie est d'environ 40.000 lieues carrées, c'est-à-dire une superficie plus vaste que celle de la France. Borné au sud par le golfe du Mexique, à l'est par la Louisiane, au nord par la rivière Rouge, l'Arkansas et le territoire indien, au nord-ouest par le Nouveau Mexique, à l'ouest par le Rio-Grande, ce pays voyait tous les jours sa population s'accroître si rapidement qu'il était impossible d'en donner un chiffre exact. On estimait cependant qu'il contenait alors 200.000 âmes, sans parler des Indiens qui ne s'étaient pas encore laissés compter par personne. Les Mexicains, parlant espagnol, étaient les plus nombreux, puis venaient les Anglo-Américains, ensuite les Allemands et enfin les esclaves noirs qui travaillent dans les plantations.

Toute la partie sud du Texas, s'étend vers la mer en plaines sablonneuses et marécageuses, qui remontent vers le nord, s'élèvent, se fertilisent, s'ondulent, se couvrent de gros pâturages qui nourrissent de nombreux troupeaux de bœufs, de moutons et de chevaux; les montagnes ne se montrent guère que dans la partie nord-ouest. Les prairies sont coupées par les forêts qui bordent les rivières. Les arbres les plus connus sont le cèdre, le magnolier, le sycomore, l'ébène, le mesquite, l'érable à sucre, le sapin, l'acacia, le chêne, le palmier et d'autres espèces propres aux pays chauds. Le coton et le tabac sont de qualités supérieures, partout croit le maïs et la canne à sucre. La température est très chaude, mais elle est tempérée par les brises qui s'élèvent du golfe du Mexique ou viennent des montagnes.

Au commencement de l'ère chrétienne une colonie de Fultèques semble avoir habité les bords du Rio-Grande; mais cette tribu n'a presque laissé aucune trace de son passage si ce n'est une tradition vague et presque effacée. Les Toltèques, avant leur émigration au Mexique, vers le VIIe siècle, avaient habité le nord-ouest du Texas. Cette tribu, la plus ancienne de celles qui nous sont connues, a rangé sous ses lois le Mexique; elle avait connaissance des sciences et des arts utiles. La civilisation des Toltèques était douce, leurs coutumes étaient bienveillantes et leur religion semblait être une copie imparfaite du catholicisme. Au XIIIe siècle, les Aztèques détruisirent l'empire des Toltèques, l'agrandirent considérablement, et commencèrent les sacrifices humains, qui au XVIe siècle avaient pris des proportions monstrueuses. Cet empire qui avait son centre au

Pérou, finit en 1521 avec Quanhtemozin, leur dernier roi.

Les guerres intestines et la coutume de massacrer les prisonniers firent disparaître peu à peu une multitude de tribus. Les Espagnols, qui succédèrent aux Aztèques, firent périr par le fer et le feu plusieurs milliers d'Indiens. Avant l'année 1525, Sébastien Gavoto reconnut les côtes du Texas, mais n'entra pas dans l'intérieur. Le premier navigateur espagnol qui fit une excursion dans le Texas, est l'aventurier Etienne Gomez. Mais jusqu'à la fin du XVIIe siècle, les Espagnols n'eurent aucun établissement au Texas. Ce fut un Français qui s'y établit le premier en 1685, M. de la Sale, cet intrépide navigateur qui traversa deux fois l'Amérique septentrionale pour la gloire de son pays. Malgré cela, il y a quelques années, le Texas, province obscure du Mexique, n'était, pour ainsi dire ni connu ni habité ; on y rencontrait seulement la ville de San-Antonio, fondée en 1698, celle de Goliad, fondée en 1716, celle de Nacogdoches, fondée en 1732. Hors de l'enceinte de ces villes, qui étaient peu de choses, tout le Texas n'était qu'un vaste désert parcouru par les sauvages.

L'histoire moderne du Texas peut se résumer en quelques lignes. C'est à Galveston qu'en 1817 le général Lallemand voulut fonder le champ d'asile. Vers l'année 1820, M. Austin, des Etats Unis, demanda et obtint la permission de fonder au Texas une colonie de ses compatriotes et les Mexicains lui accordèrent d'amples privilèges pour favoriser une entreprise qu'ils croyaient utile. Ces colons devaient être catholiques et jurer fidélité au roi et aux lois. Mais, peu après, le Mexique se déclara indépendant de l'Espagne, et les Etats-Unis reconnurent cette indépendance en 1823. La même année l'empereur du Mexique, Yturbide publia une loi dans le but d'accorder de grands privilèges aux habitants du

Texas ; son intention était de favoriser les émigrations dans ce pays et d'en augmenter la population. On vit bientôt accourir des milliers d'aventuriers qui ne voulant pas se livrer au travail de l'agriculture, cherchèrent fortune en faisant la contrebande sur les frontières. Ces libéralités furent fatales. Des complots s'organisèrent et le principal fauteur fut un membre de la famille qui avait le plus reçu. En effet, les Mexicains ayant voulu, en 1829, changer leur Constitution, les Texiens, qui faisaient partie de la Confédération mexicaine opposèrent une vive résistance et John Austin parcourut le pays pour engager les habitants à proclamer l'indépendance du Texas. Le 11 décembre 1835, l'armée texienne commandée par Samuel Houston, nommé président de la future République, s'empara de San-Antonio-de-Bexar. Au mois de février de l'année suivante, Santa Anna, président de la République mexicaine, vint en personne au Texas, à la tête de 7.000 hommes, et après plusieurs succès il fut battu complètement dans un combat désespéré sur les bords de San-Jacinto. L'indépendance du Texas fut le fruit de cette bataille. Le général Houston devint définitivement président de la nouvelle République.

Mais, malgré son étendue, elle était trop faible et trop pauvre pour conserver longtemps son indépendance entre deux voisins si puissants et si jaloux l'un de l'autre. En 1845, le Texas cessa d'être indépendant et se joignit à la Confédération des Etats-Unis. En 1846 le Mexique et les Etats-Unis se brouillèrent au sujet de la démarcation des frontières du Texas, la guerre fut allumée.

« Aussi, en entrant dans le golfe du Mexique, écrit l'abbé Dubuis, un vaisseau de guerre se trouvait croisé, il nous arrêta et ce ne fut qu'après avoir arboré le drapeau français que nous pûmes continuer notre route.

« Lorsque nous arrivâmes à Galveston, continue l'abbé Dubuis, la principale population blanche était dans cette ville et tout le continent était couvert d'Indiens. Là, nous trouvâmes une petite chapelle en bois, et de temps à autre quelques catholiques avides d'entendre la parole de Dieu. »

L'immense région texienne fut divisée en trois missions, l'ouest, l'est et le centre.

Les missions de l'ouest prirent bientôt un rapide développement, grâce à un accord formé entre plusieurs princes allemands, qui eurent l'idée d'établir entre le Colorado et le Rio-Grande un vaste royaume pour y déverser le trop plein de leurs petites principautés européennes. Dès lors surgirent Braunsfels sur le Comal, Castroville sur le Medina, Fredericksburgh sur le Pedernalès, Castel sur le Llano avec de nombreux villages. Ce fut cette mission immense qui fut confiée à l'abbé Dubuis avec Castroville pour résidence habituelle. Après quinze jours passés à Galveston il entreprit de nouveau un voyage de cent cinquante lieues, à travers ce riche mais dangereux pays pour arriver jusqu'à Castroville.

Comment raconter les difficultés et les dangers de ce nouveau voyage ? Laissons un instant la parole à Mgr Odin, il nous dira comment il le fit lui-même :

Les nombreuses bandes de sauvages Comanches et Tonkaways qui parcourent sans cesse le pays, rendent la route extrêmement périlleuse, on ne peut entreprendre ce voyage sans courir un danger évident de mort, à moins d'être en nombre suffisant pour intimider les Indiens. Nous nous joignîmes donc à un convoi de vingt-deux charrettes qui y transportaient des marchandises. Tous nos compagnons étaient bien armés ; mais si, d'un côté, le nombre nous rassurait contre les attaques des sauvages, d'un autre côté, que de misère et de lenteurs dans notre marche !

La chaleur était excessive, et dans les immenses prairies qu'il nous fallait traverser, à peine s'offrait-il un arbre à l'ombre duquel nous pussions goûter un instant de repos.

Le soir vers le coucher du soleil, nous nous mettions en marche, mais souvent, à peine avions-nous fait quelques pas qu'un de nos véhicules venant à se casser, il fallait faire halte et passer une partie de la nuit à le réparer.

Ces accidents survenaient quelquefois loin de l'eau; nous devions parcourir la prairie et nous nous estimions bien heureux lorsque, après bien des recherches, nous découvrions un petit trou où nous pouvions disputer aux grenouilles une eau fangeuse et dégoûtante. Nos provisions étaient peu abondantes; et nous les partagions avec nos compagnons de voyage, plus mal pourvus encore que nous. Aussi la faim ne tarda pas à se faire sentir; alors nous dûmes avoir recours à la chasse, au risque d'attirer les sauvages par le bruit des fusils. La fièvre attaqua aussi nos rangs, j'en eus moi-même quelques accès, mais des médicaments dont je m'étais pourvu fort à propos, nous rendirent peu à peu la santé. Plusieurs fois pendant la route le cris de « los Indios » répandit l'alarme dans nos rangs et fit courir nos hommes aux armes, mais soit que notre nombre intimidât les sauvages, soit que ce ne fut qu'une méprise de notre part, nous arrivâmes le 30 juillet à San-Antonio sans accident ».

L'abbé Dubuis partit sans caravane, avec un seul compagnon.

Les routes du Texas étaient alors presque toutes tracées d'une façon économique et primitive ; dans les bois, de simples entailles sur les arbres pour indiquer le chemin ; si quelque arbre était trop embarrassant, on le coupait à un pied du sol, comme pour ménager çà et là des cahots ; dans les prairies et les endroits découverts, il n'y avait pas de route tracée, et l'on allait à sa guise sur un terrain plat et sans aspérités. La voiture de l'abbé Dubuis était une charrette, espèce de tombereau attelé ; elle courait à toute bride dans les bois, passant sur les troncs, se heurtant contre les arbres ; après une course forcenée à travers la forêt, elle débouchait dans une immense prairie dont il fallait plusieurs jours pour voir la fin. Il était perdu dans un océan d'herbes courtes et sèches où pas un buisson n'arrêtait la vue, où tout était immobile et muet. Le voyageur cherche en vain de la poésie dans cette nature grande, il est vrai, mais de la grandeur triste et sauvage des déserts. L'âme, sur l'Océan, est saisie par l'immensité du tableau ; mais la mer a du moins le vent et les vagues qui l'animent, tandis qu'un silence morne règne dans ces solitudes sans horizon et remplit le cœur d'une noire et navrante mélancolie. Mais laissons la parole à l'abbé Dubuis ; dans une lettre au curé de Coutouvre, il raconte la fin tragique de son voyage.

« *Castroville, 25 octobre 1847.* »

« Mon cher Curé,

Le pauvre missionnaire que les déserts et l'Océan séparent de sa patrie, est heureux de penser que ses amis le suivent de cœur dans ses courses lointaines ; son courage s'appuie sur leurs prières, et, entouré de ces deux souvenirs, il se trouve moins seul, quoique jeté à plus de cent lieues de son évêque et de tout compagnon d'apostolat. C'est ce que j'ai éprouvé en recevant votre lettre au fond du Texas. En retour je vous dois quelques détails sur mes voyages et sur ma nouvelle résidence.

De la Vera-Cruz je m'acheminai vers Castroville. Après ma première journée de marche, en compagnie d'un petit nègre conduisant mes effets dans un lourd wagon, la nuit nous surprit dans une vaste forêt. Mon guide détacha ses mules et s'endormit. Quant à moi, je ne pus fermer les yeux, tant le vent du Nord était froid, et les hurlements des ours peu agréables à mon oreille. J'eus donc tout le temps de savourer à loisir les douceurs de la vie des bois, et j'avoue que, jeté pour la première fois comme acteur sur cette scène de la nature sauvage, je trouvai à la réalité beaucoup moins de charme qu'à la lecture.

Ce n'était cependant que mon premier pas dans la carrière. Un soir arrivé à peu de distance de San-Antonio, je me vis tout à coup entouré d'une vaste ceinture de lumière, à tel point que, désorienté par cette clarté mystérieuse, je ne savais plus où j'allais; mon cheval était mon seul guide. Pendant deux heures je fus ainsi escorté par une traînée de flammes qui versait au loin sur les prairies une pluie de cendres. Heureusement je ne soupçonnais pas par quelles mains cet incendie avait été allumé. A neuf heures du soir j'entrai à San-Antonio, et là j'appris qu'une heure avant mon arrivée, les Comanches, Indiens féroces et toujours en guerre avec les blancs, y avaient percé deux habitants de leurs flèches. C'étaient eux qui, en se retirant, avaient mis tout à feu sur leur passage. Bonne nouvelle pour moi qui avais encore trente milles à faire dans la direction où ces sauvages ont fixé leur répaire !

San-Antonio qui a pris de si grands développements et qui est devenue le siège d'un évêché, avait déjà en 1847 une population de dix mille âmes. C'était, parmi les villes du Texas, la plus peuplée. Fondée en 1678 par les Espagnols venus des îles Canaries, San-Antonio possédait quelques maisons en pierre ; les autres étaient de petites cabanes couvertes de joncs. La ville est arrosée à l'est par la rivière San-Antonio, à l'ouest par le petit ruisseau de San-Pedro, et dans le centre se trouve un canal pratiqué autrefois par les Indiens sous la direction des missionnaires et dont l'eau abondante porte la fécondité dans tous les jardins. Rien de plus beau que la vallée de San-Antonio. Climat agréable, air pur et salubre, sol riche et fertile, tout contribuerait à en faire un séjour délicieux, sans les hostilités continuelles des sauvages, qui jusqu'alors n'avaient pas permis d'exploiter un pays dont les ressources sont immenses.

Depuis son origine, San-Antonio a toujours été en butte aux attaques des Comanches et des Tonkaways tribus nombreuses, cruelles et même anthropophages. Cette ville venait d'être aussi le théâtre de guerres longues et désastreuses, et celle de l'Indépendance du Texas lui fut particulièrement funeste.

Il n'y avait pas de famille qui n'eût à déplorer la mort d'un père, d'un fils, d'un frère ou d'un époux, impitoyablement égorgés par les Comanches ; il ne se passait pas de mois que ces sauvages ne vinssent y jeter le trouble et l'effroi et y causer des ravages affreux, tuant les hommes qui se trouvaient, sur leur passage et les animaux qui erraient dans les champs. Aussi avait-on été obligé de constituer des milices dont les chevaux toujours sellés, devaient, au premier cri d'alarme s'élancer à la poursuite des Indiens, tandis que la population de la ville courait à l'église devenue plus tard la cathédrale. Les femmes et les enfants se réfugiaient dedans ; les hommes se postaient sur la terrasse protégée par un mur d'enceinte et de là tiraient sur les Indiens.

L'abbé Dubuis ne s'arrêta qu'une demi-journée dans cette ville ; il avait hâte d'arriver au terme de son voyage.

Tout le monde, écrit-il, me conseillait d'attendre une caravane pour continuer ma route ; je partis seul à la garde de Dieu, et je n'aperçus pas un Indien ; je vis seulement un grand nombre de coqs d'Inde s'envoler dans les bruyères et des daims effrayés s'enfuir à mon approche.

Bref, me voilà enfin à dix heures du soir aux portes de Castroville où j'allais tenter de fixer ma résidence. Toutes les habitations auxquelles je demandai un abri, restèrent d'abord sourdes à mes sollicitations. Cependant, lorsque j'eus fait comprendre que j'étais un prêtre, on consentit à m'ouvrir, et je fus solennellement installé dans la maison destinée au missionnaire. Sans plus tarder je vous en fais la description.

Quelques bâtons enfoncés en terre formaient les murs : un

peu d'herbe jetée dessus composait tout le toit ; il n'était pas besoin ni de portes ni de fenêtres, tout l'édifice étant percé à jour. Quelques douzaines de scorpions, mêlés à des myriades d'insectes, y avaient élu domicile, et faisaient tous les frais d'ameublement, si l'on excepte une peau de bœuf qui me promettait un sommeil de sybarite.

Le lendemain, rien de plus pressé que de faire la visite de mon troupeau, et d'étudier le terrain sur lequel j'allais jeter la bonne semence. Je reconnus aussitôt que presque tous les peuples avaient fourni leur contingent à ma paroisse. Elle se composait principalement de Belges, de Hollandais, de Hanovriens, de Prussiens, de Westphaliens, de Hongrois, d'Autrichiens, enfin une population de treize cents émigrés, la plupart Allemands parlant une langue qui n'est, je crois, d'aucun pays. N'importe, je me mis résolument à l'œuvre, et, après trois semaines, je me risquai à parler en public leur inqualifiable jargon. Aujourd'hui, les premières difficultés sont vaincues ; les hérétiques mêmes viennent chez moi, ils me font baptiser leurs petits enfants et envoient les grands au catéchisme. Parmi les catholiques, j'ai déjà donné 500 communions.

En dehors des colons, reste à évangéliser les tribus indiennes. Je puis vous dire un mot de ces redoutables sauvages ; je les ai vus de près, car ils m'ont pris deux fois. Le 17 juin, comme je partais dès le point du jour pour aller célébrer le Saint Sacrifice au Quihi, où ces cannibales venaient de tuer sept personnes, je vis à cent pas de moi neuf Commanches, Je n'eus pas même la pensée de fuir ; je ne sais si j'eus seulement le temps d'y songer : le cheval de l'Indien est rapide comme sa flèche. Tout ce que je compris, c'est que ces sauvages allaient encore me faire voir un nouveau monde. Mais à peine leur eus-je dit que j'étais capitaine de l'Eglise, qu'aussitôt je me sentis enlevé sur leurs chevaux, et pressé tour à tour contre la rude poitrine du chef et de ses subalternes, Pas un sourire ni sur leurs lèvres ni sur les miennes n'assaisonnait cette scène étrange qui, sans durer plus d'une demi-heure, finit par me paraître longue. La conclusion fut qu'il leur fallait du wiskey ; à tout prix ils en voulaient et malheur à moi si je m'en fusse trouvé ! car, à la première goutte d'eau-de-vie, leur respect pour le capitaine de l'Eglise se fut changé en cris de mort.

Les guerriers Comanches font des prodiges de valeur et d'audace. Jamais les Mexicains n'ont rien pu contre cette tribu, forte de cinquante à soixante mille combattants. Sur mon district, au bord du Rio-Frio, campe un détachement de douze mille hommes, plus que suffisant pour anéantir les peuples civilisés du Texas, si la Providence n'avait mis à leur force aussi implacable qu'herculéenne, une barrière infranchissable. Les Comanches, comme les Lipans, leurs fidèles amis et camarades de brigandage, ne peuvent vivre ensemble au-delà de cent personnes, parce que n'ayant pour subsister que la chasse, ils sont obligés de s'éparpiller à la poursuite de leur proie.

Leur religion se fait un dieu de tout ce qui agit fortement sur leurs sens ou leur inspire de la terreur. Le soleil qui les brûle ainsi que nous est le principal objet de leur culte. Chaque Comanche porte son image suspendue à son cou, et au-dessous est un petit sac contenant une pierre qui doit les rendre invulnérables. A la superstition, ils joignent les mœurs des tribus anthropophages ; les liens du sang n'ont pas même le privilège d'adoucir ce naturel féroce. L'Indien n'a nul souci de sa famille ; la femme, son esclave absolue, doit tout faire pour lui ; souvent il n'apporte pas même le gibier qu'il a tué, mais il envoie sa femme le chercher au loin. S'il combat, sa femme est à ses côtés pour lui fournir ses flèches. Compagne de ses périls, elle le surpasse en cruauté et c'est toujours en dépit de ses sollicitations sanguinaires que le guerrier consent à faire grâce. Jusqu'ici, l'Evangile n'a pu se faire entendre à ces tribus : la seule tentative coûterait la vie à cent missionnaires, si cent osaient s'y présenter. Quel sera l'avenir ? Dieu seul le sait ; Dieu seul peut faire habiter le tigre avec l'agneau.

Dans une lettre à ses parents, il continue à donner des explications sur les terribles Comanches.

Je suis a cent cinquante lieues de Galveston, à l'ouest du Texas, entre la tribu des Lipans et celle des Comanches. Ces sauvages ont encore meilleure mine que moi, ce qui ne m'étonne pas ; depuis longtemps ils mangent la viande crue, et moi, je ne fais que commencer. Ils sont tous d'une belle taille, entre six et sept pieds. Leur peau est d'un rouge foncé, leurs cheveux, d'un noir de jais, pendant en tresse jusqu'au milieu du dos ; de larges plaques d'argent sont attachées à cette tresse ; au-dessus du coude ils portent une large boule d'or ou de cuivre à laquelle ils suspendent les chevelures des ennemis qu'ils ont tués. Leur vêtement est une ample couverture de laine rouge, ou couleur de lie de vin ; je ne sais s'ils adorent Dieu, mais je suis assuré qu'ils ont peur du diable, car dernièrement un Français de ma mission, jeune homme imprudent, s'avisa de voyager seul, accompagné seulement de deux revolvers avec lesquels il pouvait tirer vingt-quatre coups sans s'arrêter. Se voyant entouré d'une bande de deux à trois cents Comanches, il commença le feu. Au sixième coup il reçut une flèche au bras droit ; mais lorsque les sauvages virent que le bras continuait à faire feu, ils prirent la fuite en s'écriant : « C'est un bras de l'enfer, c'est le bras du diable ». Dans une prochaine lettre, je vous donnerai toute l'histoire de ces redoutables sauvages. J'abrège aujourd'hui pour profiter d'une occasion favorable de vous faire passer ma lettre. Ne soyez pas inquiets si vous ne recevez pas souvent de mes nouvelles ; il est difficile de faire arriver les lettres à Galveston, puisqu'on ne peut voyager sans être en caravane, c'est-à-dire au nombre de quinze à vingt personnes. Vous pouvez être parfaitement rassurés sur mon sort, car en mangeant du lard cru, le feu de la jeunesse m'a un peu passé, et je n'irai pas me faire tuer pour le seul plaisir de voir des sauvages, ou pour essayer s'ils tirent bien leurs flèches. J'ai assez d'ouvrage dans ma mission, deux fois grande comme le diocèse de Lyon ; j'ai des Américains, des Allemands, un grand nombre de Mexicains et environ sept cents Français qui ont émigré dernièrement du nord-ouest de la France. Toutes ces familles n'ont encore rien ; mais j'espère que cela ne durera pas ; elles se bâtissent de pauvres huttes en planches, et lorsque je ne suis pas en voyage, j'ai une de ces huttes pour moi. Quant à mes repas, à ma manière de vivre, nous en reparlerons une autre fois. Ce qui presse plus que tout cela, c'est que vos prières m'obtiennent de bons catholiques. Ne manquez pas de faire chaque jour une petite prière ; mes frères, mes beaux-frères, mes sœurs, mes amis, nos bons voisins de Tèche, les gens de Coutouvre que j'aime tant, pourraient-ils m'oublier au commencement de mon ministère ? Oh ! pour l'amour de Dieu, priez pour ma mission, si vous voulez que je sois heureux. Je l'ai été jusqu'à présent, j'en bénis le ciel et je vous en remercie tous ; mais continuez à faire mon bonheur en demandant à Notre-Seigneur que tous mes paroissiens, civilisés et sauvages, persévèrent dans leurs sentiments. Ils m'ont dit, surtout les pauvres Français, qu'ils mourraient pour moi s'il le fallait. Je leur ai répondu que je ne voulais rien autre que le bon exemple de leur part, c'est par là que je gagnerai la tribu sauvage des Lipans, moins féroces que les Comanches dont je n'espère presque rien, et c'est par vos prières que j'obtiendrai tout du cœur de Dieu.

Je remercie mes frères et mes sœurs de m'avoir causé tant de joie par les quelques mots qu'ils me firent dire dans la petite lettre que vous m'envoyâtes ; je les invite à continuer. Je souhaite à tous, sagesse, prospérité et bonheur. J'embrasse affectueusement mes beaux-frères, je désire recevoir quelques détails au sujet de leurs familles. Dites à M. le curé que je diffère de lui écrire pour pouvoir lui faire connaître l'état de ma mission. Elle est si vaste que je réclame de sa bonté encore quelques jours. Cette mission, que je recommande à ses prières et à celle de ses paroissiens, est la plus vaste du Texas et la plus intéressante de toutes, soit à cause de l'état des sauvages si propre à émouvoir. Sans nul doute, monsieur l'abbé s'associera à ces prières et aidera ainsi un pauvre prêtre chargé d'une mission assez étendue pour vingt ouvriers de l'Évangile. Dites à chaque famille de Têche que je l'aime et témoignez ma reconnaissance à toutes les personnes qui s'intéressent à la mission des sauvages.

Adieu, je vous aime et vous embrasse.

Dubuis, pr. miss.

La mission de l'abbé Dubuis comprenait donc surtout, avec les Français dont il venait de parler, les Allemands catholiques, dissimulés dans les villes, colonies et villages du nord-ouest du Texas, ainsi que les soldats Irlandais qui servaient dans les troupes américaines chargées de réprimer les incursions des Indiens.

Castroville devenait sa résidence. Il avait à desservir nombre de points, disséminés à des distances variables :

Quibi, ensuite Vanderburgh, la colonie et le camp de Dhonis, plus loin encore, un autre camp américain, situé sur la rivière de la Leona ; à cent milles au nord de San-Antonio, Fredericksburgh et le Llano, à l'est New-Baunfels.

Castroville était une agglomération de cabanes de tous genres, coupée de rues à angles droits, bornée à l'ouest par une petite rivière, la Médina et à l'occident, par des collines plus ou moins boisées. L'emplacement est plat ; les mauvaises herbes croissaient partout, couvraient les rues d'un tapis épais et cachaient des multitudes de fourmis, de reptiles, d'insectes et de lapins de très petite espèce. Quant aux serpents rien ne manquait en ce genre, ni la quantité, ni la variété ; on marchait dessus, on en écrasait quelquefois, sans y faire attention.

C'étaient les porcs, les chats et même les poules qui étaient chargés de les détruire ; ils leur sautaient prestement sur la tête et les mangeaient gloutonnement sans en être incommodés.

CHAPITRE V

MŒURS DES INDIENS ET DES COLONS

AR la lettre de l'abbé Dubuis nous avons déjà fait connaissance avec les Indiens ; mais pour l'intelligence de cette histoire, nous devons les faire connaître plus longuement.

Les Indiens, dans le nord et dans l'ouest du Texas, étaient alors très nombreux ; la tribu la plus farouche, la plus considérable était celle des Comanches ; c'est aussi celle qu'on avait le plus à craindre. Nous avons dit qu'elle comptait 60.000 guerriers ; mais qui en a jamais fait le dénombrement exact ? Les Apaches et les Navajos venaient quelquefois chasser dans le Texas, mais, d'ordinaire, ils se tenaient dans le Nouveau-Mexique, dans les environs du Paso del Norte et dans l'Etat de Sanora. Les Lipans, les Cathos, les Wakos, les Delawares étaient peu nombreux ; ces derniers n'avaient rien de redoutable. On trouvait encore, sur les bords du Rio-Grande, autour du golfe et à l'est du Texas, quelques groupes d'Indiens Manzos (bons), débris ou fractions de tribus anciennes.

Quoique les Indiens soient nomades par nature et par nécessité, ils ont néanmoins des établissements où ils séjournent quelquefois durant une certaine période d'années. Les guerriers vont alors à la chasse, et tant qu'il y a du gibier dans les environs, le reste de la tribu campe tranquillement et se livre aux travaux d'intérieur, l'homme ne faisant à peu près rien, la femme servant l'homme et faisant tout. C'est alors que les flèches sont fabriquées avec du silex, des lames de couteau, des cercles de fer ; les lances se font avec une épée solidement attachée à un long bâton orné de ciselures, de plumes et de crin. On tanne les peaux de chevreuil, de buffles et des bêtes fauves ; on confectionne les vêtements, et quelquefois même on cultive la terre. Lorsqu'une tribu fait des prisonniers, ce qui est rare, ce sont eux qui cultivent la terre avec les animaux domestiques volés aux alentours des villes.

Les Lipans ont vécu longtemps près de Castroville et des colonies voisines. Les milliers de squelettes blanchis de toutes sortes d'animaux, que l'on rencontre à chaque pas dans les plaines et les bois, prouvent que le gibier y était abondant, et que les Indiens en ont fait un terrible carnage.

A Fredericksburgh, les Comanches, les Apaches, les Lipans et autres tribus venaient faire du commerce avec les colons ; ils amenaient des chevaux et apportaient des peaux de tigre, de panthère, d'ours, de chevreuil, de buffle et de cygne, qu'ils échangeaient contre des liqueurs, des couteaux, du fer blanc, des couvertures, du tabac, des perles de Venise, des étoffes rouges et de vieux galons. Près du Llano, où les étrangers ne pouvaient aller sans crainte d'être scalpés, se trouvaient deux villes ; elles se composaient de tentes en peaux de buffles, rangées hiérarchiquement, le chef au milieu, les guerriers autour de lui, et, sur la circonférence, le reste de la tribu ; les deux chefs étaient Santa-Anna, mort du choléra en 1849, et Buffalo-Hunt, fameux par ses cruautés. Ces deux chefs avaient reçu en tabac et en marchandises une somme considérable pour ne pas inquiéter les établissements du Llano et de Frédéricksburgh ; aussi jamais ces colons ne furent troublés par les Indiens, qui étaient le fléau des autres colonies.

Près de ces deux camps, un peu plus au nord, s'élève le pic des Comanches, tout couvert et tout rayonnant de quartz cristallisé, sorte de pain de sucre colossal, qui par les jours de soleil, semble être de diamant, lieu de dévotion pour les Indiens, qui venaient pieusement y fumer dans des haches au manche troué, envoyant une bouffée de tabac vers le soleil, une bouffée vers la terre et chantant un cantique monotome et rythmé jusqu'à une heure avancée de la nuit.

Plus au nord encore, à cinquante milles environ du Llano, se trouvent les ruines de San-Saba et les mines d'argent exploitées par les Comanches, qui en tirent des ornements pour eux et pour leurs chevaux, ainsi que des balles pour leurs fusils. San-Saba avait été une mission espagnole, où les Franciscains, qui enseignaient aux sauvages la religion et l'agriculture, leurs firent bâtir une belle église ; mais pendant la guerre de l'Indépendance mexicaine, les Comanches massacrèrent les pauvres missionnaires et brûlèrent l'église, dont ils gardaient si bien les ruines, qu'il n'était peut-être point, hormis eux, d'hommes vivants qui les aient jamais vues à ce moment.

Dans une excursion que fit l'abbé Dubuis à Fredericksburgh avant le choléra, il rencontra une vingtaine de guerriers Comanches, aux formes athlétiques, à la stature géante, qui se mirent tout d'abord en devoir de le percer de flèches. L'abbé leur cria de ne pas lui faire du mal, attendu qu'il était capitaine du Grand-Esprit et chef de la prière. Alors un des Indiens qui paraissait être le chef, s'approcha de lui. L'abbé lui dit : « Pourquoi vouliez-vous me faire du mal ? Est-ce que Santa-Anna ne doit pas aller à San-Antonio pour faire un traité de paix avec les Américains ? » A quoi l'Indien répondit : « Santa-Anna est plus prudent que cela ; il n'ira pas se mettre dans la gueule de l'ours pour se faire broyer comme un rayon de miel. Il se rappelle trop que les figures pâles de San-Antonio ont la langue fourchue (double). Il ne croit pas à leurs paroles : elles sont trompeuses comme les prairies tremblantes qui engloutissent l'imprudent chasseur qui s'y repose. » Ce qu'il disait était sans doute une allusion à une scène barbare, qui se passa, quelque temps avant l'arrivée de l'abbé Dubuis au Texas, et qui mérite d'être racontée.

Les Texiens crurent se débarrasser des Indiens par l'extermination de leur chef. Ils espéraient que les tribus effrayées par un exemple terrible, resteraient tranquilles à chasser dans leurs régions inhabitées. Ils dressèrent donc aux Indiens un infâme guet-apens. Ils firent prier les chefs des tribus voisines de venir à San-Antonio pour faire un traité de paix, moyennant une forte somme qu'on leur payerait en marchandises. Ceux-ci croyant à la bonne foi des blancs, se rendirent sans défiance à San-Antonio. Santa-Anna plus prudent ou plus défiant, resta dans son camp, sans toutefois vouloir faire partager aux autres chefs ses soupçons et ses craintes. Lorsque les Indiens arrivèrent, on les conduisit dans une grande chambre, où ils furent fusillés ; un seul s'échappa, la hache à la main, se frayant avec son arme un passage à travers les assassins. Il se réfugia dans une cabane voisine, abandonnée, résolu à vendre chèrement sa vie. Poursuivi de près par les balles qui sifflaient à ses oreilles, il ne pouvait aller plus loin. Personne n'osa pourtant enfoncer la porte barricadée derrière laquelle s'abritait l'Indien ; on savait avec quelle rapidité les Peaux-Rouges lancent leurs flèches et aucun assaillant ne voulait être la première victime. Alors un individu, de je ne sais quelle nation, proposa de l'asphyxier avec la fumée du piment. L'avis fut suivi. A travers les ouvertures du toit, on lança du piment sec enflammé, qui fit bientôt périr le malheureux Indien dans des tortures atroces.

On comprend que de pareils souvenirs ne furent pas de nature à faciliter l'entrevue et à la rendre cordiale, car le chef indien n'était autre que Santa-Anna lui-même. L'abbé Dubuis l'avait déjà vu à Fredericksburgh. Il essaya de lui parler de religion. Mais soit à cause de la difficulté de s'expliquer et de se comprendre mutuellement, soit à cause de la réserve naturelle des Indiens ou de la défiance personnelle et trop justifiée de Santa-Anna, l'abbé ne put rien apprendre de positif concernant les détails de leurs croyances religieuses, et la conversation se termina, un quart d'heure après cette rencontre qui avait failli devenir tragique. Santa-Anna était un adversaire redoutable ; sans être gros, il pesait trois cent vingt-trois livres ; c'était l'image vivante du Titan.

L'abbé se trouvait encore à Frédéricksburgh quand y arrivèrent plus de mille Comanches, Lipans, Wakos et autres, revenant de la chasse. Ils entrèrent avec des cris horribles qui épouvantèrent la population. Ils s'étaient coiffés avec les têtes des animaux qu'ils avaient tués, apportant des milliers de peaux de buffles, de lions, de tigres, d'ours, de chevreuils et de panthères. Beaucoup de leurs femmes les accompagnaient.

Ces femmes ont, en général, une beauté sauvage et

féroce ; leur chemise est une peau de chevreuil tannée et ornée de franges de drap rouge, de fer blanc et de perles de Venise ; quelques-unes se font une sorte de cuirasse avec des dents de sangliers et de bêtes fauves, alignées sur leur poitrine comme des brandebourgs de hussards.

Quand les Indiennes voyagent avec leurs enfants en bas-âge, elles les suspendent à la selle avec des courroies qu'elles leur passent entre les jambes et sous les bras. Les soubressauts du cheval, les branches, les broussailles heurtent ces pauvres petits, les déchirent, les meurtrissent : peu importe, c'est une façon de les aguerrir. Quand l'enfant est encore à la mamelle, la mère le loge sur son dos, dans une couverture, et, si elle veut l'allaiter, elle l'attire jusqu'au sein par dessus son épaule.

Dans les commencements de la colonie, Castroville recevait parfois la visite des Lipans, qui étaient alors fort respectueux, sachant que les deux cents cabanes de la colonie recelaient chacune quarante coups de fusil pour le moins. Beaucoup d'entre eux portaient des médailles de dévotion, qu'ils s'étaient pendues aux oreilles, sans doute pour leur faire plus d'honneur. Ils aimaient beaucoup les images, qu'ils ne se lassaient pas d'admirer ; l'abbé Dubuis en avait toujours dans son bréviaire, pour les donner aux Indiens en cas de rencontre. Un dimanche, soixante Lipans, au moins, vinrent à Castroville pendant la grand'messe. Ils se mirent devant la chapelle, enthousiasmés des chants de l'Eglise, et imitant tous les mouvements de l'assemblée ; quelques-uns avaient pour pendant d'oreilles des coquillages extraordinaires par la singularité des formes et le brillant des couleurs.

Un des chefs Lipans, du nom de Castro, n'était pas féroce le moins du monde ; il avait une fille de dix-huit ans, d'une beauté vraiment remarquable. La pauvre enfant fut conduite chez le fondateur de la colonie ; lorsqu'on se mit à jouer du piano devant elle, d'abord surprise, elle écouta, la bouche ouverte, les yeux égarés, puis toucha le bois mystérieux de l'instrument, regarda dessus, dessous, de tous côtés, et se mit à pleurer et à rire à la fois ; jamais musique ne produisit pareille impression, chaque note semblait l'électriser et remuait profondément son âme.

Les Lipans ont été sans doute instruits autrefois dans le christianisme ; leurs croyances en conservent un caractère frappant. Cette tribu va moins à cheval que les Comanches ; hommes et femmes pérégrinent à pied ; ils sont à moitié nus, quand ils émigrent. C'est une race moins belle que celle des Comanches. Ils sont plus voleurs que meurtriers ; néanmoins, ils scalpent et tuent volontiers et souvent.

Une Mexicaine de ces contrées, étant allée cueillir de la salade sauvage dans les bois, fut enlevée par cette tribu. On lui coupa la peau tout autour de la tête ; il ne restait plus, pour qu'elle fut tout à fait scalpée, qu'à enlever cette peau avec la chevelure, quand un des Indiens s'interposa, la prit pour femme et l'emmena meurtrie dans sa tente. Elle résista énergiquement à la brutale convoitise de son nouveau mari, et reçut des coups de corde si vigoureux que son corps était sillonné d'empreintes sanglantes. Quelques jours après, l'Indien toujours repoussé par elle et irrité de cette résistance, s'arma d'une hache et l'en frappa deux fois ; le premier coup lui enleva une partie du sein, et l'autre lui fit une profonde blessure à la jambe. Inanimée et étendue sur une peau de buffle, elle reçut les soins d'une espèce de médecin, magicien et prêtre, tel qu'en ont toutes les tribus, et qui la traita avec des passes magnétiques, des sucs d'herbes et de superstitieuses cérémonies.

Après de longues et douloureuses souffrances, la santé revint à cette infortunée, et son bourreau partit pour la chasse aux buffles. Ramassant ses forces et son courage, elle résolut de fuir, se glissa pendant la nuit à travers les tentes, sauta sur un mustang(1), qui broutait l'herbe de la prairie et partit à toute bride dans la direction du sud. Un instant après l'Indien rentra dans sa tente, soit qu'il eût changé de projet, soit qu'il dût s'absenter moins longtemps que la Mexicaine ne l'avait cru. Trouvant la tente vide et reconnaissant qu'un cheval lui manquait, il étudia les traces laissées sur l'herbe et aux broussailles ; il sauta sur son meilleur mustang et partit avec la rapidité de la foudre. Quand arriva le jour, il remarqua que les traces étaient fraîches ; il redoubla d'ardeur, et deux heures après, arrivé dans une grande prairie, il aperçut la fugitive. Il ne put retenir sa joie sauvage et poussa un cri terrible. La Mexicaine, toujours galopant, entendit le cri, tourna la tête, vit l'immensité du danger, et, par sa voix, ses coups, ses gestes, excita si bien son cheval, qu'elle put encore prendre de l'avance. Ainsi poursuivie de près, elle arriva dans la plaine de Vandenberg ; mais l'Indien n'était plus qu'à deux cents mètres d'elle. A cet instant, deux habitants de Castroville entraient d'un autre côté dans la plaine. Ils étaient armés : en voyant cette poursuite ils accoururent. La Mexicaine se dirigea vers eux ; elle ne les avait pas atteints qu'elle s'affaissa avec son cheval et roula sur l'herbe. Le cheval expira. L'Indien, voyant deux hommes, disparut dans les bois, non qu'il eut peur d'un combat inégal, mais l'opinion des Indiens est que la perte d'un seul d'entre eux n'est pas compensée par la mort de dix blancs ; voilà pourquoi ils font des embûches de nuit

(1) Cheval Rouge.

et n'attaquent qu'en des circonstances très favorables, et lorsqu'ils sont très supérieurs en nombre. La femme mexicaine, à moitié morte de fatigue et de peur, fut conduite dans une cabane, où on lui donna des vêtements et de là à Castroville, où elle raconta à l'abbé Dubuis et à son compagnon ses aventures attestées par d'horribles cicatrices.

Castroville même fut épouvantée, à son tour, par une affreuse tragédie dont le récit achèvera la peinture de ces mœurs féroces. Quatre Alsaciens avaient disparu c'étaient le boucher, un enfant de onze ans qui logeait chez lui, et deux jeunes colons qui demeuraient avec leur père à côté des missionnaires. La veille de Noël, ces malheureux allèrent chercher des bestiaux et couper du bois près du lac Hyeronimo ; il paraît qu'ils s'endormirent sous un arbre. Les Indiens les surprirent dans leur sommeil et clouèrent à terre les deux plus jeunes à coups de flèches. Les deux autres s'éveillèrent, et, n'ayant aucune arme, ils luttèrent on ne sait comment; mais le combat fut long et opiniâtre, car on trouva une lame de lance brisée, une autre dont le fer était tordu, et l'herbe singulièrement foulée. Sans doute ils avaient cherché à s'emparer des armes de leurs adversaires, car ils avaient eu toutes les phalanges des doigts coupées. Leurs corps étaient percés de flèches. Le boucher n'avait pas reculé ; il était aussi le plus maltraité, mais le cadavre de son compagnon était étendu à vingt mètres plus loin. Celui-ci avait évidemment essayé de fuir, lorsqu'une flèche lui était entrée toute entière dans le corps, en traversant l'épine dorsale. On ne pût savoir au juste qu'elle était la tribu qui avait commis cette atroce boucherie, car les cannelures des flèches étaient de différentes formes. Lorsque les Indiens vont marauder, ils se servent souvent de ce stratagème, pour égarer l'opinion des blancs sur les vrais coupables.

Néanmoins on reconnût que les assassins étaient des Peaux-Rouges, par le nombre des flèches à cannelures ondulées teintes en rouge et surtout par une atrocité sans exemple jusque-là dans ces solitudes. La poitrine de l'enfant était coupée en croix et le cœur en avait été arraché. Etait-ce une preuve de cannibalisme ? ce cœur devait-il servir à quelque cérémonie superstitieuse, ou entrer dans quelque composition médicale? Personne ne peut le dire. Les cadavres furent déposés dans des cercueils placés sur une charrette et transportés à Castroville. Le sang, qui coulait encore de leurs blessures, s'échappait à travers les cercueils et laissait sur le chemin une large traînée. Toute la population assista à l'enterrement qui fut fait par l'abbé Dubuis.

Après avoir vu les coutumes barbares des sauvages, jetons un regard sur les mœurs des colons. Elles ne nous paraîtront guère meilleures et par quelques traits nous aurons la physionomie complète des colonisateurs du Texas.

Un soir quatre hommes allaient à pied de San-Antonio, à Castroville, trois étaient des colons, le quatrième était l'abbé Dubuis. Celui-ci laissa ses trois compagnons passer la nuit dans la plaine et continua sa route. Le lendemain matin, à la suite d'une querelle, un des trois colons fut assassiné par les deux autres. Le plus coupable était un calviniste suisse.

Comptant sur le manque d'organisation judiciaire, il rentra à Castroville audacieusement. Mais son crime était déjà connu. Le shérif, aidé de quelques ivrognes, le prit, l'enchaîna et le condamna à mort dans un cabaret où ils buvaient. Pourtant, par un reste de pudeur, ou pour atténuer la responsabilité des juges et des bourreaux en la déversant sur toute la population, on fit circuler dans la ville une liste pour faire approuver la sentence. En moins d'une demi-heure, la liste fut couverte de signatures, la population assemblée et le meurtrier conduit au pied de l'arbre du cimetière. En route, on lui demanda « s'il voulait voir sa femme et ses enfants ». Il répondit que non, dit qu'il avait soif et demanda du wiskey.

Arrivé sous l'arbre fatal, le boucher, faisant les fonctions d'exécuteur, lui mit la corde au cou et se préparait à le pendre lorsque l'ancien maître d'école, qui servait de sacristain, arrêta le bras du boucher, et dit à la foule de se mettre à genoux et de prier Dieu pour le condamné. Donnant lui-même l'exemple, il récita cinq *Pater* et cinq *Ave*, auxquels la foule émue répondit. Lorsque ces prières furent achevées, le maître d'école reprit : « Maintenant ajoutons une prière à la sainte Vierge, afin qu'elle intercède auprès de Dieu pour le repos de l'âme de ce malheureux.»

A quoi celui-ci répondit d'un ton sarcastique :

« — Je voudrais bien savoir à quoi la sainte Vierge me servira en ce moment ?

« — Ah ! dit le boucher, si elle ne te sert de rien, nous te servirons de quelque chose, nous autres ! »

Et jetant la corde par-dessus une des branches de l'arbre, aidé d'autres individus de sa trempe, il lança le patient dans l'éternité. La foule se retira silencieusement un peu impressionnée de cet acte de justice expéditive. Le corps du pendu fut enterré sous l'arbre.

Castroville était certainement un lieu de fréquentes émotions ; les drames pour y éclore n'avaient pas besoin du secours des Indiens. Un matin la femme d'un colon alla chercher de la salade sauvage dans une vallée voisine. Elle ne revint pas. Son mari était au lit avec une jambe cassée, et ne pouvant aller à sa recherche, y envoya ses enfants et plusieurs amis. Après vingt-quatre heures de recherches, on trouva la malheureuse femme assassinée et couchée sous un arbre ; sa tête était meurtrie, son corps sanglant, une pierre rougie par le sang et à laquelle adhéraient encore des cheveux paraissait avoir été l'instrument du meurtre, près du corps, était la lame recourbée du couteau que la victime employait pour cueillir la salade. On ne pût jamais découvrir le coupable. Il est bon d'ajouter, à l'honneur des habitants de Castroville, que les malheurs particuliers, si fréquents qu'ils fussent prenaient chez eux un caractère public ; toute la colonie sympathisait sincèrement à la douleur de ceux que les meurtres frappaient plus directement. Hommes et femmes mettaient alors leur plus beau costume noir, les jeunes filles s'habillaient de blanc; les pleurs entrecoupaient les prières, et sur la tombe ouverte chacun jetait une poignée de terre comme un dernier adieu, après avoir entendu les paroles émues de l'abbé Dubuis.

San-Antonio, en particulier, était renommé pour les assassinats ; chaque nuit, dans les faubourgs les Mexicains faisaient jouer leurs couteaux, les Américains leurs revolvers ; le sang coulait à chaque instant.

Un jour, un cavalier à moitié ivre, armé jusqu'aux dents, entra dans un *bar-room*, (espèce de café) pour boire du wiskey. Le garçon lui demanda s'il avait de l'argent ; le cavalier, offensé de la question, prit pour toute réponse son revolver et fit feu : la capsule seule partit. Alors le garçon, saisissant un énorme couteau, bondit sur l'agresseur et lui ouvrit la poitrine en deux endroits ; puis il mit à la porte le cheval et le cadavre.

Une autre fois, un presbytérien, se sentant un vif désir de tuer quelqu'un, entra chez un ministre de sa religion et lui tira deux coups de pistolet, qui, par bonheur, n'atteignirent que son chapeau.

Un matin, un Mexicain qui balayait le seuil de sa

maison, envoya, sans prendre garde, un peu de poussière à un Américain qui passait ; l'Américain tira son couteau, se jeta sur le malheureux sans défense, et lui fit à la tête et aux épaules dix-sept blessures graves. Ces faits n'avaient rien d'exceptionnel ; ils étaient fort communs et presque journaliers.

La plupart des meurtres étaient commis par les *rangers*, volontaires de l'armée américaine, qui, licenciés après le traité de Guadelupe-Hidalgo, s'étaient engagés au Texas pour faire la chasse aux Indiens : c'était le rebut de la société et tout ce que la nature humaine fournit de plus hideux et de plus dégradé. Ces hommes sanguinaires, sans foi ni loi, se livraient à tous les excès ; ils massacrèrent toute une partie de la tribu des Lipans, qui campaient tranquillement près de Castroville. Ils ne laissèrent en vie ni les femmes ni les enfants. Ils dépouillèrent tous les cadavres de leurs costumes ; la moitié des bourreaux s'en revêtit, et ils simulèrent une petite guerre. Un colon qui était à la recherche de ses bestiaux, entendit les détonations des armes à feu, vit de loin le combat et crut que c'était une attaque réelle des Indiens ; les habitants de Castroville s'émurent, s'armèrent, firent des patrouilles jour et nuit et barricadèrent la ville. Les *rangers* étaient devenus le fléau des colons. On les remplaça en 1850 par des troupes régulières. Ces troupes, il est vrai, furent pour le pays une protection morale plutôt qu'efficace, leur nombre étant toujours insuffisant. Leurs camps se composaient ordinairement d'une compagnie de dragons et d'une compagnie d'infanterie ; ces compagnies étaient censées compter soixante hommes chacune, mais quelquefois il n'y en avait pas six sous les drapeaux. Les mauvais traitements qu'on leur infligeait les faisaient déserter avec armes et bagages.

San-Antonio était le quartier général de l'armée du

Texas. Un jour que l'abbé Dubuis était dans cette ville il y eut une revue, sur la grande place. De distance en distance on avait planté des guidons pour les manœuvres. La musique se composait de 12 instruments, l'état-major et les officiers comptaient huit personnes ; l'armée se composait de..... quatre hommes, y comprit le sergent. On fit sentir au général le ridicule d'une pareille revue, et depuis il n'en passa plus d'autre.

Il y avait des camps où la cavalerie manquait absolument ; alors, on mettait l'infanterie à cheval pour courir après les Indiens, si la nécessité l'exigeait; les hommes pour la plupart avaient toutes les peines du monde à se tenir en selle et ne pouvaient se servir de leurs armes tant qu'ils restaient à cheval. Sur les bords du Rio-Grande, peu s'en fallut, un jour, que les Indiens ne fissent prisonnière une de ces compagnies d'*infanterie montée*, comme on les appelait. La meilleure protection pour les colons était de ne jamais marcher sans porter de bonnes armes avec eux.

Les camps américains étaient supportés par les colons plutôt comme une source de lucre que comme une protection efficace contre les Indiens. Ceux-ci allaient quelquefois rôder autour de ces camps, tuer une sentinelle, et se sauvaient ensuite, emmenant avec eux les chevaux qu'ils volaient sans bruit, avec une grande habileté. Dès qu'on s'apercevait du meurtre, ou du vol, on s'assemblait pour courir à leur poursuite ; mais avant que les chevaux fussent sellés, les provisions emballées, les pistolets chargés, on ne savait plus où étaient les voleurs. Lors même que la lourde cavalerie américaine eût pu les atteindre, il n'y avait pas de chemin à suivre ; c'étaient des bois épais, des taillis fourrés, qu'il fallait traverser ; les Indiens se séparaient pour disperser leur traces ; aussi, ce n'était qu'un hasard, une rencontre inattendue qui pouvait mettre aux prises les Indiens et les soldats.

L'abbé Dubuis avait dans sa mission plusieurs de ces camps, entr'autres celui des Dhanis et celui de la Leona, là se trouvaient, par exception, quelques honnêtes et vrais soldats : c'étaient des irlandais. L'abbé les visitait souvent, et il y entendait le récit des mauvais traitements qu'infligeaient aux pauvres catholiques les officiers protestants. Dans ces camps isolés les soldats étaient à la merci des chefs et, comme ceux-ci avait une haine profonde et innée contre les Irlandais et contre la religion catholique, les châtiments les plus barbares punissaient des fautes qui en France auraient été expiées seulement par quelques heures de salle de police.

Pour un cas d'ivrognerie ou de malpropreté, on voyait des soldats suspendus par les poignets aux branches d'un arbre ; d'autres fois on leur liait les membres, on les jetait à plusieurs reprises dans une rivière, et on les ramenait au bord avec des cordes. Un soldat malade resta même enchaîné sur son lit de souffrances; il mourut dans les fers, et même à cause de ses fers. Malgré toutes ces souffrances, ces pauvres malheureux accueillaient avec joie le missionnaire. L'abbé Dubuis s'asseyait sur un lit ou sur une caisse de biscuits et parlait avec eux de leur patrie, de leur religion. Il est difficile de rencontrer plus de foi, de résignation et de sentiment religieux que dans le cœur de l'Irlandais et surtout parmi les plus malheureux et les plus durement éprouvés. Ils aiment tous les ministres de Dieu, de quelque pays qu'ils viennent, et ils ont toujours témoigné un attachement particulier aux missionaires français et plus spécialement à l'abbé Dubuis. C'est le peuple du monde le plus généreux, le plus chaste, le plus fermement croyant et le plus charitable ; que n'est-il également prévoyant, réfléchi, persévérant, et surtout insensible à l'attrait des liqueurs fortes, ce serait le peuple modèle.

En ce qui touche aux œuvres pieuses, il y a chez les Irlandais aucune différence entre les riches et les pauvres ; les pauvres donnent quelquefois plus qu'ils ne peuvent, sans réfléchir qu'ils se privent d'un argent nécessaire, au risque de tomber eux-mêmes dans la détresse. Lorsqu'il les avait vu tous ensemble un instant, l'abbé Dubuis les prenait successivement à part afin d'entendre leurs confessions. Il était là véritablement leur père, aidant de son mieux les mémoires les plus ingrates, encourageant les uns, instruisant les autres, donnant à tous des conseils, leur inspirant courage et ne prononçant que des paroles de consolation. Souvent il voyait couler des larmes d'attendrissement et de reconnaissance sur ces visages brûlés par le soleil et ridés par les fatigues.

Bien de ces pauvres soldats irlandais, jetés dans cette pénible carrière par le malheur et la nécessité étaient restés plusieurs années sans avoir l'occasion de se réconcilier avec Dieu au tribunal de la pénitence et c'était un bonheur pour eux d'avoir la visite d'un missionnaire, et surtout du bon Père Dubuis comme ils l'appelaient.

CHAPITRE VI

COMMENCEMENT DE SA MISSION A CASTROVILLE L'ABBÉ CHAZELLE.

Voila donc l'abbé Dubuis installé à Castroville. Ses débuts furent bien pénibles ; ils ne pouvait aborder les sauvages, car leur cruauté connue rendait toute tentative inutile et souvent téméraire. D'autre part les fidèles de Castroville étaient dans une ignorance et une indifférence religieuse déplorables. Et c'était pour le cœur du jeune missionnaire la plus pesante des croix. Cependant il ne se découragea pas. Il organisa aussitôt le service divin, dans une petite cabane en planches, il ouvrit une école gratuite, ou bientôt quatre-vingts enfants des deux sexes vinrent prendre des leçons de catéchisme, de français, d'anglais et d'allemand. Cependant, malgré le zèle le plus infatigable, malgré les bonnes paroles et les douces exhortations, l'insouciance la plus complète régnait à l'endroit de la religion.

Avec cela le pauvre missionnaire, ne demandant rien à ces indifférents, se trouvait dans la plus extrême pauvreté. En effet, il est un fait connu, encore maintenant, au Texas : c'est que partout où les Américains ou les Allemands dominent, le prêtre souffre de la misère ; partout où les Irlandais et les Mexicains sont en majorité, le prêtre a de quoi vivre, souvent même il a l'abondance. Et le zèle de l'abbé Dubuis ne s'arrêtait pas à Castroville, il parcourait sa grande mission pour porter le nom de son Maître dans les autres colonies, et cela au milieu des difficultés des dangers et des maladies, c'est ce qu'il raconte à un de ses amis de mission dans la lettre suivante :

Je mettrai peu de temps à me disculper du titre d'indifférent que vous me donnez ; il me suffira de vous dire que je réponds à votre lettre avant de le faire à celle de ma famille... Comme Castroville est à plus de cent lieues de Galveston, je suis resté plus de deux mois sans mon bagage, de sorte que, à part mon bréviaire, je manquais de tout, ne pouvant pas même prendre note des baptêmes et des sépultures que je faisais. Bref, eussé-je tort, vous me feriez encore grâce, si vous pouviez voir en quel état je suis pour entreprendre une lettre.

Tout tourne autour de moi ; une main soutient ma tête, l'autre trace ces quelques lignes, car je sors du tombeau. Comment ? Je l'ignore. Le fait est que le dimanche des Rameaux, après vêpres, je me dirigeais tristement vers le Quihi ; tristement parce que j'étais seul et que les Indiens étaient sur la route, je les voyais... Obligé de partir pour des baptêmes et des malades, je n'osais cependant pas affronter le danger, à pied, vu qu'il ne se passe pas de semaine sans quelque attentat de ces féroces sauvages. Je montais une mule mustang qui, au milieu de la plaine, prit fantaisie de me désarçonner. Pendant une heure je luttai à travers les broussailles et les troncs d'arbres ; enfin, je brisai mes étriers et mes éperons ; dès lors ma mule s'emporta de plus en plus, jusqu'à ce qu'elle fit sauter sa bride, et quelques minutes suffirent pour me jeter durement à terre.

Ici je reprends ma lettre que j'avais interrompue pour garder le lit pendant trois jours; le lit, je me trompe, car je n'ai qu'une couverture pour tout mobilier. Seulement, au second jour de mes souffrances, je reçus la visite d'une bonne personne qui m'envoya comme oreiller, un sac de feuilles de maïs pour soulager ma pauvre tête. J'abrège mon histoire qui se termine par une saignée de quatre bols de sang et de larges prises de calomel. Me voilà de nouveau sur pied, instruisant soixante-dix enfants qui, chaque jour, se groupent autour de moi pour recevoir des explications du catéchisme et des leçons de français et d'allemand, cent fois plus nécessaire que l'anglais, puisque sur mes douze cents catholiques je n'en ai pas vingt qui comprennent l'anglais...

Cette mission est très difficile à desservir à cause du voisinage des Comanches qui scalpent et tuent tous les blancs qu'ils rencontrent. Leur camp principal n'est qu'à vingt-cinq kilomètres de D'Hanis, sur le Rio-Frio, ma dernière colonie. Avec ces messieurs, il n'y a pas d'autre argument que le plomb, car eux-mêmes n'emploient d'autres moyens de persuasion que leurs terribles flèches... Je vous assure que j'ai bien vite remis à d'autres temps plus favorables toutes mes belles idées sur la conversion des sauvages. Dieu est le maître des esprits et des cœurs, je le sais; mais je sais aussi que, en ce moment, le missionnaire qui visiterait seulement ma dernière colonie, sans être accompagné d'une caravane bien armée, peut faire son testament en toute sécurité de conscience.

Ma cabane ne me défend ni du soleil brûlant des tropiques, ni de la pluie qui vient d'inonder votre pauvre lettre et toute ma provision de papier. Figurez-vous un pauvre misérable qui n'a entre lui et le plus terrible des orages que quelques longues herbes étendues sur des branches d'arbre, reposant tranquillement là-dessus et qui, se sentant arrosé de la belle manière, se lève à la hâte, à la lueur des éclairs qui se succèdent et brillent à travers sa cage; car ma cabane est une vraie cage, composée de pieux enfoncés en terre, laissant passer les serpents qui viennent nicher sous un tonneau qui me sert de table, de garde-manger et de bibliothèque.

Je cours au milieu de mon palais, où j'avais fait un trou pour y faire ma cuisine, pensant y trouver encore du feu, et pour sauver du naufrage mes quelques livres, surtout mon bréviaire et cette pauvre lettre ; mais à la place du feu, j'y trouvais plus d'un demi-pied d'eau. Me voilà donc Gros-Jean comme devant, sans savoir où placer mes affaires et ma couverture, savez-vous qu'avec tout cela on ne dort pas ? Puis le matin, un peu pressé pour aller dire ma messe, je mets mon chapeau, sans examiner son intérieur, et comme il était plein d'eau, me voilà de nouveau mouillé de la tête aux pieds.

Après quelques détails sur les serpents à sonnettes, les tarentules et les scorpions qui pullulaient alors dans sa cabane, M. Dubuis ajoute :

Tous ces petits inconvénients ne m'empêchent pas d'être très heureux à Castroville ; vous comprenez qu'il ne s'agit pas d'un bonheur absolu !!! Il faut bien se contenter d'un bonheur relatif et très relatif, qui nous laisse soupirer après la Patrie céleste, pour laquelle nous concourons tous ensemble. Voici comment je vis ; quand j'ai du lard, j'en mange ; quand je n'en ai pas, je mange du chevreuil qui n'est ni cru ni cuit, mais séché, et ne coûte presque rien. Figurez-vous quel goût il a ! le meilleur serait de n'en avoir pas du tout. J'assaisonne cela avec du maïs. Au commencement j'éprouvais beaucoup de répugnance pour ce genre de nourriture, maintenant, j'y suis fait. Quand le lard et le chevreuil me manquent, je mange du maïs comme les chevaux.

« Ah ! ajoute le missionnaire à qui fut envoyé cette lettre, quels hommes étaient ces premiers missionnaires emmenés au Texas par Mgr Odin ! Manquant de tout, ayant à lutter contre tout, contre tous, même contre leurs propres défaillances, bravant les dangers et supportant gaiement les privations les plus douloureuses. M. Dubuis était un rude missionnaire, et je ne sais pas si dans tous les États-Unis on en trouverait un autre ayant autant travaillé que lui pour la gloire de

Dieu, le salut des âmes et la propagation de l'Évangile ; ayant construit autant d'églises, de couvents, de collèges et d'hospices ; ayant autant souffert de la faim, de la soif, de la chaleur et du froid ; ayant subi autant de fatigues par la prédication, par les marches à pied, les courses à cheval, les nuits sans sommeil passées dans les prairies ; ayant enfin essuyé autant de tempêtes et couru autant de dangers que lui. Il avait une foi robuste, à toute épreuve, mais aussi de quelle constitution de fer il était pourvu !

« Ce qu'il y avait de plus décourageant dans les débuts, ce n'était ni la connaissance des langues étrangères qu'il fallait apprendre pour prêcher ensuite, ni ces privations et ces épreuves incroyables qu'il fallait supporter, mais l'esprit antireligieux, l'indifférence et l'absence de sens moral qu'il rencontrait dans toutes ces populations demi civilisées du Texas, qui pour la plupart étaient hostiles au suprême degré. »

Ah ! oui, ce qui faisait surtout souffrir l'abbé Dubuis, c'était de voir que, malgré sa bonne volonté, il parvenait à peine à ébranler dans sa mission chérie, l'empire du démon.

Mais, il savait aussi que dans toute nouvelle mission, il faut de la patience, de la douceur, beaucoup de prudence et de ferventes prières.

Au milieu de toutes ces difficultés arriva une bonne nouvelle à l'abbé Dubuis, l'abbé Chazelle son compatriote lui était envoyé comme collaborateur. Qui pourrait dire la joie qu'éprouve un missionnaire quand il trouve un ami, un frère, un prêtre, dans le sein duquel il pourra épancher librement ce qu'il pense et ce qu'il ressent ! L'abbé Dubuis, depuis un an, était condamné à l'isolement, obligé de concentrer en lui-même ses sentiments et ses idées, presque sans l'ombre d'une consolation de la part de ses ouailles. Aussi ce fut pour lui, disait-il lui-même, une des plus belles journées de sa vie.

Hélas ! ce bonheur ne devait pas durer longtemps : L'abbé Chazelle était arrivé seulement depuis quelques semaines à Castroville, lorsqu'il se sentit atteint par le typhus. Peu après M. Dubuis, accablé de fatigues, terrassé par un mal dont il ne se rendait pas compte, fut à son tour obligé de s'arrêter. Tous deux malades, dans une hutte de feuillage et de terre qu'ils avaient grossièrement construite de leurs mains, vivant sans secours, sentirent bientôt leur fin prochaine. L'un gisait à terre sur une peau de buffle, l'autre languissait sur une table qui lui servait de lit. Pas un médecin pour les soigner, et, pour toute médecine, un peu d'eau fraîche, Un jour que tous deux pouvaient à peine se soutenir, ils se traînèrent hors de la maison pour choisir la place où le dernier survivant devrait enterrer l'autre. L'abbé Chazelle quoiqu'il fut alors le moins malade des deux, mourut quelques heures plus tard, autant de langueur, de nostalgie et de misère, que du typhus. L'abbé Dubuis se souleva de sa couche, s'approcha en chancelant de son pauvre frère, lui donnant d'une voix éteinte les dernières consolations de la religion et le transporta péniblement à la sépulture que le défunt avait choisie ; un mourant enterra un mort.

Un grand écrivain, qui fut en même temps un grand chrétien, Louis Veuillot, dans son volume, *Rome pendant le Concile*, a raconté cet épisode émouvant de la vie de l'abbé Dubuis. Il y a mis toute son âme et, bien qu'ayant arrangé d'une façon oratoire quelques légers détails dont il n'était pas suffisamment instruit, son récit est aussi vrai qu'émouvant, dans son ensemble. Nous nous reprocherions de ne pas reproduire ici en entier cette page maîtresse :

« L'un d'eux, alors simple missionnaire envoyé par son

évêque dans un canton éloigné, pour étudier si l'on y pouvait établir un prêtre, arriva au terme de sa course sans argent et sans moyens de revenir. De son dernier dollar il avait acheté un flacon de vin afin de pouvoir dire la messe, ressource suprême et unique pour résister aux tortures de l'abandon. En ce lieu vivaient des hommes, des Européens, et parmi eux des Français. Il les avait salués dans la langue de la patrie, et ces hommes, parce qu'il était prêtre, ne lui avaient pas répondu. Il s'établit sous un arbre, à quelque distance des maisons où il ne pouvait espérer un abri, et il vécut des semaines entières, sans pain, de racines inconnues qu'il essayait à tout risque et de coquillages qu'il mangeait crus, n'ayant pas d'ustensile pour les faire cuire. Mais la dureté persévérante des hommes et la longue impuissance de sa prière étaient un plus long tourment. Parfois quelque habitant du village, en passant, lui jetait une injure et s'éloignait. Personne qui voulut, non pas lui serrer la main mais seulement l'entendre : pas un vieillard, pas une femme, pas un enfant. Encore qu'il continuât d'espérer, cette horreur de Dieu lui déchirait le cœur, et il sentait baisser sa vigueur corporelle ruinée par la fièvre et le chagrin.

Un jour, il vit venir à lui un jeune homme grand et beau, qui lui dit pour première parole : « En grâce, avez-vous à manger ? » C'était un prêtre envoyé à sa recherche par l'évêque. Il était mourant de fatigue et de faim, et il n'avait aucun moyen ni de l'emmener ni de repartir lui-même. A cause de la pauvreté de l'évêque et de l'inexpérience du pays, il était venu sans ressources. La charité seule avait pu le soutenir jusqu'au terme. Il se coucha par terre, implorant un peu de nourriture. L'autre lui présenta les coquillages dont il vivait principalement, des moules énormes, hideuses à voir, et dont l'aspect seul soulevait le cœur. L'affamé n'y put toucher, et son hôte désolé entrevit dès ce moment que l'infortuné mourait de faim. Ce dernier coup l'accabla. Il se sentit vaincu. Peu de jours après, les deux missionnaires, étendus sous le soleil brûlant, dévorés de fièvre et de vermine, se dirent : « Nous mourrons ici. Que l'un de nous fasse effort et célèbre une dernière messe ; il communiera l'autre et nous bénirons Dieu. »

C'était le jour de l'Assomption. Ils tirèrent au sort pour dire la messe. Le sort échut au premier arrivé. Il offrit le saint Sacrifice pour son frère mourant, couché près de l'autel de terre, et pour lui-même, qui comptait aussi mourir. Il dut s'y reprendre à vingt fois, désespérant souvent de pouvoir achever, et cette véritable messe des morts dura près de trois heures...

La messe dite, le célébrant se coucha auprès de son compagnon, et ils attendirent la mort. Elle ne tarda point. Dans la nuit, le jeune prêtre expirait. Son dernier soupir effleura les lèvres de son frère, qui ne put qu'avec effort étendre la main sur sa tête en signe de dernière bénédiction et de dernier adieu.

Quelques passants se trouvèrent là quand vint le jour. Ils virent le cadavre et le mourant côte à côte, ils en portèrent la nouvelle au village, et ces cœurs durs, comprenant ce qui s'était passé, s'amollirent enfin, ou plutôt la mort avait vaincu, et Dieu déclarait sa victoire.

Ils vinrent donc, apportant de l'eau fraiche et des aliments. Le missionnaire survivant, toujours incapable de se mouvoir, sentit enfin une main serrer sa main. Ce n'étaient plus les mêmes hommes. Au pied de l'autel, ils creusèrent une fosse, ils y descendirent le victorieux et beau cadavre, et ensuite, portant dans leurs bras le malade, ils le soutinrent sur le bord de cette fosse, pour qu'il pût la bénir, ils firent plus. A sa prière, ils coupèrent un grand arbre et en firent une croix, qu'ils plantèrent sur cette tombe déjà féconde. Ainsi la croix apparut et prit possession de ce nouveau domaine.

Il y a là, maintenant, une ville, une église et des milliers de catholiques aussi dociles à la voix de leur évêque que chers à son cœur ; et leur évêque est ce missionnaire d'abord si cruellement repoussé, Mgr Dubuis.

Après ce récit du célèbre journaliste, plaçons celui du héros lui-même qui, avec simplicité, va nous donner les circonstances exactes et précises de l'événement :

Maintenant j'ai à vous confier le plus douloureux épisode de ma carrière apostolique, écrit l'abbé Dubuis dans une de ses lettres. Le 15 juillet dernier, au retour d'une visite de malades, je trouvai, à ma grande joie, un confrère installé dans ma hutte : c'était M. Chazelle, neveu de M. le curé de Saint-Irénée, à Lyon. Arrivant de Galveston où tout est propre, M. Chazelle éprouva une grande répugnance à se donner en pâture à la vermine qui infestait mon réduit : il me proposa de construire une maison. J'acceptai de bon cœur, et nous avons à peu près tout bâti de nos mains. C'est un édifice que le plus pauvre Européen ne voudrait pas accepter, même en don gratuit, et cependant c'est le premier monument, sur plus de cent cinquante, qui sente un peu la main d'un Français. Il a été élevé en grande partie pendant la nuit. Bref, les travaux les plus nécessaires étant terminés, nous vînmes nous y installer le 2 août, n'en pouvant plus de fatigue, nous nous couchâmes. Le lendemain, nous ne parûmes ni l'un ni l'autre dans la ville ; nous avions le typhus tous deux en même temps, sans que l'un des deux pût donner un verre d'eau à son collègue. Au bout de deux jours, on vint voir ce que nous étions devenus, et aussitôt que notre maladie fut connue, on ne nous laissa pas sans visites ; on nous apporta des lits : chaque matin un seau d'eau était placé entre nous deux, et le soir il n'en restait pas une goutte ; tel fut notre régime.

Au dixième jour je pus me lever, et pour la fête de l'Assomption, je voulus essayer d'offrir le saint Sacrifice. Mais avant tout je dis à M. Chazelle : « Confessons-nous pour la dernière fois ; le plus fort essayera ensuite de dire la messe et apportera la sainte communion à l'autre. » Nous étions levés tous deux. Je me jugeais le plus fort et me disposait à célébrer les Saints Mystères ; mais j'étais si malade qu'après m'être revêtu de l'aube il fallut m'asseoir, ce que je fis encore deux fois pendant la messe. Puis je portai le viatique à mon confrère, et nous nous couchâmes comme la veille, toujours avec la pensée que nous ne nous relèverions ni l'un ni l'autre. Le 18, nous allâmes choisir la place de celui qui mourrait le premier. Le 20, nous fîmes encore quelques pas en nous prêtant un mutuel appui ; nous étions deux cadavres ambulants. Nous n'eûmes pas la force de retourner à notre maison, M. Chazelle se coucha sur une veille caisse ; là il a rendu le dernier soupir dans de si grandes souffrances qu'il était impossible de reconnaître un seul de ses traits. J'ai fait planter sur sa tombe une grande croix, comme il l'avait désiré, et il ne se passe pas de jour que quelque catholique ne vienne s'agenouiller auprès. Je n'ai pas besoin d'ajouter que de toutes mes épreuves cette perte a été la plus sensible. Quoique j'aille mieux, peut-être la mort s'apprête-t-elle à me frapper moi aussi dans le désert, sans avoir un bon confrère à mon dernier soupir ! Cependant je n'ai pas eu jusqu'ici un instant de dégoût ou de regret ; et si j'étais encore en France, je partirais sur-le-champ.

Chère mission du Texas, je ne te quitterai que lorsque les forces et la vie me quitteront !

Dubuis, miss, apost.

CHAPITRE VII

CONVERSION DE SON PEUPLE. — LA SÉCHERESSE LES SAUTERELLES. — LE CHOLÉRA.

Cependant cette mort, causée par les privations, la tristesse et la maladie n'avait fait sur les habitants qu'une impression passagère. M. Dubuis, après être revenu lentement à la santé, continuait à se dépenser, catéchisant, faisant l'école, visitant les malades, parcourant en tous sens sa vaste mission. Il y avait bientôt deux ans qu'il exerçait son ministère dans cette terre ingrate. Enfin dégoûté par la méchanceté des habitants dont quelques-uns, non contents de le laisser souffrir de la faim, le calomniaient de leur mieux, il résolut de quitter ce lieu où il voyait ses efforts stériles. Et il se mit à voyager dans les différents centres de sa mission.

Ce fut alors qu'il rencontra près d'Austin l'abbé Domenech qui, avant d'être prêtre, était envoyé par son évêque pour aider l'abbé Dubuis dans ses travaux apostoliques. Cette rencontre lui rendit courage ; l'abbé Chazelle était remplacé et le missionnaire avait maintenant un compagnon pour le combat ; il lutterait avec un redoublement de courage et une indomptable persévérance.

L'abbé Domenech fut, en effet, ordonné deux mois après à San-Antonio, par Mgr Odin et vint aussitôt à Castroville partager les travaux de l'unique apôtre de l'ouest du Texas.

Voici comment l'abbé Domenech raconte son entrée dans la mission :

Arrivé à Castroville à une heure du matin, je me dirigeai vers la maison du bon missionnaire pour m'y établir. Je la croyais vide, M. Dubuis étant absent. Quel fut mon étonnement en la trouvant habitée ! Une famille s'en était emparée et vivait là comme chez elle. Une maison inoccupée est bonne à prendre, on ne me reçut pas cependant, comme la lice de la Fontaine ; on fut très gracieux, je dois le dire : on m'arrangea un lit, on me fit les honneurs de la maison qu'on avait usurpée. Je dormis si bien près de ces amis inattendus, que je me levai beaucoup plus tard que le soleil ; je m'habillai en toute hâte et je courus dire la messe dans la misérable cabane qui s'appelait l'église. Personne n'y assista. Après cet acte solitaire, je fis l'examen de la maison. L'abbé Dubuis l'avait bâtie avec l'aide de l'abbé Chazelle, son ancien compagnon. Elle était de bois, de pierre et de briques, les angles s'étaient disjoints par endroits et ouvraient un passage très fréquenté aux lézards et aux serpents, accompagnés de rats, de fourmis, de scorpions et de tarentules. Ce domaine se composait de deux chambres séparées par un corridor et d'un grenier, précédées du jardin potager, et flanquées d'une basse-cour et de deux cabanes, dont l'une était à volonté une écurie, un grenier d'abondance et un poulailler, quelquefois tout cela ensemble, et dont l'autre, faite de branches avec un toit de chaume, contenait la cuisine et l'école. Dans le jardin, près de ma chambre, était la tombe de l'abbé Chazelle, toute recouverte et parfumée de résédas. Je poursuivis ma visite domiciliaire et, en attendant le retour de l'abbé Dubuis, je pris pour m'installer la chambre de droite. Le plancher était la terre nue, parsemée de petites plantes à fleurs blanches et occupée militairement par trois grosses républiques de fourmis que j'entrepris de détruire. Vains efforts! cette tâche héroïque dépassait les bornes de ma puissance; j'y consacrai deux années d'un labeur infructueux. Le lit était si mauvais et si disloqué que je l'abandonnais et suspendis un hamac sous la galerie du jardin.

Je souffrais surtout de la nourriture détestable dont l'indigence me faisait une nécessité. J'avais découvert dans le grenier un peu de porc et de lard fumé, avec une provision de chevreuil séché que je pris pour des éponges. Ces viandes me répugnaient au point que je les couvrais d'un mélange de poivre, de piment et de vinaigre qui me brûlait la bouche et m'empêchait de sentir le goût de cette affreuse nourriture. Je me rabattais violemment sur la salade sauvage, que j'allais cueillir dans les montagnes au risque d'être mordu par les serpents à sonnettes ou scalpé par les Indiens. Comme l'huile est fort chère en ces pays, c'était le lait qui servait d'assaisonnement.

Cependant les habitants parurent avoir fait un retour sur eux-mêmes pendant l'absence de l'abbé Dubuis; leur propre intérêt ramena dans leurs cœurs le sentiment de la justice; ils comprirent qu'ils avaient eu des torts envers lui, en constatant que depuis son départ, l'école était déserte et les enfants ingouvernables. Lorsque l'abbé revint, son retour fut salué avec joie. L'abbé Dubuis resta quelques mois à Castroville, partageant le fardeau avec M. Domenech, mais en retenant pour lui-même la plus forte part, comme étant le plus solide et le plus expérimenté.

Son zèle pour l'amélioration religieuse morale et matérielle des colons portait enfin ses fruits. Les habitants commençaient à sanctifier le dimanche, et perdaient l'habitude de travailler ce jour-là pour se reposer le lendemain dans l'ivrognerie et la débauche. Quelques avertissements de la Providence avaient donné fort à propos plus de force et d'efficacité aux sermons du bon missionnaire ; plusieurs accidents survinrent à des colons travaillant le dimanche et la population comprit qu'il y avait tout à gagner à aller à l'église. Avant ou après les offices, ou dans la semaine, après le travail de la journée, beaucoup venaient lui demander des conseils pour l'administration et l'amélioration de leurs fermes. Ils lui soumettaient aussi leurs différents et acceptaient ses décisions. Ils ne voyaient pas seulement dans le missionnaire un homme qui instruit, encourage et console, mais encore un homme pratique, qui connait mille moyens de vaincre les nécessités matérielles de la vie, de féconder le sol, d'augmenter le produit de la terre, en un mot, un père de famille qui pourvoit au bonheur moral et physique de ses enfants, s'oubliant pour eux, souffrant pour eux bien des fatigues et des privations ; aussi aimait-il sa tâche et chérissait-il son troupeau, il goûtait avec sérénité le bien qu'il faisait.

Nous l'avons dit, ce qui contribua le plus à ramener les habitants de Castroville et des autres missions, ce furent les fléaux qui vinrent fondre à cette époque sur ce malheureux pays. Outre les crimes monstrueux commis constamment par les Lipans et les Comanches, une sécheresse de dix-huit mois anéantit jusqu'à la racine toute végétation, dessécha complètement tous les cours d'eau, éloigna jusque dans la vallée des montagnes rocheuses tout le gibier. La seule ressource des colons se trouvait dans les racines tubéreuses qui avaient pu résister au sol brûlant gercé de crevasses atteignant souvent une profondeur de huit à dix pieds.

Dans cette extrémité le sentiment religieux, qui jusque là avait sommeillé dans un grand nombre d'âmes, commença à se réveiller. L'adversité, a-t-on dit souvent, est un grand prédicateur et c'est le jouet, souvent, qui ramène l'enfant à son devoir et l'homme à Dieu. L'abbé

Dubuis redoubla ses efforts dans les différentes missions. Il éclaira leur raison et ranima leur courage, en leur rappelant les traits d'une Providence sévère mais bienfaisante, si fréquents dans l'ancien comme dans le nouveau Testament ; il obtint qu'ils se tournassent vers ce Dieu qui a pitié de ses créatures et qui ne laisse jamais manquer de rien les oiseaux des champs. Une récolte de pacanes (sorte de petites noix très fines) prouva bientôt la vérité des paroles du divin Maître : « Cherchez d'abord le royaume de Dieu et sa justice et tout le reste vous sera donné par surcroît. » Ce pauvre peuple désolé pendant cette longue épreuve, avait retrouvé confiance et force, grâce à cette ressource inespérée qu'il appela la récolte de la Providence.

L'année suivante, 1849, se présenta très belle au printemps ; les champs furent labourés, ensemencés et les blés avaient atteint deux pieds de hauteur ; mais hélas ! nouvelle et terrible épreuve, les sauterelles asiatiques, portées par les vents alisés, s'abattirent sur le pays. Le soleil fut obscurci pendant près de trois heures par les nuages de ces ravageuses. En quelques jours le fléau avait enlevé toute verdure ; les colons furent atterrés, comme la première fois au temps de la sécheresse ; mais ils se tournèrent plus vite vers celui qui distribue avec tant de sagesse la rosée et la chaleur. On ensemença de nouveau le sol jonché de plusieurs centimètres de ces insectes qui avaient péri, et la récolte arriva à temps à maturité.

Cependant une troisième épreuve, et ce fut la plus terrible, était réservée à ce pauvre peuple qui, comme celui que Dieu s'était choisi autrefois, avait oublié les biens éternels pour adorer le veau d'or. Ce troisième fléau fut le monstre connu sous le nom de choléra.

La population fut plus que décimée ; mais tous les

habitants, ceux qui survivaient comme ceux qui partaient pour l'autre vie, demandaient à Dieu de se fixer parmi eux.

Ah ! c'est que trois ans auparavant à l'arrivée de l'abbé Dubuis, un cri unanime l'avait accueilli dans la mission toute entière. « Dieu n'est jamais venu au Texas ; il n'a pas besoin de nous, ni nous de lui ! » Ce blasphème était grand, l'expiation fut grande aussi. Ce peuple comprit enfin la voix de Dieu qui lui parlait à la fois par la bouche éloquente de son ministre et par des châtiments miséricordieux plus éloquents encore ; à partir de cette époque cette partie du Texas fut transformée, si bien que ces populations devinrent presque aussitôt et sont encore aujourd'hui des modèles pour les nouveaux émigrants.

Mais longue et terrible fut l'épreuve du choléra.

A Castroville, à San-Antonio, à Brownsville, dans le Texas tout entier, l'épidémie faisait d'affreux ravages. L'abbé Dubuis courait d'un lit à un autre et de l'église au cimetière ; à peine avait-il le temps de manger. On le voyait de ville en ville, de village en village, appelé partout en même temps, porter partout des remèdes, des consolations et des prières. Il faisait les fonctions de garde-malade, exécutant les ordonnances des médecins, donnant les potions, frictionnant, s'occupant à la fois du corps et de l'âme, montrant à tous que le prêtre catholique sait se donner, se dévouer, s'exposer pour son peuple, comme le divin Maître il sait quand il faut donner sa vie pour ses brebis. Les habitants virent alors la différence qu'il y a entre les prêtres catholiques et les pasteurs des différentes sectes protestantes ; ceux-ci, en effet, s'enfuirent tous des villes pour se réfugier dans les forêts, tandis que l'abbé Dubuis et son collègue redoublaient de zèle et d'activité, pour fortifier, consoler les pauvres malades, et quand ils ne pouvaient les sauver pour cette vie, leur ouvrir au moins les portes de l'éternité. Il ne fut pas toujours heureux dans la guérison des corps, mais souvent un moribond révolté contre la souffrance et se débattant violemment dans ses tortures, se calma au son de sa voix, l'écouta et au milieu même des convulsions qui le secouaient et le défiguraient, lui serra la main en signe de remerciement et d'adieu résigné. Puis il le menait dans le champ de la mort, aussi horrible à voir que le choléra même, car presque partout les loups et les coyotes, pressés par la faim et attirés par l'odeur des cadavres, fouillaient et violaient les tombes.

Les villes, peu de jours avant si gaies, si animées, si bruyantes, étaient mornes et silencieuses ; les rues désertes, les magasins fermés. Les cloches ne sonnaient plus, parce qu'elles auraient dû sonner toujours. L'abbé Dubuis souvent n'avait même pas le temps de dire la messe. Un tiers de la population des villes s'était enfui et campait dans les bois, près des cours d'eau ; un autre tiers s'enfermait dans les cabanes d'où s'échappaient des cris, des pleurs, des prières ; le dernier tiers mourait dans les tortures de la terrible maladie.

On ne rencontrait dans les rues que ceux qui emportaient les morts. Faute de cercueils, on attachait ces derniers sur une peau de bœuf séchée et on les traînait ainsi découverts, livides et violets, vers leur sépulture. Parfois quelqu'un de ceux qui les traînaient tombait subitement frappé, se tordait un instant et mourait à côté du mort. Bientôt la maladie atteignit les fuyards sur le bord des rivières ou dans la profondeurs des bois, et ces muettes retraites virent ces scènes déchirantes, de navrantes agonies, le spectacle affreux d'hommes qui meurent seuls, abandonnés, dans de solitaires convulsions. L'épidémie sévit avec une intensité croissante durant six semaines. Dieu seul put soutenir les deux missionnaires pendant si longtemps au milieu de tant de travaux.

Un soir, l'abbé Dubuis était parti de San-Antonio pour Castroville, seul, à pied, n'ayant pu trouver de cheval. Il cheminait péniblement dans l'obscurité, trempé par une pluie continue, lorsque deux cavaliers lui demandèrent s'ils étaient bien sur le chemin de Castroville et s'ils pourraient arriver cette nuit même.

— Sans doute dit l'abbé, car vous êtes à cheval et moi qui suis à pied, je compte y être vers deux heures du matin.

— Montez en croupe derrière moi, lui dit un des voyageurs, de cette façon vous arriverez aussitôt que nous.

L'abbé accepta, et en échange leur offrit l'hospitalité de sa maisonnette. C'était un vrai service à leur rendre, car il n'y avait pas d'auberge à Castroville, et en pleine nuit personne ne leur eut ouvert. Ces voyageurs étaient des Allemands de la secte de Ronge qui venaient acheter des bœufs pour voiturer leurs bagages jusqu'en Californie.

Il était deux heures du matin quand l'abbé Dubuis et ses compagnons vinrent frapper à la porte de la maison du missionnaire. L'abbé Domenech et Charles (1) se levèrent aussitôt et firent un grand feu pour les sécher. Au jour, un des deux Allemands sortit, l'autre resta seul, blotti contre le feu ; il était taciturne et paraissait gêné ; ses yeux étaient hagards, son teint olivâtre. Après le déjeuner, il sortit avec Charles, mais il rentra bientôt soutenu par celui-ci ; ses joues étaient creuses, ses yeux noirs et vitreux, son regard vague et fixe, il avait le choléra. On le mit aussitôt sur un lit et l'on courut chercher le docteur.

(1) Jeune français qui resta pendant deux ans avec les missionnaires et leur fut d'un dévouement à toute épreuve.

— Souffrez-vous ? demanda le médecin en arrivant.

— Non, répondit le malade pendant qu'une sueur froide coulait sur tout son corps.

— C'est un homme mort, dit tout bas le docteur ; je vais ordonner quelques potions, vous ferez des frictions, mais tout sera inutile.

L'abbé Dubuis, l'abbé Domenech et Charles se succédaient pour le soigner et veiller à tour de rôle, chacun pendant trois heures. Le soir le malade demandait souvent l'heure et prononçait des mots entrecoupés et inintelligibles ; à minuit il expira.

La nuit était noire et la pluie tombait abondamment, le cadavre déjà décomposé, répandait une odeur insupportable ; en vain fit-on brûler de la poudre, du sucre et du papier ; les habitants de la maison ne pouvaient y tenir. Alors ils transportèrent le cadavre dans l'école et le couchèrent dans une caisse pour attendre le matin ; puis malgré l'infection de l'air, tous trois s'endormirent, brisés par la fatigue et l'insomnie. Au matin, le corps fut enlevé ; mais tous les trois se trouvèrent indisposés.

Les maux de tête et d'estomac, les nausées et les crampes ne pouvaient leur laisser de doute sur la nature du mal. Le terrible fléau sévissait donc dans la cabane des missionnaires. Cependant le médecin demeurant trop loin ; l'abbé Dubuis résolut de se traiter lui-même et de traiter ses compagnons. Un verre de table fut rempli d'alcool camphré, laudanum, de poivre en grain et d'eau de Cologne ; ce mélange violent fut passé à travers un linge, puis divisé en trois ; chacun but sa part. L'abbé Dubuis et ses compagnons crurent un instant qu'ils avaient avalé des charbons ardents ; tout leurs corps étaient en feu ; une transpiration abondante se déclara presque immédiatement ; puis le sommeil s'empara d'eux et les tint sans mouvement pendant vingt-quatre heures. Au réveil, ils étaient soulagés et remis. Une médecine acheva la guérison et le lendemain, chacun reprit ses occupations accoutumées.

Cependant l'amélioration morale s'accentuait de jour en jour dans la mission et en particulier à Castroville. Tous les dimanches à dix heures se célébrait une messe en musique, car avec son confrère, l'abbé Dubuis avait organisé un chœur de chant qui était vraiment remarquable. A trois heures la population se réunisait pour réciter le chapelet; puis l'on chantait les vêpres, suivies de la bénédiction du Saint Sacrement. Les Pâques de 1849 furent vraiment consolantes; presque tous les catholiques de Castroville s'approchèrent de la Sainte Table, dans la tournée apostolique qui fut faite dans les principales villes de la mission, presque tous les catholiques se rapprochèrent du Dieu de leur première communion, en particulier à Frédericksburg. Pour récompenser et encourager encore la ferveur des habitants de Castroville, les deux missionnaires empruntèrent des rideaux de mousseline, des châles, des chandeliers et firent un reposoir magnifique. Les cierges brillaient au milieu de la verdure et des draperies. Les colons furent tous étonnés de tant de magnificence. Les catholiques de la ville et des fermes voisines assistèrent à l'office avec un profond recueillement, agenouillés sur la terre et les hautes herbes, durant de longues heures, la tête découverte et ne songeant pas au soleil qui leur brûlait le front.

« Pauvre peuple isolé, que ta piété était vive, sincère et touchante! s'écrie l'abbé Domenech. Le Tout-Puissant, a dû ce jour-là, regarder avec bonté le coin de terre ou tu priais. Quel contraste avec la piété froide et timide des populations urbaines de l'Europe! Dans les déserts et les solitudes lointaines, les bienfaits de la religion sont d'autant plus appréciés qu'ils sont plus difficiles à obtenir. Les institutions humaines pour la protection de l'individu et celle de la propriété manquent, ou sont à peu près nulles. L'homme semble être placé d'une manière plus immédiate sous la tutelle de son Créateur ; aussi ses yeux et son cœur se portent-ils plus facilement et plus sincèrement vers lui. »

CHAPITRE VIII

LES DIFFICULTÉS DU MISSIONNAIRE. — ENCORE LES INDIENS.

MALGRÉ ce retour à la foi, la misère n'avait pas cessé de régner dans le pays et elle réduisait les deux pauvres missionnaires aux plus grandes nécessités. Un jour l'abbé Dubuis pensa manquer d'un vêtement indispensable ; il se fit lui-même un pantalon avec une jupe de coton bleu, qu'un veuf lui donna pour payer l'enterrement de sa femme. Un dimanche, il pria ses paroissiens de l'excuser s'il ne pouvait prêcher ; il n'en avait pas la force, n'ayant rien mangé depuis quarante-huit heures. Et cependant le missionnaire a besoin, plus que personne, de force et de nourriture matérielle. Obligé de supporter des fatigues exceptionnelles, il ne reste pas paisiblement dans sa résidence, s'occupant sans changer de place, comme les curés d'Europe, de ses paroissiens groupés autour de lui. A chaque instant, l'abbé Dubuis partait pour aller dans les diverses colonies qui se trouvaient disséminées sur une immense étendue.

Qu'elle est rude et pénible parfois la vie du missionnaire ! Nous pouvons bien qualifier d'inouï le courage avec lequel l'abbé Dubuis supporta les difficultés que rencontrait alors l'apostolat dans ces immenses et sauvages contrées. Il lui fallut souvent camper dehors pendant la nuit. Il allumait alors un grand feu et attachait son cheval avec une longue corde. Il prenait ensuite la selle pour oreiller et s'étendait sur le grand matelas de la nature, au pied d'un arbre, après s'être enveloppé d'une couverture. Que de fois il a ainsi couché à la belle étoile, seul avec son bon ange ! Il n'était pas cependant tout seul, car près de lui apparaissaient souvent des troupeaux de vaches, de chevaux, de cerfs ou de coyottes, voir même des animaux féroces, sans compter les tarentules et certains serpents dont la piqûre est mortelle. Mais Dieu veillait sur lui, et toujours il fut protégé contre tous les dangers. Que de fois encore il dut traverser à la nage de vastes rivières débordées ! Que de fois il lui fallut parcourir seul, la nuit ou le jour, des contrées infectées d'Indiens et de brigands de toute espèce ! Que de fois il risqua sa vie avec sa monture qui souvent, sans une protection évidente de la Providence, l'aurait tué sur place ! On sait que ces chevaux mustangs ou sauvages du Texas sont généralement vicieux et fringants ; ils s'emballent pour un rien et, à la moindre rencontre qui les effraie, font des écarts à droite, à gauche, des soubressauts, des plongeons ; certes, il faut de la force et de la souplesse pour se tenir en selle sur de pareils chevaux ; même les meilleurs cavaliers souvent sont victimes de leur courage.

L'abbé Dubuis était obligé de se servir constamment de ces chevaux.

Un jour, cherchant du maïs dans l'écurie, l'abbé Dubuis saisit un serpent qu'il prenait pour un épi. Une autre fois, un serpent à lunettes entra dans l'école et allait mordre un enfant, l'abbé Dubuis empoigne un bâton et assomme l'animal sans mot dire.

Un soir que les deux missionnaires n'avaient rien à manger, l'abbé Domenech proposa de manger un serpent à sonnette d'un mètre et demi de long qu'il venait de prendre. L'abbé Dubuis approuva cette résolution : « Si cette viande est bonne, dit-il, nous serons sûrs de manger à notre appétit, et même de manger trop si nous voulons ». Le cuisinier fit appel à toute sa science culinaire pour accommoder le serpent et celui-ci parut bientôt sur la table, dépouillé de sa peau, privé de sa tête et de sa queue, coupé en morceaux cuits à point et assaisonnés de piment. Ce plat nouveau ne parut pas trop mauvais, il avait un peu le goût de la grenouille et de la tortue, toutefois les convives eurent quelque peine à surmonter une répugnance naturelle, l'idée de manger un serpent leur serrait l'estomac et leur soulevait le cœur.

Un jour les deux missionnaires et Charles, un jeune français plein de zèle et d'entrain, qui prit part à leur apostolat durant plusieurs années, mangeaient leur dernier morceau de porc fumé, que les chaleurs de l'été avaient gâté. Les vers s'y étaient mis. Malgré la cuisson, la couleur et le goût étaient désagréables au dernier degré. L'abbé Domenech montrait une répugnance invincible devant cette chair corrompue. L'abbé Dubuis, pour l'encourager, lui protesta qu'elle avait simplement un goût de poire *blette* ou trop mûre. Charles, de son côté, avait tiré une boîte d'allumettes vide, qu'il mit gravement près de son assiette. Comme on lui demandait ce qu'il en voulait faire, il répondit qu'il voulait la remplir de ces petites créatures et les conserver pour la pêche.

Un autre jour l'abbé Domenech n'ayant absolument rien, alla frapper de porte en porte, demandant un peu de maïs pour faire du pain. On lui refusa le plus poliment du monde et ce ne fut qu'après de nombreuses visites qu'il obtint de la compassion d'une bonne vieille de quoi manger ce jour-là.

L'abbé Dubuis fut touché de son récit et tenta un grand coup pour mettre un terme à ce déplorable état de choses. Le dimanche suivant, après le sermon, il s'adressa à tous les fidèles, leur rappelant le bien moral et matériel que les missionnaires avaient fait à la colonie.

« Nous instruisons soixante-douze de vos enfants, et vous ne nous donnez rien, pas même pour leurs livres, que souvent nous fournissons gratis. Nous allons bâtir une église qui ne vous coûtera presque rien, grâce à nos quêtes ! et vous nous laisserez mourir de faim. Rappelez-vous qu'un jour je ne pus prêcher parce que je n'avais pas mangé depuis quarante-huit heures ; rappelez-vous que mon premier collègue, l'abbé Chazelle est mort de misère plus encore que de tristesse. Or, comme nous sommes de chair et d'os, que nous ne pouvons vivre sans manger, nous vous prévenons que dès demain nous quitterons la colonie pour chercher une autre résidence ou l'on ait plus d'égards pour nous, si à partir d'aujourd'hui, vous ne nous donnez pas chaque mois et d'avance, soit en nature, soit en espèces, les moyens de vivre, plus une demi piastre par élève allant à l'école ; nous n'exceptons de cette règle que les enfants des pauvres et des veuves. Si ce premier versement n'est pas fait avant ce soir, demain vous ne nous verrez plus. »

La population eut honte de son avarice ; elle se cotisa sur le champ et, depuis ce jour, les missionnaires n'eurent plus à souffrir de la faim.

Les deux missionnaires voyageaient toujours à cheval, quelquefois sur une mauvaise charrette ; ils allaient rarement à pied, c'eut été dangereux autant qu'impraticable pour de grandes courses. Quelquefois, la route était incertaine ; il fallait pour ne pas s'égarer imiter les Indiens, faire toutes les petites remarques qui peuvent guider un voyageur expérimenté, étudier tous les signes, l'écorce des arbres dont les nuances indiquent le nord ou le sud, les branches et les feuillages dont la direction indique le côté des vents réguliers, les pas des animaux, les traces d'hommes ou de roue, quand on en trouve.

Arrivé dans une ville, dans un village où il doit séjourner, comment le missionnaire partage-t-il son temps ? Il commence par rassembler les enfants, les instruire, les préparer pour la première communion ; il administre les sacrements, il organise les prières publiques. Le dernier jour de sa visite est consacré à la communion générale.

Un jour à Fredericksburg, au moment ou l'abbé Dubuis, ayant achevé sa messe, se disposait à quitter la chapelle pour monter à cheval, deux colons arrivèrent d'une ferme très éloignée ; quand ils virent qu'ils étaient arrivés trop tard pour recevoir la sainte Eucharistie, ils s'abandonnèrent au plus violent désespoir. Tous les assistants furent émus jusqu'aux larmes ; plusieurs familles de cette pieuse colonie se jetèrent aux genoux de l'abbé Dubuis, le supplièrent de ne pas les abandonner et de revenir bientôt ; sinon de leur envoyer un prêtre pour ne pas les laisser mourir sans les secours de la religion. Hélas ! le bon vouloir du missionnaire est quelquefois stérile. La moisson est grande, mais il y a peu d'ouvriers. L'abbé Dubuis quitta Fredericksburgh, ville importante de 4.000 âmes, touché jusqu'aux larmes de la piété de ces bons Alsaciens et Allemands.

Il prit la route du nord qui conduit à l'établissement des Mormons, au lieu de celle du sud qui conduit à San-Antonio. Lorsqu'il s'aperçut de son erreur, il changea sa direction, sans revenir sur ses pas ; ce chemin était le moins long, mais aussi le moins sûr. Il vit un bois de cerisiers sauvages ; ce qui fut pour lui une vraie découverte, car il pensait que cet arbre était inconnu au Texas. Plus loin il traversa une prairie où les serpents à sonnettes étaient en telle quantité que sa principale occupation fut d'empêcher son cheval de marcher dessus et d'être mordu. Après la prairie vint une épaisse forêt, au travers de laquelle il eut beaucoup de peine à se frayer un passage. Deux fois, dans les clairières, il trouva les traces d'un récent campement de Peaux-Rouges. Des mules avaient été tuées et mangées ; leurs squelettes ensanglantés étaient étendus près de monceaux de cendres encore chaudes.

L'espèce de sentier, qu'il suivait le conduisit au bord d'une rivière large et escarpée, qui lui parut être le Colorado. Un moment, il eut l'idée d'abandonner son cheval, de traverser la rivière à la nage, d'escalader comme il pourrait l'autre rive et de continuer sa route à pied ; mais il renonça à ce plan, comme étant d'une exécution trop difficile, et s'en remettant à Dieu du soin de diriger ses pas, il lâcha les rênes et laissa sa monture prendre le chemin qu'il lui plairait. Celle-ci le conduisit en moins d'une heure à une ferme allemande où il trouva un bon gîte. La route de San-Antonio était proche ; l'abbé Dubuis la prit et arriva le surlendemain à Castroville sans accident.

L'abbé Domenech s'y trouvait, de retour d'une excursion. Assis au coin du feu, tous deux se racontèrent leurs aventures et leurs impressions de voyage ; leurs souvenirs se reportèrent ensuite et naturellement vers la France leurs familles et leurs amis, sujets pleins de charmes et sur lesquels ils revenaient toujours avec un nouveau plaisir. Mais hélas ! elles étaient rares ces soirées de douces causeries, où leurs âmes faisaient un libre et mutuel échange de pensées et de sentiments !

Puis l'abbé Dubuis prit la plume pour raconter à sa famille les petits détails de la vie intime et aussi les tracasseries de ses terribles sauvages.

Cher Père et chère Mère,

Il paraît que je suis trop avancé dans le Texas, car depuis treize mois, je n'ai reçu aucune lettre. Mais comme il est probable que sous peu je me rendrai dans la capitale, j'ai l'espoir de trouver beaucoup de nouvelles qui n'ont peut-être pas pu m'être expédiées, sans nul doute, je trouverai une réponse à la lettre que je vous envoie. Ne me blâmez pas si j'écris trois ou quatre fois seulement dans une année. J'ai aussi de mon côté de si grandes difficultés pour faire partir mes lettres ; vous ne savez pas ce qu'est un pays sauvage ; sans y être il est impossible d'en avoir une idée. Je suis cependant logé à la française ; ma maison, que je vous ai dépeinte dans une lettre précédente vaut plus de 6.000 francs, c'est la première qui ait eu des vitres. Je fis les murs en grande partie au clair de la lune et quoiqu'ils aient été construits pendant la nuit, ils sont solides ; je suis maintenant à l'abri des serpents, des ours et des panthères. Il n'y a pas encore huit jours que les loups se présentèrent à ma porte vers les quatre heures du matin, ils se mirent à entonner leurs bruyantes musiques. Je sortis avec mes pistolets toujours chargés à balle, ils partirent aussitôt. Jugez comme ces animaux sont mauvais. L'année dernière j'avais une poule et je la fis couver. Le vingt-unième jour, me dit-on, si les poussins ne sont pas éclos, jetez-les tous dehors, c'est une preuve que les œufs ne sont pas bons ; j'eus le malheur de suivre ce conseil. Le vingt-unième jour ne voyant pas de poussins, je jetais tout et je vis grouiller hors des coquilles brisées une dizaine de petites bêtes qui mirent plus de deux heures pour mourir, La nuit suivante le loup vint me prendre ma poule dans ma baraque et je n'eus plus rien. Cette année, les femmes ont remonté mon poulailler, j'ai huit poules et deux coqs. J'ai aussi un chat parce que les souris mangeaient mon lard, et faisaient leur nid dans mon lit, les bêtes ici ne sont pas timides ni les gens non plus.

J'ai fait cette année un jardin magnifique, d'une mesure à peu près. J'aurai des melons pour tout Coutouvre, j'ai des choux du Mexique ; j'ai aussi des raves rouges, du café, du coton, du chocolat, enfin du maïs et des courges : tout cela, n'est-ce pas, vaut bien du lard cru et les graines de maïs dont je me nourrissais l'année dernière. Le pain est venu ici et je viens de recevoir de la belle farine qui me vient de Saint-Louis. C'est égal, j'ai encore trouvé le pain bon. Ma farine me durera huit mois. Nous avons semé du froment et planté des vignes. Il est vrai que nous n'avons ni cuve pour faire fermenter notre vin, ni four pour cuire le pain, je pétris ma pâte dans une moke (espèce de plat pour boire le café) et je le cuis dans une marmite. Si mes frères et mes sœurs sont tentés de dire que de tel pain ne peut être bon, je leur conseille de rester, comme je l'ai fait, treize mois sans en mettre un morceau sous les dents et ils verront ! Je n'ose pas même laisser manger par mon chat les miettes qui tombent à terre, je les ramasse très bien pour moi, et je donne de la viande à la place. La chasse est abondante, les daims vont par troupeaux ; les lièvres ou plutôt une espèce de lapins ravageurs sont encore plus nombreux.

Jamais je n'ai été plus heureux que maintenant, jamais depuis que je suis au Texas, cela s'entend ; cependant, je ne suis pas encore tout à fait comme en France, vous allez voir. A Saint-Martin, je pouvais en une heure visiter toute la paroisse ; ici il me faudrait un an pour parcourir toute ma mission, elle a plus de cent lieues de long et au moins soixante de large et de plus, lorsque je pars, je suis pris souvent par les sauvages ; quatre fois en un an j'ai été leur prisonnier. La dernière fois ils sont entrés dans ma maison, ont mangé tout ce que j'avais ; ce qui ne fut pas long ; puis ils m'ont invité à aller chez eux pour enterrer les morts ; or, je l'assure, je n'irai pas de sitôt leur demander du pain, j'aimerais mieux reprendre le lard cru. Ils viennent de me faire une grosse méchanceté, ou plutôt ils viennent de commettre une trop révoltante barbarie sur deux de mes catholiques, à une lieue juste de ma maison. Après avoir volé toutes les pauvres nippes d'une femme, ils l'emmenèrent ; comme elle ne pouvait les suivre, ils l'obligèrent de monter à cheval ; elle aussitôt s'enfuit, mais elle fut percée de trois flèches. A peine ont-ils commis cette cruauté qu'ils rencontrent un excellent père de famille ; ils le criblent de flèches puis, avec leur pipe qui est une petite hache d'une à deux livres, il lui enlèvent la peau de la tête pour la porter suspendue à leurs bras.

Il y a près de huit jours me trouvant en mission, je fus pris par eux et je n'étais pas sans quelque crainte, car je remarquais qu'ils détournaient la tête chaque fois que je leur adressais la parole. Ils me dirent enfin que nous étions amis, qu'ils ne tueraient jamais plus mes chrétiens, à l'exception cependant des Mexicains qu'ils trouveraient. En disant ces mots, ils se tournent vers moi et me crachent au visage. Enfin, passe pour la malhonnêteté : ce sont des sauvages : mais à peine les avais-je quittés qu'ils lèvent leur camp et vont ravager les malheureuses colonies. Ce sont des gens qui jamais ne rient, excepté lorsqu'ils ont pris un Européen ; de la tête aux pieds ils le criblent de flèches à bout portant, et chaque fois que le malheureux se jette de l'autre côté, une autre flèche le perce : c'est là leur grand amusement.

Jusqu'ici j'ai eu le bonheur de ne pas recevoir une seule blessure, mais à présent nous sommes en guerre avec les Lipans et les Comanches et je ne sors pas, par prudence, ou si je fais un voyage de quinze à vingt lieues, je suis armé jusqu'aux dents et monté sur un bon cheval. D'ailleurs, je marche le plus souvent de nuit ; et la nuit il n'y a pas tant de danger. Ces sauvages sont tous d'une belle taille ; je n'en ai même pas vu un seul aussi petit que moi. Leur figure rouge comme le fer sortant du brasier, est toute sillonnée de grandes raies bleues ; leurs petits yeux brillants comme des diamants ne sont recouverts ni de cils ni de sourcils ; des dents de la blancheur de la neige et pointues indiquent assez qu'ils aiment la viande ; leur cheveux ont plus d'une aune de long ; il y a dedans toute sorte d'histoire, des sonnettes, des boutons de culotte, des plumes et de la vermine par bataillons ; j'en ai vu devant moi croquer ces bons grenadiers logés dans leur chevelure. Ces rudes gaillards ont des guêtres en peau de daim qui leur arrivent jusqu'au dessus du genou ; tout le reste est nu, excepté une large ceinture qui les rend suffisamment décents. Les femmes ont des vestes et des pantalons de peau, des boucles d'oreilles de la largeur d'une assiette, souvent de petits pendants au nez. Chez les Lipans, il est défendu d'avoir plus d'une femme, chez les Comanches un homme peut en avoir autant qu'il a de chevaux ; c'est la condition, et s'il n'a pas un cheval à lui, il ne peut se marier avant d'en avoir volé un ; aussi nous perdons bon nombre de nos chevaux ; quelquefois ils nous les prennent la corde en main. J'ai vu un pauvre homme tenant son cheval par la queue et le sauvage indien sauter dessus et l'emmener ; les chevaux s'effarouchent en présence des Indiens, les chiens hurlent sitôt qu'ils les flairent, leur cri est effrayant.

La religion est aussi aimée et respectée maintenant dans nos vastes déserts du Texas qu'à Lyon. Je n'ai pas besoin de recommander de rester dans l'église pendant le sermon ; en quatorze mois, je n'ai vu sortir qu'une seule personne ; c'est qu'ici nous avons une toute autre autorité que dans notre patrie, nous n'avons qu'à dire : « Vous allez faire cela ou demain nous vous quittons ; la terre est grande ! » alors le peuple sait ce qui lui est réservé lorsqu'il a vécu cinq ou six ans sans prêtre, il ne sait ni ce qu'il est ni ce qu'il va devenir ; cette crainte de nous voir partir fait notre principal appui. Au commencement de janvier, j'avais résolu de faire un voyage à Galveston, ce n'est que la distance de chez nous à Paris ; mais le jour de mon départ étant arrivé, il me fut impossible de l'exécuter : hommes, femmes, enfants, tous pleuraient et ne voulurent jamais croire que je reviendrais. Pendant huit jours ils tinrent ma maison assiégée. Enfin, je me laissai gagner et, à présent, si je quittais cette mission, ce ne serait que pour en commencer une autre. Je suis tout à fait au bout du Texas ; je suis le plus éloigné de tous et le seul qui ait des Indiens, toutes les autres missions n'ont que des Américains civilisés comme des Européens ; mais malgré cela, je ne veux abandonner ma mission que lorsque je ne pourrai rien faire, pas même me tenir à cheval, il est vrai que sous un climat si chaud et avec tant de travaux, à cause de notre petit nombre, nous ne pouvons pas travailler longtemps.

Vous voyez qu'il n'est pas possible d'être plus content. Cependant, peut-être serons-nous obligés de quitter nos villages et d'aller en bâtir d'autres dans les plaines, à cause de la sécheresse que nous avons ici. Voilà quinze mois sans pluie ; nous n'avons presque plus d'espoir, car le printemps, l'été, l'automne sont des saisons brûlantes ; décembre et janvier, seuls mois pluvieux, ont été très secs, cela vient, je crois, de notre position trop élevée : nous habitons les montagnes contre le Mexique ; à trente lieues de nous, les terres sont souvent arrosées par des pluies abondantes. Nous tenons cependant à ne pas quitter nos montagnes à cause de la salubrité du climat ; partout ailleurs règnent les fièvres tremblantes et bilieuses; ici si l'on s'habitue une fois à la chaleur, c'est fini, on est assuré contre la maladie.

Je jouis d'une bonne santé et je vais faire vingt lieues pour vous envoyer cette lettre ; c'est plus loin que de Coutouvre à Lyon. Ici nous faisons facilement vingt lieues à cheval, dans le dernier voyage que je fis dans cette ville pour expédier des lettres à M. Barriquand, je fus surpris par la nuit et il me fallait arriver pour la messe du dimanche. Je lançai tellement mon cheval qu'il perdit la peau des reins. J'arrivai juste à l'heure, je chantai une grand'messe, je prêchai comme de coutume, aussi bien que si j'eusse dormi toute la nuit. Si en France, j'eusse voulu dire la messe après avoir fait vingt lieues à cheval dans une nuit, on m'aurait enterré le lendemain ; c'est autre chose ici, nous sommes autrement habitués, et puis il y a des grâces d'état !... »

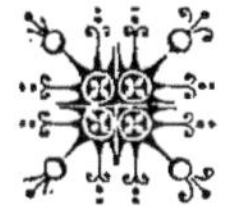

CHAPITRE IX

CONSTRUCTION DE L'ÉGLISE DE CASTROVILLE

L'ABBÉ Dubuis et l'abbé Domenech conçurent un projet vaste et hardi, qui eut été au-dessus de leurs forces et de leurs moyens sans leur grande confiance en Dieu. La plupart des centres de missions avaient leurs églises en bois, on venait d'en construire une assez vaste à New-Braumfels. Il fallait, au centre de la résidence des missionnaires, quelque chose de mieux qui rappelât les églises de France.

La chapelle de Castroville était trop petite et si misérable qu'elle ne défendait ni contre la pluie, ni contre le soleil, ni contre les serpents ; parfois même les animaux y entraient pour se mettre à l'abri de l'intempérie des saisons. Ils résolurent donc de bâtir une grande église. Le plan, le dessin, les calculs minutieux et complets furent faits avec soin. A la colonie, cela devait donner une grande importance ; mais où trouver de l'argent ? C'était le point difficile.

L'ambition des colons alors fut éveillée par les explications des missionnaires, mais ils ne pouvaient guère prêter que leurs bras et fournir des matériaux. Les plus aisés promirent d'ajouter quelques piastres ou dollars. Toutes choses évaluées, on reconnut qu'il faudrait trois ou quatre mille francs pour la main d'œuvre. Et l'on prit la résolution de chercher cette somme.

L'abbé Domenech partit pour la Louisiane et quêta de ville en ville pour son église. La quête, malgré les difficultés, fut assez fructueuse. L'hiver arriva, c'est-à-dire le moment de construire une véritable église. Les matériaux commençaient à venir, mais lentement, et ils ne s'amoncelèrent en quantité suffisante qu'après la fête de Noël.

« Après cette fête, raconte l'abbé Domenech, nous pûmes enfin creuser les fondations de notre église. L'architecture devait être de style gothique et le monument assez spacieux pour contenir la population tout entière. Seulement, nos moyens étaient plus bornés que nos désirs. Les machines manquaient ; il fut impossible de trouver une seule poulie dans toute la colonie, et l'on était réduit à enlever les pierres et les poutres à force de bras. Pour le salaire des maçons et des charpentiers, nous n'avions pas deux mille francs ! Ne pouvant surmonter cet obstacle, nous résolûmes de le tourner. L'abbé Dubuis décida que nous ferions nous mêmes toute la charpente, sous la direction des charpentiers, qui ne seraient que nos professeurs et dont nous serions les élèves. Ils n'avaient qu'à tracer sur les arbres couchés ce que nous devions couper ou scier ; nous leur épargnerions le plus d'ouvrage possible, afin de ménager notre argent. L'abbé Dubuis était fort adroit ; par son intelligence et son habile économie, il parvint à réduire nos frais de proportions extraordinaires.

« Il ne suffisait pas que notre édifice fut élégant, il fallait aussi qu'il fut solide ; la pierre devait entrer aussi pour une grande part dans la construction. Cependant les journées d'un tailleur de pierres auraient été bien nombreuses et auraient absorbé une bien grosse somme. Nous allâmes dans les bois à la recherche de pierres toutes taillées, nous découvrîmes à fleur de terre toute une carrière de blocs de rochers unis et carrés, mesurant environ huit à dix pouces d'épaisseur et de grandeurs différentes. Quelques-unes ayant dix pieds de long sur quatre de large, servirent de marches pour l'escalier; d'autres moins grosses furent employées pour les soubassements des fenêtres, En l'absence de machines pour charger ces poids peu ordinaires, il fallut recourir aux systèmes les plus ingénieux et les plus simples. Quand la charrette traînée par les bœufs avait été amenée le plus près possible de ces énormes pierres, nous enlevions les roues et la caisse de la charrette tombait à terre ; alors, armés de leviers en chêne, nous faisions glisser sur des rouleaux de bois, les blocs jusque dans la charrette. Cette tâche accomplie, nous nous cramponions à l'un des essieux pour l'enlever, et nous mettions une pierre dessous ; puis nous passions à l'autre essieu pour y faire la même opération ; ensuite nous retournions au premier pour l'enlever de nouveau et placer dessous une seconde pierre ; nous en faisions autant au second essieu, et ainsi de suite, jusqu'à ce que les essieux se trouvassent à la hauteur voulue. Il était alors facile d'y faire entrer les roues et de diriger le tout sur la ville. Une pierre d'un gris verdâtre, tendre et facile à tailler, nous servit à sculpter un écusson et des croix pour orner le haut du portail. Pour avoir de la chaux, nous allâmes, à la tête de huit ou neuf colons, dans une espèce de carrière de pierre calcaire d'où il était aisé d'en extraire tant qu'on en voulait. On fit un amas de pierres calcaires, on accumula ensemble des branches et des pierres de façon à former une sorte de pyramide, puis on mit le feu au bois et on s'en alla. Trois jours après on revint, et l'on trouva près de quatre-vingts barils d'une chaux excellente. Quant au sable, il se prenait à la rivière.

« Il était moins facile de se procurer du bois de construction, dans ce pays où les vents violents du nord sévissent chaque année, on trouve peu de grands arbres en bois dur, qui soient parfaitement droits. On en rencontrait bien sur les bords de la Médina, mais là ils étaient à des particuliers et avaient une certaine valeur vénale. Quant à ceux qui n'appartenaient à personne il n'en restait guère, les colons les abattaient pour en faire des planches qu'ils allaient vendre à San-Antonio. Nous fûmes encore obligés de courir à la découverte dans les bois ; nous y trouvâmes huit chênes énormes ; parfaitement droits jusqu'à une hauteur de trente pieds, ce qui faisait merveilleusement notre affaire. Ils furent abattus et placés sur la charrette par les mêmes procédés que les blocs de rochers ; ils devaient devenir des piliers et des supports pour le toit de la nef centrale. Plusieurs mesquites, de magnifique venue servirent à la charpente ; c'est un bois pareil à l'acajou et dur comme la pierre. Des colons inoccupés se chargèrent de nous apporter tous les matériaux nécessaires pour les soliveaux du toit et pour la couverture du clocher et des trois nefs.

« Ces préparatifs terminés, il fallut façonner. L'abbé Dubuis et moi nous nous mîmes à scier et à couper, comme de vrais charpentiers. J'étais peu expert dans cette besogne et même quand je quittais la hache et la scie pour prendre le marteau ou le ciseau et sculpter de la pierre, les croix et l'écusson destinés à la façade, mes mains se remplissaient d'ampoules et de durillons douloureux, qui me forçaient bientôt à quitter la partie. L'abbé Dubuis, au contraire, était infatigable. Nous ne donnions plus l'instruction aux enfants, que le matin jusqu'à midi. Quoique l'enseignement ne me plut guère, je le préférais, et de beaucoup, au métier de charpentier et de tailleur de pierres ; aussi, je remplaçais à l'école mon confrère, qui me remplaçait sur le chantier. De la sorte, je ne hâchais et ne taillais que l'après-midi, ce qui m'allait mieux, et ce qui avançait aussi les travaux, car l'abbé Dubuis s'en tirait beaucoup plus habilement que moi. Rien ne le lassait ; il se reposait en allant chercher çà et là, tout ce qui pouvait être utile à notre entreprise. Un jour, nous nous aperçûmes qu'il manquait des poutres pour la charpente du clocher ; l'abbé courut jusqu'à ce qu'il eut découvert de beaux arbres sur le bord de la rivière, dans un terrain neutre. Il n'hésita pas à descendre dans l'eau jusqu'à la ceinture pour couper ces arbres à la racine, ce travail lui prit tout une journée, nous étions en janvier, et je ne comprends pas qu'il en soit revenu sans rapporter au moins un gros rhume.

« Cependant la construction de l'église avançait rapidement ; les murailles étaient faites, les maçons travaillaient au clocher, et, sans attendre l'achèvement, nous élevâmes les huit piliers destinés à la nef centrale. Opération difficile ; car il fallait non seulement ériger verticalement des chênes énormes, mais encore les placer sur des assises en pierre, de deux pieds de haut, et cela, sans machines ni poulies. Heureusement nous comptions dans la ville un grand nombre d'habitants d'une force herculéenne ; nous les réunîmes, et tous ces bras athlétiques installèrent les huit piliers sur leurs piédestaux, en une journée, et sans accident. Le progrès rapide de nos travaux éveillait la curiosité et l'intérêt de nos colons, ils s'assemblaient souvent par groupes nombreux, pour admirer le nouvel édifice, et là, entraînés par notre exemple, ils nous prêtaient leurs bras, dès qu'ils pouvaient nous être utiles. Les enfants de l'école, dans l'après-midi, se chargeaient du mortier; ils allaient chercher à la rivière le sable nécessaire pour le composer.

« Un jour, l'abbé Dubuis remuait le mortier, vêtu de son pantalon de cotonne bleue, d'une chemise de flanelle rouge, d'un chapeau sans forme ni couleur. Il était tout parsemé d'éclaboussures de chaux et de plâtre, lorsqu'un jeune négociant irlandais du nom de Thomas Dwyer, qui passait à Castroville, vint lui demander où était l'abbé Dubuis. L'abbé alla à un seau d'eau, se débarbouilla vivement, et relevant la tête:

« — Le voici, répondit-il ; que demandez-vous de lui ?

« — Ah ! répondit le jeune homme en riant, comment pouvais-je vous reconnaître, avec votre figure barbouillée et votre costume multicolore ? » Et, en sa qualité d'Irlandais, c'est-à-dire de catholique pieux et généreux, il donna dix piastres pour notre église.

« En dépit de ces dix piastres inespérées, à mesure que le monument s'élevait, notre bourse diminuait dans la même proportion. L'abbé et moi, nous étions forcés par économie de travailler sans ouvriers, et nous fîmes seuls la plus grande partie des toits et des fenêtres. Quand nous ne pouvions nous passer d'un manœuvre, nous le payions souvent avec nos habits, une de nos paires de souliers, un de nos pantalons ou une de nos chemises. Je vendis mon fameux cheval de quinze francs, qui était dans les bois depuis plusieurs mois, et cet argent paya quelques journées d'ouvriers.

« Nous parvînmes à achever notre église au bout de trois mois, sans faire de dettes, ce qui est presque un miracle aux Etats-Unis, où les souscriptions charitables sont aussi illusoires que nombreuses. Pour cacher à l'intérieur les soliveaux du toit, je les tapissai de manta, coton écru très fort, et je peignis dessus des rosaces gothique, dont l'effet était superbe. Pour comble de bonheur, nous trouvâmes plus tard, à Galveston, des vitraux représentant l'histoire de saint Louis et des portraits de quelques princes de la maison de Bourbon. Ils s'adaptaient merveilleusement aux dimensions de nos fenêtres, et comme notre église était dédiée à saint Louis, il était impossible de faire une rencontre plus heureuse.

« Enfin le jour de Pâques 1850 arriva ; c'était le cinquième que nous passions loin de la France. Notre église parut dans tout son éclat, entièrement achevée, et la messe y fut célébrée solennellement. Ce fut un évènement dans tout le pays. Cette église nous avait coûté environ 3.000 francs et elle en valait certainement plus de 40.000. Aussi, à San-Antonio comme à Castroville, la modicité de la somme dépensée étonna tout le monde ; on venait voir l'église par curiosité, et l'on ne comprenait pas qu'elle put être aussi grande et aussi belle. »

CHAPITRE X

VOYAGE EN FRANCE

Ce succès dépassait toute espérance, mais il avait usé ce qui restait de force aux deux missionnaires. Les voyages continuels, les fatigues, les privations de toute sorte, la misère, avaient profondément altéré leur santé ; la construction de l'église acheva de la ruiner. Tous deux crachaient le sang. L'abbé Dubuis plus âgé, plus aguerri, plus robuste que son compagnon, avait mieux résisté et pouvait encore faire sa besogne. Mais l'abbé Domenech, accablé par la fatigue et la maladie, résolut de retourner en France pour demander à l'air natal le repos et y retrouver la santé perdue. L'abbé Dubuis de son côté pour se reposer de ses fatigues et changer quelques jours de climat, résolut d'aller à la Nouvelle-Orléans quêter un peu d'argent pour avoir une cloche digne de sa nouvelle église.

L'abbé Dubuis partit donc de Castroville pour se rendre à San-Antonio et de là à Galveston et à la Nouvelle-Orléans. En quittant sa chère mission, il courut un danger, dont le récit jettera une nouvelle lueur sur les mœurs du Texas.

Un maçon de Castroville avait demandé en mariage une jeune fille ; on la lui avait refusée par la bonne raison qu'elle était promise et fiancée à un autre. Il déclara à l'abbé Dubuis, que, s'il célébrait le mariage de la jeune fille avec son rival, il le tuerait, lui et son confrère. L'abbé Dubuis eut beau lui faire remarquer que le prêtre n'avait pas à régler les affaires de cœur, qu'il ne pouvait pas refuser son ministère à ceux qui le demandaient et qui n'en étaient pas indignes, cet homme ne voulut rien entendre. Le mariage se fit pourtant et, le lendemain matin, l'abbé Dubuis partit pour San Antonio, escorté par quelques colons armés. Au gué de la Medina, il vit sur l'autre rive le maçon armé aussi jusqu'aux dents, prêt à faire feu sur le premier qui avancerait. Pour éviter un accident, il résolut avec ses compagnons de traverser la rivière sur un autre point. Le maçon comprenant la manœuvre courut au galop vers un endroit de la route où l'abbé était obligé de passer. Les colons voulaient accompagner l'abbé jusqu'à San-Antonio; mais, au bout de quinze milles, celui-ci les congédia et poursuivit seul sa route.

Cependant il ne laissait pas d'être sur ses gardes; il plongeait ses regards dans chaque broussaille et dans chaque bouquet d'arbres. Arrivé au Rancho de la Leona, il pensa que le fourré qui borde le petit chemin était favorable au projet criminel de son ennemi, et par prudence il le traversa au galop. Il avait deviné juste ; le maçon était dans le bois, mais n'attendant pas sitôt l'abbé et le voyant tout à coup passer si vite, il n'eut pas le temps de l'ajuster.

Faute d'argent les deux missionnaires durent gagner Lavaca à pied. Moyennant quelques piastres, deux mexicains s'engagèrent à porter sur leurs lourdes charrettes leurs malles et leurs provisions. Un jeune Français qui retournait dans sa patrie, se joignit à eux ; ce dernier était enchanté de cette vie d'aventure et libre qu'ils allaient mener et qui avait pour lui le charme de la nouveauté et de l'imprévu. L'intempérie de l'air, les sables et les mauvaises routes rendent ces courses pénibles et fatiguantes, surtout lorsqu'il faut ainsi faire près de cent lieues à pied sous un ciel qui semble être de feu, même au mois de mars. Mais pour l'abbé Dubuis, qui depuis cinq ans parcourait le pays, c'était une bagatelle. Il y eut cependant dans ce voyage quelques petits incidents. Au deuxième jour le jeune Français avait déjà perdu son enthousiasme, et fatigué de la route il était resté couché dans une charrette ; au moment où il passait la rivière Calaveras, qui coule dans un ravin profond et escarpé, l'abbé Dubuis, arrivé sur l'autre bord, regardait avec anxiété les bœufs escalader péniblement la montée ; tout à coup, la cheville qui retient le timon se casse et la charrette est précipitée dans le ravin, tandis que les bœufs continuent leur chemin. Malgré cet incident, le Français qui était étendu sur les malles en fut quitte pour la peur.

Le cinquième jour au lever du soleil, les voyageurs passaient dans un bois magnifique de cèdres odorants. L'air était frais et pur, les deux missionnaires faisaient comme de coutume leur méditation en marchant. Tout à coup, ils virent sortir du milieu des broussailles un charmant petit oiseau qui ne pouvait voler. L'abbé Domenech le prit sans difficulté et le montra à l'abbé Dubuis qui l'examina et vit sur l'épiderme de sa langue une excroissance de peau dure qui l'empêchait de manger. L'abbé Dubuis, faute d'épingle, prit une épine, enleva fort adroitement cette excroissance, fit avaler à l'oiseau quelques gouttes d'eau et lui donna la liberté. Le pauvre petit oiseau se sentit immédiatement soulagé et se mit à voltiger aussitôt dans les bois, en poussant de petits cris de contentement.

Le sixième jour ils avaient à traverser une grande prairie dans laquelle on ne voyait ni arbres ni broussailles ; avant d'y entrer ils furent obligés de recueillir du bois pour le campement de la nuit. Les provisions de bouche étaient à peu près épuisées, la bonne humeur s'était un peu calmée et la route paraissait d'une longueur effrayante. L'eau manquait et pour souper, on n'avait qu'une boîte de sardines et du fromage en guise de pain. Il fallut se contenter de cela et s'étendre sur l'herbe pour dormir un instant, malgré la faim et surtout la soif qui les dévoraient.

A une heure du matin l'abbé Dubuis réveilla son camarade : « Partons maintenant, lui dit-il, afin de pouvoir dire la messe de bonne heure à Victoria. » — Mais que vous prend-t-il donc? répondit l'abbé Domenech, vous êtes comme le Juif errant, vous ne pouvez rester tranquille ; à peine arrivé, vous voulez déjà partir.

« — Non, mon cher, vous vous trompez ; vous avez dormi au moins trois heures ; il est une heure du matin et nous avons encore plusieurs lieues à faire avant d'arriver à la chapelle de Victoria et comme nous avons faim et que nous sommes dans un costume peu élégant, il est plus convenable d'arriver avant l'heure ordinaire de l'office.

L'abbé Domenech céda à ses raisons ; ils se mirent en route, arrivèrent sans difficulté à Victoria, purent dire leur messe et le soir revinrent vers leurs compagnons de route.

Le lendemain, ils arrivèrent à Lavaca et firent voile pour Galveston. Ce fut un véritable bonheur pour eux de voir leur évêque qui se montra extrêmement bon et paternel envers ses pauvres et vaillants missionnaires.

Mais là ils se dirent adieu. Après avoir recueilli quelque argent à la Nouvelle-Orléans, l'abbé Dubuis revint à Castroville pour continuer l'œuvre commencée.

Il était seul désormais et souvent accablé par l'excès des travaux, bientôt sa santé devint languissante, les médecins et son évêque lui-même jugèrent qu'il lui fallait, à lui aussi, pour lui rendre sa vigueur, quelques mois de l'air natal. De plus, Monseigneur Odin connaissant la manière de faire de l'abbé Dubuis, n'était pas pas fâché de le voir aller en France, dans l'espoir qu'il ramènerait du pays de nouveaux apôtres bien nécessaires pour ce vaste pays. L'année précédente il avait confié ce même soin à l'abbé Domenech, mais celui-ci n'avait pu rien obtenir. Sachant bien que l'abbé Dubuis n'était jamais embarrassé, il comptait sur lui pour un résultat meilleur.

Son séjour en Amérique avait duré six ans. Quand M. Dubuis en partit en 1852, ses affections l'appelaient sans doute en France, mais il laissait au Texas son âme d'apôtre. Cette terre où il avait connu les privations, la pauvreté, les maladies, était aussi celle où il avait donné le meilleur de son ardeur apostolique, c'était sa part d'héritage, Dieu l'y avait appelé.

Avec quelle joie il vint embrasser ses parents, revoir ses amis et rétablir sa santé dans sa patrie ! Mais il ne l'oubliait pas, il était venu surtout pour susciter des vocations pour « son cher Texas ».

Nous ne le suivrons pas en détail dans sa famille, où son séjour fut assez rapide, ni à travers ses courses apostoliques dans les séminaires où il réussit au-delà de ses espérances à susciter des vocations de missionnaires.

M. Dubuis parvint à réunir quatorze séminaristes.

Mgr Odin lui écrivit qu'il trouverait à Paris, au bureau de la Propagation de la foi, l'autorisation de toucher à la caisse de cette œuvre, l'argent nécessaire pour le transport de tous ces missionnaires. Au moment de revenir aux Texas, M. Dubuis leur écrit de se trouver le 4 septembre à Paris, « Hôtel Fénelon », où descendent habituellement les missionnaires. Tous furent exacts au rendez-vous.

Pour éviter des frais, l'abbé Dubuis se rendit immédiatement au bureau de la Propagation de la foi, afin de toucher l'argent promis ; mais on le lui refusa, car Mgr Odin avait oublié d'envoyer son autorisation, sans laquelle le caissier ne pouvait rien lui donner. Ne sachant que faire, et ne voulant pas effrayer ses quatorze compagnons, il ne leur souffla mot de son embarras, il leur dit seulement qu'on partirait le soir même pour le Havre. Cela nous rapprochera toujours un peu de Galveston, se disait-il à lui-même.

Arrivés au Havre, M. Dubuis installa tout son monde, moyennant cinquante centimes par nuit, dans un hôtel où il manquait peut-être bien un peu de luxe ; puis il se rendit au port pour voir si quelques navires partaient bientôt pour la Nouvelle-Orléans. Après avoir cherché longtemps, il vit, sur un beau trois-mâts, une enseigne ainsi conçue :

Ce soir à 4 heures
LA REINE-DE-LA-MER
Partira pour la Nouvelle-Orléans.

Comme on le voit, la Providence ne fait défaut qu'à ceux qui ne compte que sur eux-mêmes. Elle fit plus que de faire trouver de suite un navire à l'abbé Dubuis, elle lui suggéra une idée baroque, car elle est bien singulière dans ses voies à l'égard de ceux qui se confient en elle sans la moindre hésitation, avec une confiance entière, absolue. M. Dubuis eut une subite inspiration, en rapport avec son caractère primesautier et énergique.

Il monte sur le navire, demande le capitaine, et avec lui il a cet étrange dialogue tout à fait américain : « Votre chargement est-il prêt ? — Oui tout est à bord, même six cents Allemands émigrants. — Avez-vous des places de premières ? — J'en ai encore vingt. — Combien la place ? — Quatre-vingts dollars. — J'en prends quatorze pour onze cents dollars. — J'accepte. — A propos, avez-vous un médecin à bord ? — Pas encore ; il m'en faudrait cependant, à cause de tout ce monde ; j'en ai cherché un, mais ceux qui pouvaient venir ne savent que le français et sont trop exigeants. — En voulez-vous un qui sache l'allemand, l'anglais, l'espagnol et le français ? — Je ne demande pas mieux. Combien veut-il ? — Cinq cents dollars. — Ce n'est pas cher. Où est-il ? — C'est moi. — Alors, affaire conclue ; seulement je voudrais que vous prissiez aussi la direction des vivres et des provisions. — Très bien tout ce que vous voudrez. — Vous le savez, nous partons à quatre heures précises. — A trois heures tout mon monde et les bagages seront ici.

Après la conclusion de ce singulier marché, le capitaine et le médecin improvisé se serrèrent la main et chacun fut ensuite à ses affaires. »

« M. Dubuis, — nous empruntons ici le récit de M. Domenech — avait reçu de différentes personnes, trois mille francs qu'il avait en poche ; cette somme, ajoutée aux deux mille cinq cents francs promis par le capitaine du bord, lui fournissait juste la somme pour payer le passage de ses quatorze missionnaires. Une fois arrivés à la Nouvelle-Orléans, l'archevêque devait le sortir d'embarras, et lui donner les moyens de continuer sa route avec ses compagnons jusqu'à Galveston.

« En s'improvisant médecin du bord, M. Dubuis ne faisait pas acte de présomption ni de grande imprudence, car on connaît la valeur médicale des docteurs américains en général ; il n'est pas difficile de tuer les gens aussi bien qu'ils le font, et même de soulager les mala des mieux qu'ils ne le font. En outre, M. Dubuis avait été infirmier au séminaire ; il connaissait donc bien des maladies, leurs remèdes, la manière de traiter, de faire des pansements, et ses connaissances, à ce sujet, s'étaient développées ensuite au Texas par la nécessité de soigner les pauvres gens qui ne pouvaient avoir de médecin.

« Les fonctions de médecin n'étaient pas une sinécure à bord de la *Reine-de-la-Mer*. Les émigrants, peu habitués à manger du lard et du porc salé, se sentirent bientôt pris de douleurs d'entrailles. L'air de la mer, qui tend à resserrer les entrailles, fut puissamment aidé dans son travail par la nourriture échauffante des émigrants. Aussi, tous vinrent ils bientôt en procession et se tenant le ventre, se plaindre au docteur.

« Par malheur, la pharmacie du bord n'avait plus de purgatifs d'aucune sorte, tous étaient épuisés et les bocaux se trouvaient vides. Pour y suppléer, M. Dubuis se fit apporter un seau d'eau de mer, dans laquelle il vida un pot de mélasse, pour en adoucir l'amertume, puis, après avoir bien brassé le tout, il prit une tasse en fer battu, la remplit de ce purgatif vomitif d'un nouveau genre et le fit avaler à ses malades. Inutile d'ajouter qu'ils faisaient tous une affreuse grimace mais que ce détestable mélange déblaya rudement leurs intestins et et leur estomac.

« Un accident plus grave vint ensuite mettre à l'épreuve la science du docteur improvisé et lui valut, à bord, la réputation d'un médecin hors ligne :

« Une jeune fille de dix-huit ans, en se reculant pour

faire place à quelqu'un qui passait avec une marmite d'eau bouillante, tomba dans l'entrepont et se brisa l'os de l'avant-bras droit. La fracture était simple, mais la faisait horriblement souffrir. M. Dubuis, appelé en toute hâte, fit tenir fortement le haut du bras par le père de la jeune fille, tandis que son frère reçut l'ordre de tirer doucement l'avant-bras jusqu'à ce que les deux parties cassées fussent rejointes, suivant la direction que leur donna l'abbé Dubuis ; puis le bras fut enfermé entre deux attelles, bandé et mis en écharpe au moyen d'un mouchoir passé autour du cou. Bref, la malade n'eut pas de fièvre, et se trouvait à peu près guérie avant de débarquer.

« Cependant, avec un aussi grand nombre de passagers, il arrive toujours quelques cas embarrassants. Un de ces cas se présenta vers la fin de la traversée. Un Allemand vint trouver M. Dubuis, d'un air mystérieux et joyeux, embarrassé et niais, tout ensemble.

« — Docteur, lui dit-il, ma femme... — Eh bien ! votre femme, qu'est-ce qu'elle a ? — Hi, hi, hi, elle a un garçon. — Et que voulez-vous que j'en fasse de son garçon ? — Hi, hi, hi, elle vient d'accoucher...

« Le cas était vraiment embarrassant pour l'abbé, car il n'était pas dans son programme et ne s'attendait pas le moins du monde à celui-là, qu'il n'avait pas prévu. Sa présence d'esprit ne lui fit pourtant pas défaut.

« — Oh ! oh ! répondit-il gaîment, si je suis médecin, je ne suis pas accoucheur. Il ne manque pas ici de mères de famille ; elles l'aideront. Dites à votre femme que je ne puis pas m'occuper d'elle ».

Ce fut le dernier incident de cette traversée qui se fit à la grande satisfaction de tous.

Le capitaine, à l'arrivée du navire, donna à M. Dubuis un certificat, une lettre de recommandation, de remerciements et d'éloges pour avoir si bien soigné ses passagers durant la traversée et leur avoir prodigué tant de soins intelligents. Dans cette lettre, il le recommandait aux autres capitaines de navire qui voudraient avoir recours à lui pour un autre voyage.

A la Nouvelle-Orléans, Mgr Blanc remit à M. Dubuis l'argent nécessaire pour conduire son monde à Galveston, où Mgr Odin fut émerveillé de la manière dont il avait accompli sa mission. Quand il racontait ce trait d'audace ou pour mieux dire de confiance en la Providence, il riait et pleurait à la fois.

Dieu parfois se fait attendre pour venir au secours de ses missionnaires et de ses autres enfants ; il les éprouve pour exercer leur vertu, leur faire expier leurs fautes et leur procurer plus de mérites ; mais toujours un bienfait quelconque est caché sous cette épreuve. Ce qui nous effraie et nous désespère, ce que nous considérons quelquefois comme un abandon de Dieu, comme un malheur même, est le plus souvent une faveur, une grâce évidente qui nous montre, d'une part, combien nos vues sont courtes, nos murmures insensés, et d'autre part, combien est vigilante la sollicitude du Seigneur pour nous et nos intérêts les plus sacrés.

CHAPITRE XI

L'ABBÉ DUBUIS, VICAIRE GÉNÉRAL — SAN-ANTONIO LES KNOW-NOTHING ; LES FOURIÉRISTES

De retour d'Europe, l'abbé Dubuis fut nommé vicaire général par Mgr Odin, et envoyé à San-Antonio. Là, tout en ayant soin de son ancienne mission, il fut chargé plus spécialement d'organiser le service religieux dans cette ville.

San-Antonio, d'abord occupé uniquement par les Mexicains voyait accourir dans ses murs, à cause de son heureux climat, les Américains, les Irlandais, les Allemands, les Polonais, les Italiens et les Français, et cette ville qui déjà comptait quinze mille habitants, devenait la ville cosmopolite par excellence.

En dehors de la vieille église espagnole, il fallait un sanctuaire pour ces nouveaux colons dont la langue et les mœurs étaient si différentes. L'abbé Dubuis se mit à l'œuvre et construisit sous le vocable de Sainte-Marie, une vaste église qui fut bientôt consacrée par Mgr Odin, Cet édifice de 40 mètres de long et de 21 de large, l'occupa beaucoup, étant obligé souvent de faire lui-même, presque aussi assidûment qu'à Castroville, les métiers de maçon, de tailleur de pierres et de charpentier, ces travaux pénibles, lui occasionnèrent encore une grande maladie, comme il le raconte lui-même à ses parents.

« Je jouis, dit-il, à présent d'une très bonne santé, mais pendant deux mois j'ai été entre la vie et la mort, abandonné par les trois meilleurs médecins de San-Antonio. Cette maladie était venue à la suite de pénibles travaux que j'avais supportés pendant dix-huit mois. Obligé de bâtir une église et n'ayant pas d'argent, je fis moi-même les travaux principaux, tels que tailler la pierre, scier le bois et préparer les autres matériaux. Cette église devait être très grande, vu la population que j'ai maintenant dans ma paroisse ; par conséquent les travaux auraient du m'effrayer et me désespérer. Elle a 118 pieds de long, 64 de large et 75 de haut : de chaque côté elle a cinq colonnes de pierre de taille, ce qui lui donne complètement la forme d'une église lyonnaise. C'est donc à cause des travaux et des soucis innombrables que cet édifice m'a donnés que j'avais été atteint d'une perte de sang qui m'avait conduit aux portes du tombeau. Maintenant, grâce à Dieu, je suis entièrement rétabli, plus fort, plus robuste que jamais.

J'aurai bien voulu vous faire une visite pour achever de rétablir ma santé, mais je n'ai pu dans toute la mission trouver un prêtre pour me remplacer : et je ne puis en conscience laisser huit mille catholiques sans prêtre ; plusieurs inévitablement seraient morts sans Sacrements. Vous jugerez quels sont mes travaux apostoliques par ce seul exposé : chaque année je baptise de cinq à six cents enfants, je célèbre de trois cents à quatre cents mariages et j'ai dû enterrer de deux à trois cents personnes. Puis il faut exercer le ministère en allemand, en anglais, en mexicain, nous n'avons qu'une centaine de familles françaises.

L'année dernière nous fûmes à la veille d'avoir une grande persécution de la part d'une classe d'hommes qu'on appelle

Know-nothing, qui veut dire « gens qui ne savent rien », mais nous en avons triomphé, et maintenant nous sommes plus tranquilles qu'en France. »

Le catholicisme avait, en effet, gagné du terrain au Texas, comme dans toute l'Amérique du Nord, jusqu'en 1855 ; mais à cette époque les protestants s'entendirent pour protéger la secte nouvelle, connue sous le nom de Knownothingisme, dont le but était de combattre le catholicisme pas tous les moyens, même les plus violents, et d'exclure les catholiques de tout emploi public et fonction quelconque.

« Lorsque, raconte l'abbé Dubuis, le zèle eut réchauffé cette terre inculte, lorsque les souffrances et les sacrifices de dix années eurent fait sortir, de ces déserts couverts d'Indiens, une moisson abondante, vers le milieu de l'année 1855, l'hérésie s'effraya, l'enfer vomit ses légions et du Canada au Rio-Grande un cri de mort fut proféré contre les catholiques. Des millions de Know-nothings, s'étaient liés par un triple serment à ne déposer leurs armes que lorsque le dernier catholique aurait disparu de la grande République américaine. La persécution dura jusqu'à la fin de 1856. Dans plusieurs endroits, elle trempa son glaive dans le sang des dévoués et fidèles enfants de l'État comme de l'Église, partout elle voulut opprimer les nobles descendants de ces preux que l'Angleterre, pendant trois cents ans, n'avait pu conduire à l'apostasie, pas même à la peur. Il serait trop long de suivre dans tous les détails, cette guerre religieuse contre une Eglise naissante qui ne savait que tendre les mains aux chaînes de ses bourreaux, afin de les élever ensuite plus puissantes vers Celui qui guérit les nations, à la prière du juste opprimé.

« L'hérésie avait annoncé un triomphe remarquable, il arriva, en effet, dès la fin de 1856, mais il fut comme la potence dressée pour Mardochée. Le catholicisme le recueillit et l'hérésie eut le sort d'Aman. Les dix-huit mois de persécution enrichirent l'Eglise catholique des Etats-Unis d'un nombre de conquêtes plus grand que tout ce qu'elle avait pu glaner depuis que la nation avait été affranchie du joug de l'Eglise anglicane. Le vent de la persécution avait chassé devant lui la paille qui trop souvent recouvre le bon grain et le cache. Les vrais fruits de vie et d'immortalité parurent aux yeux de tous les peuples et pour la millième fois, levant les yeux au ciel, on s'écriait : le doigt de Dieu est là et la barque de l'Eglise si violemment agitée depuis dix-huit siècles, a traversé les écueils du nativisme et de l'erreur américaine aussi facilement qu'elle continua autrefois sa route à travers les dix grandes persécutions de l'Empire romain, sous le cimeterre du musulman, sous le marteau de Iconoclaste, comme elle passa intacte le schisme de Photius, la révolte de Luther et d'Henri VIII, comme elle sortit douce et rajeunie du cynisme de Voltaire et de l'impiété de la Révolution. Un instant retranchée dans les granges en France durant l'année terrible, elle en est sortie comme des catacombes et la déesse Raison a disparu, sans laisser dans les cœurs autre chose que ce grand souvenir : L'homme ne peut vivre sans Dieu, la Révolution l'a montré pour la France.

« Après cet orage, les ministres de l'erreur ne prodiguèrent plus leurs attaques ; même il sembla pendant quelque temps qu'ils avaient disparu dans la foule des infidèles. L'Eglise, la vraie épouse de Jésus-Christ, continua son œuvre de civilisation qui est éminemment celle des cœurs ; elle ne fut plus condamnée aux gémonies, mais continua sa route, semblable au vaisseau qui traverse les mers et qui laisse après lui un magnifique et vaste sillon. »

Au Texas, la persécution, quoique violente en paroles,

en attaques mensongères, en menaces et taquineries continuelles, ne se porta point à des voies de fait graves. A San-Antonio, néanmoins, elle faillit en arriver là, à propos du baptême d'une jeune fille.

Au couvent des Ursulines, on élevait une enfant protestante de quinze ans, dont le père, homme très influent, était un franc-maçon et un know-nothing de la pire espèce. Après avoir passé trois ans dans le couvent, cette jeune fille conçut un grand désir de recevoir le baptême et de se faire catholique. Comme aux Etats-Unis, aussi bien qu'ailleurs, les missionnaires ne baptisent jamais, sauf à l'article de la mort, les enfants mineurs, sans le consentement de leurs parents, M. Dubuis, alors curé de San-Antonio, refusa de lui donner le baptême. Elle était convaincue que si elle allait passer les vacances dans sa famille, on ne lui permettrait plus de revenir dans cette sainte maison et qu'elle n'aurait plus l'occasion de se faire baptiser ; elle conjura donc son père de la laisser encore un an dans la pension ; il consentit à sa demande.

Les vacances à peine commencées, Marie, c'était le nom de la jeune fille, tomba gravement malade et annonça qu'elle ne se rétablirait jamais. Elle renouvela plusieurs fois sa demande du baptême, qui fut toujours suivie d'un refus opiniâtre.

« Je mourrai catholique, disait-elle, sur son lit de souffrances, la Sainte Vierge m'obtiendra cette grâce. — Ce que vous ne voulez pas faire aujourd'hui vous le ferez demain. » Puis, calme et souriante, elle parlait des grâces du baptême et du bonheur du ciel comme une prédestinée. Sa maladie s'aggravant, on avertit son père qui ne voulut pas se déranger pour venir la voir. Le jour de sa mort, elle dit à la mère supérieure : « Jusqu'à présent, vous m'avez toujours refusé la grâce du baptême, de crainte de déplaire à mes parents ; aujourd'hui je vous conjure de ne plus différer ; je n'ai plus que quelques instants de vie. » Elle reçut alors le baptême et mourut quelques heures après.

Deux semaines s'étaient à peine écoulées, lorsque les journaux protestants publièrent des lettres anonymes qui contestaient la réalité de cette mort. L'on prétendait que Marie était pleine de santé et que les sœurs l'avaient enfermée dans un cachot, pour l'agréger plus tard à leur communauté. D'autres publiaient que M. Dubuis avait empoisonné ou assassiné cette jeune fille pour qu'elle ne révélât pas qu'il l'avait baptisée de force. Ces bruits s'accréditèrent tellement que trois mois après, son père vint d'Austin, sa résidence, à San-Antonio, avec plusieurs ennemis acharnés de la religion, pour vérifier les faits. Ils ouvrirent la fosse qui renfermait sa dépouille mortelle pour en faire l'autopsie. A la vue du corps, que l'on trouva plus beau que le jour de l'enterrement, le père ne put que s'écrier : « O ma fille ! c'est bien toi! « le linge blanc dont elle était revêtue, n'avait pas la moindre souillure. L'excitation dans la ville était extrême et, sans une intervention de la Providence, qui vint encore confirmer d'une façon évidente la vérité, l'on pouvait craindre quelques excès contre le couvent ou contre M. Dubuis.

Au milieu de cette effervescence et peu de jours après ce triste évènement, la sœur sacristaine nettoyait la chapelle, et détail touchant, elle trouva, sous la statue de la Sainte Vierge, une lettre écrite et signée par la jeune fille offrant sa vie à la Mère de Dieu, si elle voulait lui obtenir la grâce du baptême qu'on lui refusait. Sa maladie datait du lendemain de la signature de cette lettre. Cette découverte qu'on fit aussitôt connaître à qui de droit, arrêta les bruits malveillants dont M. Dubuis était la victime, et la tempête suscitée par les know-nothings se calma subitement.

Mais Dieu voulut châtier les persécuteurs et leur montrer que ce n'est pas en vain que l'on brave sa colère. La sécheresse en 1857 détruisit toutes les récoltes. Dans beaucoup d'endroits, les pauvres habitants manquèrent de pain et furent obligés de se nourrir seulement de viande. Les animaux eux-mêmes eurent beaucoup à souffrir, car les prairies sauvages où ils trouvaient une nourriture abondante étaient entièrement desséchées. « Ah ! s'écrie l'abbé Dubuis dans une lettre à ses parents, Dieu semble vouloir châtier ce pays pour tous les crimes commis pendant les persécutions des Know-Nothings, car nous sommes brûlés par une sécheresse de dix mois, la farine de blé se vend un franc la livre, le maïs se paie 10 francs le décalitre, les pommes de terre 15 francs le boisseau, les plus grandes rivières ne coulent plus et sont entièrement desséchées, les bestiaux, tels que vaches, bœufs, chevaux, moutons, périssent par centaines faute d'herbe et d'eau, enfin la nature si belle autrefois, si riche en fleurs, est morte comme en décembre et le deuil se peint dans les traits de chaque habitant. Soyez cependant sans inquiétude pour moi, car je suis le moins à plaindre, je puis en trois ou quatre jours, par le moyen de bateaux à vapeur, arriver à la Nouvelle-Orléans ou je trouverais des amis qui me fourniraient tout ce qui me serait nécessaire en cas de besoin. »

Nous venons de parler du monastère des Ursulines de San-Antonio qui fut fondé par ses soins, voici comment M. Dubuis en fait plus tard rapidement l'histoire :

« Cet établissement, dit-il, a déjà élevé jusqu'à ce jour près de cinq mille mères de famille.

« Il fut éprouvé, sous le rapport de l'abandon et de la pauvreté, de la calomnie et enfin sur le point d'être brûlé par le feu de la persécution des Know-Nothings. Bien souvent les bonnes sœurs, au nombre de huit, ne savaient s'il y aurait dans la maison ce que nous appelons le déjeûner et le dîner de la journée. Je sais seulement qu'un missionnaire qui se trouvait là, et qui heureusement était bon braconnier, tuait chaque jour assez de gibier pour nourrir toute la petite famille, ce qui dura six mois. Pendant ce laps de temps le dévouement, à l'enveloppe grossière, secoué et roulé par les épreuves, parut dans son éclat.

« C'est en vain que l'Etat a essayé d'élever chaire contre chaire, le cri est resté le même. La religieuse seule sait former la femme. »

Voici maintenant une longue et intéressante lettre d'une religieuse de ce couvent qui nous montrera comment l'abbé Dubuis était apprécié par les habitants et les religieuses de San-Antonio.

Couvent des Ursulines, San-Antonio (Texas).

25 septembre 1896.

MONSIEUR L'ABBÉ,

... Bien que depuis le triste évènement du changement de M. Dubuis, il se soit écoulé de nombreuses années, sa mémoire néanmoins se conserve fraiche dans nos cœurs reconnaissants.

Un volume entier ne suffirait pas pour raconter tous les traits édifiants qui ont caractérisé cette vie si précieuse d'un apôtre, d'un prêtre possédant l'esprit de sacrifice et de charité au plus haut degré. Il s'oubliait pour subvenir aux nécessités de ses semblables et souvent il s'imposait de cruelles privations pour soulager la misère de ceux qui venaient à lui. Combien de fois lui est-il arrivé de passer près de deux jours sans prendre aucune nourriture comme il l'avouait ingénûment à la sœur cuisinère en revenant de ses voyages. Allons, disait sa Grandeur, faites-moi vite griller un morceau de viande et donnez-moi un morceau de pain, car il y a plus de 24 heures que je n'ai rien pris; et sans plus de façon il mangeait de suite debout, afin de ne pas prendre sur le temps des personnes qui l'attendaient; simplicité vraiment admirable.

Lorsque nos chères Mères Anciennes arrivèrent à San-

Antonio pour y établir une fondation en 1851, ce fut le bon Père Dubuis, comme on l'appelait alors, qui vint de Castroville, distant de 25 milles, pour venir de suite à leur aide et il se hâta d'aller en ville, pour découvrir à quelques personnes charitables le dénuement complet dans lequel se trouvaient les Religieuses.

Il commença aussitôt qu'il lui fut possible à s'occuper de la construction des bâtiments, travaillant lui-même comme le dernier des ouvriers. Si quelquefois un visiteur inopiné venait à s'annoncer et demandait à parler à M. l'abbé Dubuis, de suite il ôtait son tablier, reprenait ses habits et se retirait quelques instants à l'écart; puis l'entretien terminé, il retournait à l'ouvrage.

Un jour qu'il était occupé à faire une des galeries, il perdit l'équilibre et tomba ; personne ne se trouvait là pour lui porter secours, il se releva et alla de lui-même à la sœur cuisinière pour demander quelque soulagement.

Sa petite communauté de San-Antonio, ses chères Ursulines, comme il nous appelait, avait une grande place dans son cœur et en retour de ses bontés et de sa sollicitude il en avait une grande dans le nôtre ; le voir revenir de ses longues visites était pour nous une véritable fête de famille, on aurait dit que la nature semblait se renouveler, on sentait une douce influence secrète qui donnait plus de force pour agir. Notre plus grand plaisir était de nous presser autour de lui et de lui entendre raconter les différentes péripéties de ses voyages, tout nous intéressait et nous nous retirions remplies de volonté pour travailler avec une nouvelle ardeur à la plus grande gloire de Dieu.

... Une des gloires de ce saint Apôtre dans le diocèse de San-Antonio est la Congrégation des sœurs de charité du Verbe Incarné qu'il a lui-même fondée et qui est une branche inférieure de l'ordre du Verbe Incarné de Lyon.

Lors de son voyage de Lyon en 1868, sa Grandeur amena avec lui plusieurs jeunes personnes pour notre communauté et en même temps trois des religieuses du Verbe Incarné pour prendre soin des malades et des orphelins; n'ayant pas encore de couvent pour les loger, elles demeurèrent quelques mois parmi nous, se préparant pendant ce temps à leur nouvelle vocation. Maintenant le grain de sénevé a crû, et elles comptent présentement des centaines de religieuses qui se sont répandues dans plusieurs villes des Etats-Unis et même dans le Mexique, continuant ainsi l'œuvre de zèle commencée par Mgr Dubuis, leur saint fondateur.

Pardonnez-moi s'il vous plaît la liberté que je prends en vous faisant ainsi le récit de nos impressions; cependant la gratitude nous en fait un devoir et je ne puis parler de lui sans me sentir le cœur ému à la pensée qu'il nous a quittées. La seule consolation que j'éprouve est que bientôt il me sera permis de le voir au ciel où, j'espère, il jouit déjà de la récompense promise à ceux qui sont fidèles.

Le *Messager du Sud*, journal de San-Antonio, dans son numéro du 19 juillet 1894, nous apprend à son tour ce que faisait M. Dubuis dans cette ville :

« On sait, raconte-t-il, que le Père Dubuis allait souvent à pied de San-Antonio à Castroville : 25 milles de distance et de San-Antonio à Frédérichsburg : 75 milles et dans bien d'autres centres de mission. Et, à cette époque, tout l'ouest du Texas était infesté d'indiens fort hostiles qui tuaient les hommes jusqu'à un mille ou deux de San-Antonio, près des sources du San-Pedro. Le Père Dubuis fut fait prisonnier plusieurs fois par les Comanches, puis remis en liberté. Ils le gardèrent une fois attaché vingt-quatre heures sur un cheval, et ce ne fut qu'après avoir parlé longtemps au chef et s'être présenté à lui comme le ministre du Grand-Esprit qu'il fut mis en liberté.

« On raconte que quelques paroissiens de San-Antonio vinrent le visiter à son vieux presbytère sur la place militaire et que voyant son lit composé d'une simple planche, ils lui envoyèrent aussitôt un lit confortable, des matelas, des couvertures et des draps. Dans une visite suivante ils s'aperçurent que le lit n'y était plus et qu'il avait été de nouveau remplacé par la planche.

On apporta un nouveau lit, mais hélas! après quelques jours, le lit avait encore disparu et le bon Père couchait toujours sur la planche. On examina l'affaire et l'on vit que les lits étaient donnés à des pauvres comme lui qui, à cause de leur âge ou de leurs infirmités, en avaient, disait-il, plus besoin que lui.

« Plus tard, raconte un missionnaire, dans une tournée de confirmation, il arrivait chez un de ses prêtres à dix heures du soir, le pauvre missionnaire recevant sa Grandeur dans sa modeste cure qui n'était qu'une petite chambrette en bois, lui offrit le seul petit lit qu'il possédait. Non, reprit Monseigneur, gardez votre lit, j'ai l'habitude de coucher sur la dure, donnez-moi seulement un traversin. Puis, la prière dite, il s'étendit tranquillement sur le plancher après s'être enveloppé de sa couverture mexicaine. »

Ah! le Père Dubuis était un rude missionnaire; il avait un tempérament de fer, et une volonté qui ne fléchit jamais; combien de bons et saints prêtres auraient succombé sous les fatigues qu'il a endurées! combien de privations et de sacrifices ne pourrait-on pas raconter de lui, et les citer comme des exemples de l'héroïsme sacerdotal!

Ce qui lui donnait tant d'énergie, c'était surtout son grand esprit de foi. Il avait une confiance aveugle en la Providence, et lui réclamait souvent des choses extraordinaires et même des miracles. Lorsqu'on lui demandait pourquoi il s'exposait à tant de périls et à tant de dangers dans ses voyages, il répondait invariablement : « Celui pour qui je travaille est tenu de me protéger, il a promis d'ailleurs à ses apôtres une protection toute spéciale, et leur a dit que ni le poison ni les serpents ne pourraient leur nuire. » Les hardis colons de la contrée étaient étonnés de son audace lorsqu'ils le voyaient partir seul dans de vastes contrées habitées seulement par les

Indiens, lorsqu'ils le voyaient traverser à la nage, tenant d'une main les guides de sa monture, les fleuves si larges du Colorado, de la Guadeloupe, du San-Antonio, du Rio-Frio. Et lorsqu'ils lui en exprimaient leur étonnement, il répondait : « J'ai sur moi une arme puissante, que vous ne connaissez pas : avant d'entreprendre un voyage périlleux, lorsqu'il me faut traverser un fleuve où fourmillent les crocodiles, je m'arme du signe de la croix ; après cela je sais que je suis invulnérable et que Dieu ferait un miracle, plutôt que de m'abandonner dans le danger, comme d'ailleurs il l'a fait bien des fois, malgré mon indignité. »

Sur ces entrefaites, M. Dubuis vit s'accroître d'une manière bien inattendue, le nombre de ses ouailles de langue française.

On se rappelle encore les utopies sociales de Fourier écloses en France sous le règne de Louis-Philippe. Frappé du malaise et des vices qui sont dans la société, malgré les éléments de bien qu'on y voit de toute part, Fourier chercha, en dehors des croyances religieuses, le moyen de remédier aux désordres. Pour lui, Dieu n'existait pas, et dans son système, par ses groupes, séries et phalanges, il détruisait les notions de famille, de propriété individuelle et de patrie, il enseignait que le devoir de l'homme est de suivre ses passions et toutes ses passions. C'est là encore la doctrine actuelle du véritable socialiste. Ces grossières absurdités et ces incroyables rêveries qui ne portent sur aucun fondement, auraient dû exciter la pitié ou l'horreur. Cependant l'utopie phalanstérienne fit beaucoup de dupes. Les idées d'association, de fraternité, d'ordre, d'harmonie, de progrès, de travail, de bien-être et de soulagement pour l'humanité, séduisirent de bons esprits et des cœurs généreux à qui il suffit parfois de montrer une idée grande pour leur faire dévorer un monde d'absurdités. Victor Considérant, âme ardente et généreuse, après avoir parcouru l'Amérique et particulièrement le Texas, forma le plan de constituer des phalanstères dans ce pays nouveau et, dans une brochure qu'il publiait en 1854, il faisait un appel aux socialistes de l'époque : « Je propose, disait-il, à l'école phalanstérienne de se dégourdir et d'arriver à la pratique. Amis, je vous le dis, la terre promise est une réalité. Nous l'avons parcourue pendant quarante jours. L'idée rédemptrice sommeille dans la captivité d'Égypte. Qu'elle se réveille, et la terre sacrée est à nous ! Une résolution forte, un acte de foi collectif, et cette terre est conquise. Je vous le dis d'une voix simple qui ne diminue pas la solennité de la parole : Je vous apporte la voie et le salut et je vous propose l'inauguration. Unissons-nous seulement par une volonté résolue, et, pour peu de chose que cela puisse sembler aux gens du dehors, je vous le dis parce que je le crois et qu'il en est ainsi, l'ère nouvelle du monde est fondée. »

Cet appel lancé avec bruit dans la France entière fut entendu et bientôt vinrent se ranger autour de Victor Considérant, des hommes, des femmes et des familles entières qui rêvaient, comme leur chef, de voir bientôt arriver l'âge d'or pour l'humanité débarrassée des entraves, des vieilles lois du décalogue. Ils partirent au nombre de neuf cents en 1855 et vinrent s'établir près de Dallas au nord-est du Texas.

Hélas ! toutes ces illusions devaient être de courte durée. L'activité humaine n'étant plus excitée par les profits particuliers du travail, bientôt la paresse et le mécontentement la remplacèrent, la promiscuité enfanta la jalousie, les querelles et les assassinats. Le paradis terrestre que l'on avait rêvé était devenu un enfer. Victor Considérant ne pouvait plus se faire obéir, on murmurait contre lui, ces hommes lui faisaient un reproche de les avoir arraché à leur patrie pour les jeter dans une semblable galère. Mgr Odin eut pitié de ces pauvres malheureux et leur envoya l'abbé Dubuis, pour les consoler et les ramener à Dieu.

C'est dans cette situation que l'abbé Dubuis trouva ces pauvres égarés, il y avait là un terrain bien préparé par l'adversité, ils le virent arriver comme un sauveur, lui demandèrent des renseignements, s'étonnèrent qu'il eût pu vivre et se trouver heureux dans un pays, selon eux, sans ressources et lui demandèrent comment il s'y était pris. M. Dubuis leur expliqua le Décalogue, le vieux décalogue de Moïse et du christianisme. Un certain nombre de ces égarés, maudissant les théories nouvelles, revinrent franchement à Dieu, au Dieu de leurs pères. Enfin, après avoir supporté quelques mois une misère extrême, après bien des discordes suivies d'un meurtre, ils partirent chacun de leur côté dans les différentes villes du Texas et ceux qui restèrent à Dallas abandonnèrent cette manière de vivre qui au lieu du bonheur rêvé ne leur avait donné, en favorisant la paresse, que la haine, la discorde et le meurtre.

Les socialistes qui de nos jours veulent encore une société modelée sur l'idéal de Fourier, feraient bien d'étudier les résultats obtenus par Considérant au Texas; ils verraient que, pour ce qui regarde la communauté des biens, leur système, qui est mis en pratique dans les maisons religieuses, parce que là il est fondé sur l'esprit de sacrifice, ne peut pas exister dans une société sans Dieu, où l'on ne songe qu'à la vie présente, et où l'on ignore le dévouement et la charité divine.

CHAPITRE XII

SACRE DE L'ABBÉ DUBUIS. — LA GUERRE CIVILE DES ÉTATS-UNIS

Cependant Mgr Blanc, archevêque de la Nouvelle-Orléans, étant mort le 20 juin 1860, après un fructueux apostolat de près de trente ans, Mgr Odin, évêque de Galveston, déjà très connu dans la Louisiane, fut appelé par le Souverain Pontife à le remplacer. Lorsque Mgr Odin quitta ainsi Galveston pour le siège archiépiscopal de la Nouvelle-Orléans, l'abbé Dubuis, par raison de santé et aussi par attachement filial à la personne de son évêque, l'accompagna dans son nouveau diocèse où il fonda très rapidement sur les bords du lac Pontchartrain, une mission que tout le monde regardait comme impossible, et que grâce à Dieu et à des miracles de zèle, il laissa dans le plus florissant état.

Il s'agissait maintenant de pourvoir à la vacance du siège de Galveston.

Depuis longtemps la voix publique, écho cette fois de la pensée du ciel, portait l'abbé Dubuis à l'épiscopat. Mgr Odin, son père et son ami, l'avait déjà choisi dans son cœur, comme son remplaçant à la tête de sa première église qui était restée la première dans ses affections.

Peu de temps après, l'intrépide missionnaire accompagna son évêque en France et là, dans son pays natal, il soignait une santé qu'il avait si généreusement prodiguée aux durs travaux des missions, lorsque Mgr Odin, revenant de Rome, lui apporta sa nomination au siège de Galveston. Le choix était approuvé de tous, excepté de celui qui en était l'objet ; il fallut lutter contre un refus. « Mais je ne suis qu'un modeste ouvrier bon aux gros ouvrages, disait l'abbé Dubuis ; comment ferai-je pour diriger les autres et représenter dignement la sainte Eglise ? » On insista ; il céda enfin, avec la soumission du soldat qui change de poste, non pour se reposer, mais pour courir à de nouveaux et plus difficiles combats, et il s'écria comme Marie : *Fiat mihi secundum verbum tuum.*

La consécration épiscopale eut lieu deux mois après, le dimanche 23 novembre 1862, dans la chapelle provisoire du grand séminaire de Lyon. Ce fut un véritable évènement et M. Perrin, professeur de rhétorique à Saint-Jodard en traçait ainsi ses impressions dans le *Journal de Roanne :*

« Cette solennité est toujours pleine de grandeur et d'émotion, mais ici elle revêtait un caractère tout particulier. Elle s'accomplissait dans un séminaire qui a fourni et fournit encore une troupe glorieuse et difficile à compter d'apôtres et de martyrs ; elle avait pour témoins ces autels au pied desquels éclosent et se développent devant Dieu les plus généreuses vocations ; elle avait pour spectateurs cette jeune armée d'aspirants au sacerdoce, dont les poitrines battaient bien fort et dont les yeux se mouillaient de larmes, à la vue de ce prêtre qui s'était assis sur les mêmes bancs qu'eux et qui allait les bénir comme évêque, après les avoir édifiés et étonnés comme missionnaire. Le prélat consécrateur était naturellement Mgr Odin ; les prélats assistants étaient Mgr Charbonnel, ancien évêque de Toronto, dans le Canada, aujourd'hui couvert de l'humble habit de saint François et Mgr Lyonnet, évêque de Valence. On voyait ainsi, réunis pour se donner le baiser d'alliance et d'amitié, la vieille Amérique représentée par Mgr Odin qui porte sur ses vaillantes épaules, plus de trente années de travaux et de souffrances, la jeune Amérique représentée par le nouvel élu, l'Amérique française personnifiée dans l'évêque devenu moine, et Lyon, la Rome des Gaules, souriant à sa sœur d'outre-mer, dans la personne de l'évêque de Valence, ancien vicaire général de Lyon. Ajoutez à cela que la mission du Texas est une mission toute lyonnaise dans son origine, ses progrès et ses espérances. On ne pouvait donc choisir pour la cérémonie un lieu plus convenable que la chapelle de ce séminaire, noble et féconde école de dévouement. Je ne vous parle pas des détails liturgiques ; cela dépasserait les limites d'une lettre. Je ne vous parle pas non plus de la riche et élégante décoration du sanctuaire, de l'ordre admirable des cérémonies et de la majesté des chants. J'aime mieux insister sur le caractère intime et émouvant de cette consécration qui était une fête famille, en même temps qu'une fête de l'Eglise. Aussi tous les cœurs étaient-ils impressionnés et on voyait des larmes sur tous les visages.

« Pendant la magnifique préface qui suit l'onction faite sur la tête de l'élu, arrivée à ce passage : *Tribuas ei, Domine, cathedram episcopalem ad regendam ecclesiam tuam*, la voix du consécrateur s'est perdue un instant au milieu des sanglots et des pleurs, il songeait sans doute, et tous les assistants ont songé avec lui, à cette ville épiscopale du Texas occupée et menacée de l'incendie et du pillage par les brutales armées du Nord. Et lorsque, vers la fin, Mgr Dubuis, d'un ton où tremblait l'émotion, a chanté ces belles et cordiales paroles de remerciement à l'évêque consécrateur, *ad multos annos !* et qu'après avoir reçu de lui et des évêques assistants le baiser de paix, je l'avoue, je n'ai point vu de scène qui me soit allé au fond de l'âme comme celle-là. Pauvres évêques missionnaires qui s'embrassaient au pied des autels, tandis que le canon de la guerre civile grondait autour de leurs sièges, qui se disaient : *ad multos annos*, quand ils ne sont pas seulement assurés d'une semaine de vie dans ces régions encore à demi-barbares et sous un ciel qui tue ! Mais Dieu se plaît aux contrastes ; aux déchirements du monde il oppose le magnifique spectacle de l'union catholique. Le diocèse du nouveau prélat est étroitement bloqué en ce moment ; ni hommes, ni lettres ne peuvent en sortir ou y entrer ; n'importe, l'Eglise, sans s'inquiéter du blocus, ordonne l'évêque du Texas et elle lui dit d'aller y faire l'œuvre de Dieu, qui est en même temps l'œuvre de la société. Il obéira et le blocus, croyez-le bien, n'arrêtera pas la marche triomphante de la charité.

« Les armoiries de Mgr Dubuis sont celles d'un missionnaire : c'est l'Evangile ouvert et la croix ; avec cela douze bateliers ont conquis le monde. Sa devise est celle du premier missionnaire ; de Jésus-Christ : *ignem veni mittere in terram.*

« La cérémonie terminée, la table du séminaire présidée par Son Eminence le cardinal-archevêque de Lyon, a réuni une nombreuse assistance dans de fraternelles agapes.

« Le soir, à vêpres, le nouvel évêque a officié pontificalement et, par un à-propos plein de délicatesse et de foi, à l'issue de l'office, les élèves du séminaire ont chanté avec un entrain qui faisait vibrer toutes les âmes, l'hymne de la Pentecôte : *Quò vos magistri...* C'était bien le salut du départ des apôtres, c'était le salut d'adieu donné aux pacifiques conquérants de l'Évangile.

« Mgr Dubuis prolongera encore de quelques semaines son séjour en France, on ne peut pas dire son repos ; un missionnaire ne se repose pas. Il s'en va partout où la gloire de Dieu le réclame. Il s'occupera de recruter pour son diocèse des ouvriers auxquels il communiquera son ardeur, et puis il reprendra la route de son cher Texas. Puisse-t-il à son arrivée y trouver autre chose que des larmes à tarir et des ruines à relever ! C'est le souhait de la foi et de l'amitié.

« Je termine en félicitant le département de la Loire d'avoir ajouté un nom de plus à sa couronne d'illustrations. »

Quelques jours après son sacre, le nouvel évêque se montra dans son pays natal où un véritable triomphe l'attendait. Fière de voir un de ses enfants élevé à une si haute dignité, la paroisse de Coutouvre tout entière se réunit et vint au devant de l'oint du Seigneur pour chanter ses louanges. Les jeunes filles en blanc s'étaient groupées autour de leur bannière, les jeunes gens en habits de fête, ayant mis à contribution tous les chevaux du pays, formaient une gracieuse cavalcade ; puis le Clergé et le Maire avec son Conseil municipal vinrent, dans un compliment, lui offrir les félicitations de la paroisse. Ce cortège, précédé et suivi d'une multitude innombrable venue de tous les pays voisins, s'avançait lentement dans le bourg tout couvert d'oriflammes, de guirlandes et d'arcs de triomphe. Ce fut une fête magnifique, et le son du canon, uni aux acclamations de la foule, indiquait bien la joie qui s'épanchait de tous les cœurs.

Après avoir entendu le compliment et les cris joyeux de la multitude, le nouveau prélat, de sa voix forte et tonnante, exprima ses remerciements à ses concitoyens, et en même temps que les paroles attendries sortaient de sa bouche, on voyait couler de ses yeux de grosses larmes qui montraient les sentiments de son âme.

Lyon, on peut le dire, est comme le réservoir d'où la grâce coule au loin sur les missions et particulièrement sur celles de la Louisiane et du Texas ; c'est à Lyon que se recrutent les missionnaires, c'est Lyon qui remplit les vides qui se produisent dans leurs rangs.

Mgr Dubuis avait plusieurs fois entretenu les élèves du grand séminaire des besoins de son église ; douze jeunes lévites répondirent à son appel et demandèrent à partir avec lui pour partager son apostolat. Ce fut une bien grande joie pour son cœur si plein de zèle. Comme Notre-Seigneur, il emmenait avec lui douze apôtres.

Il se disposait donc à partir avec ses prêtres, ses séminaristes, des religieuses et un certain nombre d'autres ouvriers apostoliques destinés à l'archidiocèse de la Nouvelle-Orléans. Il conduisait en tout soixante personnes, parmi lesquelles, outre Mgr Forest, évêque de San-Antonio, se trouvait un prêtre irlandais devenu plus tard évêque de Natchez, et un missionnaire actuellement évêque en France. Il leur donna rendez-vous à Paris, et le 2 février, jour de la Purification de la sainte Vierge, eut lieu dans toute sa splendeur, à l'église Saint-Sulpice, la cérémonie du départ.

Mgr Dubuis, qui s'était entendu avec un capitaine au Havre, reçut alors une dépêche où on lui disait que la mer était démontée et que le départ du navire était retardé de huit jours. Mgr Dubuis se trouvant à Paris avec soixante personnes à sa charge et n'ayant guère que les fonds nécessaires pour la traversée, répondit aussitôt : « Nous ne pouvons attendre, nous serons au Havre demain soir ; nous nous installerons dans le bateau et vous partirez quand vous voudrez. En effet, le 3 février au matin, toute la caravane prit le train pour le Havre. Le capitaine, ayant à son bord près de cent personnes, n'attendit pas davantage et, le 4, le beau voilier la *Sainte-Geneviève* prit le large pour la Nouvelle-Orléans, en emportant les missionnaires. Mais hélas ! selon les prévisions du capitaine, la mer était mauvaise ; il fallut louvoyer dans la Manche pendant huit jours, rejeté tantôt sur les côtes de France, tantôt sur les côtes d'Angleterre, et pendant ce temps les passagers étaient en proie au mal de mer ; enfin, au bout de ce temps, le vaisseau cingla vers le Sud pour prendre le courant.

Bien que ce fut en hiver, ils arrivèrent bientôt sous un ciel doux, clément et même chaud ; ce qui permit à Monseigneur d'établir le règlement d'une vraie communauté. Les exercices religieux se faisaient en commun. Chaque jour il y avait un cours d'anglais fait par Monseigneur lui-même et un cours de théologie fait par un Père Mariste. Le soir, à cause de la chaleur, raconte un missionnaire, nous restions très tard sur le pont et alors nous assistions à des causeries des plus agréables. Monseigneur nous parlait du Texas, de ses premières années, des dangers qu'il avait évités ; il nous donnait des notions de médecine pour ces pays chauds. Puis venait le tour des jeux divers auxquels Monseigneur prenait une part active, ce qui faisait de ces veillées de vraies soirées de réjouissance. Cependant, parmi les passagers, se trouvait une pauvre jeune femme à la poitrine débile ; après de longues années de souffrances, elle arrivait aux portes de l'éternité. Monseigneur, avec sa grande bonté ordinaire, lui procura les secours de la religion, puis eut lieu la cérémonie des obsèques. Rien n'est imposant comme les funérailles en mer : Perdus dans l'immensité de l'Océan sur un pauvre navire, balancés par les flots et la tempête, c'est là que l'on comprend l'immensité de Dieu et la fragilité de la vie humaine, toujours menacée.

Après les pleurs, l'allégresse ; quelques jours après, venait au monde, sur le navire, un petit enfant et la cérémonie du baptême donna lieu à de grandes réjouissances.

Après avoir aperçu de loin les Açores, ils arrivèrent en face de Cuba, et là, la moindre brise ne venant souffler les voiles, ils restèrent trois jours sans pouvoir avancer. Pendant ce temps, les marins n'ayant rien à faire, mirent de gros morceaux de lard à un crochet énorme ; ils furent assez heureux pour prendre ainsi un requin de quatre mètres de long. Le hisser à bord à l'aide d'un cabestan ne fut que l'affaire d'une seconde et après lui avoir attaché la queue on se fit un devoir de le dépecer ; on essaya d'en manger quelques morceaux, mais ce fut en vain, ce hideux poisson avait un goût détestable.

A noter ici encore la révolte contre le capitaine Picard, du contre-maître qui, en punition de son insubordination et de la gifle donnée à son chef, fut mis plusieurs jours aux fers.

Cependant la semaine sainte approchait et le calme plat durait toujours. Tous désiraient pouvoir célébrer la grande fête de Pâques à terre. Monseigneur fit prier beaucoup pour recevoir de Dieu un vent favorable, et pour demander cette grâce, le 25 mars, jour de l'Annonciation, il voulut qu'une messe pontificale fut célébrée sur le pont. On avait tout ce qui était nécessaire pour cela, seul l'encensoir manquait ; un des missionnaires s'empare alors d'une boite de conserves ; avec du fil de fer les chaînettes sont faites, le tout est fabriqué en un instant. Cette messe célébrée sur le pont par ce temps magnifique, produisit un très grand effet sur tous les passagers et sur les matelots et il faut croire qu'elle toucha le cœur de Dieu, car à peine la messe était-elle terminée qu'un vent favorable les poussa assez rapidement vers la direction du cap San-Antonio dans le golfe du Mexique. Le vent du Nord vint un instant les effrayer et les repousser du but de leur voyage; mais malgré cette difficulté ils arrivèrent à l'embouchure du Mississipi et un remorqueur vint les chercher pour leur faire parcourir les 80 milles qui les séparaient de la Nouvelle-Orléans.

Monseigneur lui-même, dans une lettre aux religieuses de Coutouvre, donne pour ainsi dire le journal de son voyage.

« *Nouvelle-Orléans*, *3 août 1863.*

« Chère Mère... Salut, amour et bénédiction,

« Nous terminons heureusement le long voyage de soixante jours commencé au Havre le 4 février à 10 heures du matin. Je vous adressai au moment même quelques mots d'adieu; puis je montai sur la *Sainte-Geneviève* avec mes 59 missionnaires et religieuses. Au signal du départ, tous tombèrent à genoux, et la bénédiction de Mgr Odin s'arrêtait sur nous. Le vaste quai était couvert de spectateurs : laïcs, prêtres, religieuses de la ville; tous étaient accourus pour être témoins du départ des soixante; depuis plusieurs jours on l'attendait avec anxiété. Qui pourrait vous dire l'étonnement de cette multitude à la vue de nos missionnaires?

« Avec la bénédiction de notre saint archevêque, l'esprit de force et de courage étant descendu sur eux, soixante voix entonnèrent l'*Ave Maris Stella*.

« La foule, s'étendant le long des bassins, nous suivit jusqu'au Môle; là, pour lui faire nos derniers adieux, nous entonnâmes le *Quo vos Magistri...* Bientôt nous ne pûmes plus distinguer personne ; le remorqueur nous quitta, et à l'instant le mal de mer envahit tout le vaisseau ; je vis alors les plus courageux à bâbord, puis à tribord ; bientôt nous ne fûmes plus que cinq ou six debout. L'un était couché sur des cordes, l'autre était étendu dans l'eau que les vagues avaient lancée sur le pont du navire ; mais point de plaintes, pas le plus léger murmure. Telle fut la scène qui se passa à bord les 5, 6 et 7 février. Nous avions toujours vent contraire, toujours un affreux tangage. Le 8, je célébrai la sainte Messe, presque en face de Cherbourg ; la grande majorité de mes bons missionnaires et toutes nos courageuses religieuses, après avoir reçu le pain des forts, se trouvèrent tout différents de ce qu'ils étaient la veille ; le chant des cantiques ranima la gaîté. Cependant vers le coucher du soleil, la mer devint si furieuse qu'il fallut penser à se réfugier dans la rade de Cherbourg. Le 9 fut triste ; le temps était très mauvais, nous chantâmes alors les litanies de la sainte Vierge et le vent devint aussitôt favorable... Dieu ! quelle joie sur tous les visages ! Le 11 février, nous quittâmes la Manche. Le 12, à notre lever, nous trouvâmes un roulis à tout briser ; la journée fut triste, elle eut été intolérable si les leçons d'anglais et de théologie, que je donnais deux fois par jour, n'eussent tempéré la monotonie du bord. Voici le 13 février, avec le roulis d'hier ; mais c'est la fête de sainte Geneviève, patronne de Paris et de notre navire ; il y aura grande réjouissance ; le capitaine est chrétien, il a la foi bretonne et fait de grands préparatifs ; la messe sera solennelle. Missionnaires, marins, officiers, tous apportent leur concours et le tribut de leur zèle. Le 17, nous rencontrâmes le navire *Laura* venant de Bordeaux ; nous essayâmes de lui parler avec nos signaux ; l'orage nous empêcha de les manœuvrer. Le lendemain, à 9 heures du matin, mourait un des passagers ; j'eus le temps d'entendre sa confession et de lui donner l'Extrême-Onction ; un instant après le pauvre Allemand, roulé dans un lambeau de voile, descendait dans les flots, nous laissant sa veuve et une jeune fille de 18 ans ; toute la journée fut lugubre.

« Le 21, nous arrivons devant les Açores ; ces îles sont remarquables par plusieurs chaînes de montagnes et surtout par un pic de 3.223 mètres d'élévation que nous aperçûmes jusqu'au 23. Le troisième dimanche de carême, la mer était calme ; j'officiai pontificalement sur le pont avec crosse, mitre ; tous les marins étaient en grande tenue ; le drapeau français flottait sur notre autel et celui de *Sainte-Geneviève* agitait sa croix rouge sur l'avant ; nous chantâmes les vêpres en musique ; une joie indicible marqua cette Mi-Carême.

« Le 25 mars, nous répétâmes cette solennité dans la mer des Antilles. Dans cette mer où nous avions trente-deux degrés Réaumur à l'ombre, avec douze jours de calme, il y avait plusieurs malades dans ma caravane, et les vivres frais diminuaient. Ajoutez à cela l'inquiétude que j'éprouvais, n'apercevant aucun navire sur toute cette vaste mer ; je concluais que la Nouvelle-Orléans était de nouveau bloquée. Mais en entrant dans le golfe, à la pointe Saint-Antoine, nous vîmes défiler à nos côtés trois navires de guerre. En quelques instants, mes yeux eurent dévoré les couleurs du drapeau français. Nous les saluâmes, hissant et abaissant notre pavillon français, pendant que la croix rouge sur un fond blanc semblait dire : je protège la *Sainte-Geneviève* voguant pour les missions.

« Nous traversâmes le golfe ; pendant huit jours nous fûmes dans un demi-calme, nous ne fîmes pas quarante lieues. Capitaines, officiers, équipages, passagers, missionnaires et religieuses, tous avaient la couleur d citron. Comment échapper au grand danger qui nous menace ?

« Le 22 mars, au soir, je promets à Marie, puissante et douce étoile de la mer, une messe pontificale en musique, vêpres en faux-bourdon, enfin toute une journée de prières. L'office du soir était à peine terminé, qu'un vent impétueux se leva si subitement et souffla avec tant de force que tous nos voyageurs se jetaient avec effroi contre les haubans. Avec ce présent de la bonne et sainte Mère, nous sommes entrés le 1er avril dans les eaux du Mississipi ; là, mille sentiments se sont emparés de mon âme, à mesure que le pilote, dans son récit, me faisait passer d'une catastrophe à l'autre. Les affaires du Texas sont toujours dans le même *statu quo*..... »

Le Vendredi-Saint, quatre avril, au matin, ils arrivèrent enfin à la Nouvelle-Orléans. Cette ville venait d'être prise par les hommes du Nord ; il fallut prêter le serment de ne pas prendre les armes contre eux. La journée entière fut nécessaire pour accomplir les différentes formalités, et le soir ils arrivèrent enfin au séminaire de Bouligny, exténués de fatigue et mourant de faim. Le pays tout entier était dans la désolation, l'on ne voyait plus que ruines, incendie et pillage.

En ce moment la guerre entre le Nord et le Sud des Etats-Unis était, en effet, dans toute sa sanglante ardeur. Le président Lincoln venait, en septembre 1862, de proclamer, par un Message, l'affranchissement des esclaves.

Ce décret, qui devait avoir toute sa vigueur à partir de juillet 1863, réveillait la lutte et poussait jusqu'aux dernières extrémités le Sud qui combattait sans doute pour son indépendance, mais plus encore pour la conservation de l'ancien ordre de choses.

Mgr Odin raconte ainsi les évènements de cette époque : « Au printemps 1863, trente ou quarante mille soldats fédéraux (1) pénétrèrent dans les Attakapas et les Opelouses, et dépouillèrent les pauvres habitants de tout ce qu'ils possédaient : mobilier, chevaux, mulets, bœufs et volailles. Ils emmenèrent tous les nègres qu'ils purent saisir. Beaucoup de maisons furent incendiées, les clôtures des champs renversées et les récoltes détruites. Grand nombre de familles, naguère dans l'opulence, sont aujourd'hui réduites à la mendicité. Il faudrait des volumes pour décrire tous les malheurs qui sont venus fondre sur cette partie du pays.

« Après l'excursion des fédéraux dans les Attakapas et les Opelouses, les confédérés se présentèrent à leur tour, chassèrent tous les détachements qui y avaient été laissés et s'emparèrent de Braslier à la baie de Bernin, où ils prirent un butin évalué à plus d'un million de piastres.

« Il y a peu d'habitants à Galveston; les anciens citoyens de cette ville ont dû se rendre à Houston, où s'est transporté tout le commerce. »

Mgr Odin écrivait encore à la même date :

« Je n'ai que de tristes nouvelles à vous transmettre sur la situation du pays. Point de perspective d'une paix prochaine. La haine s'accroît tous les jours. Le Nord veut la destruction du Sud, et le Sud, plutôt que de se soumettre, est déterminé à lutter jusqu'à l'effusion de la dernière goutte de sang. Il a éprouvé de grands revers dans ces derniers temps, et loin de se déconcerter, il fait des efforts plus vigoureux. Cependant que de souffrances, que de privations, que de deuil dans toute la Confédération ! La pauvre Louisiane est ruinée. Des milliers de nos familles les plus respectables et les plus chrétiennes ont été jetées en exil. A peine leur permet-

(1) On appelait alors fédéraux les soldats du Nord, et confédérés les soldats du Sud.

tait-on de prendre des provisions pour quelques semaines. Dès que ces malheureux avaient franchi le seuil de leur porte, la maison et le mobilier étaient confisqués. »

Il conclut par ces réflexions : « A la fin de la guerre ce sera une banqueroute générale. Les gouvernements du Nord et du Sud ne pourront jamais retirer les masses de papiers qu'ils ont émises et les nombreuses banques des Etats éprouveront les mêmes difficultés. Les planteurs de leur côté seront tous dans l'impossibilité de faire honneur à leurs dettes. Tout est dans le chaos ; la Providence seule pourra rétablir l'ordre dans ce malheureux pays. Nous prions beaucoup dans toutes nos églises, pour demander au ciel le retour de la paix. »

La conduite des catholiques du Sud nous étonne aujourd'hui ; comment apprécier leur ardeur contre le Nord dans une guerre qui n'a pour but, semble-t-il, que la grande question de l'affranchissement des esclaves ? Hélas ! il faut en convenir, l'opinion publique est rarement éclairée, et, dans les journaux de cette époque, on ne soulève jamais cette question de l'affranchissement parmi les causes de la déclaration de guerre. Chacun croit que son parti a raison. Ainsi le *Propagateur catholique* de la Nouvelle-Orléans réfute, le 29 juin 1862, les griefs qu'un correspondant catholique de Baltimore allègue pour les droits des Etats du Nord. Or, nulle part il n'est parlé de l'esclavage. La violation de la liberté de chaque parti semble être la pomme de discorde entre le Nord et le Sud. Nous n'avons pas à rappeler ici comment le Sud, dès 1857, voulant conserver la liberté entière de garder ses esclaves et de les réclamer lorsqu'ils s'étaient réfugiés sur d'autres Etats, avait constitué une Confédération indépendante, ni comment l'attaque et la prise du fort de Sumter, de la part du Sud, fut le point de départ des hostilités ; il nous suffit d'avoir constaté que l'opinion publique était assez égarée dans l'effervescence des passions soulevées par les rivalités de part et d'autre. Les évêques, comme de bons pasteurs qui ont souci de leur peuple et de leurs intérêts, ne voyaient que les maux immédiats de la guerre et s'interposaient, autant que leur autorité était acceptée, pour ramener la paix.

C'était l'esprit de la religion, et Pie IX, si soucieux, sur tous les points du monde, de la justice et de la paix, envoyait à Mgr Odin et aux évêques du Sud une lettre trop belle et trop vraie pour que nous hésitions à la publier.

« Vénérable Frère, salut et bénédiction apostolique,

« Au milieu des angoisses douloureuses et multipliées qui nous pressent dans ces temps si agités et si difficiles, nous déplorons aussi bien vivement l'état lamentable où sont réduits les peuples chrétiens des Etats-Unis d'Amérique, par suite de la funeste guerre qui a éclaté parmi eux. Nous ne pouvons, en effet, qu'éprouver une profonde douleur, vénérable Frère, en pensant dans notre cœur paternel aux massacres, aux ruines, aux destructions, aux dévastations et aux autres calamités innombrables, qu'on ne peut jamais assez déplorer, qui accablent et écrasent si misérablement ces peuples. C'est pourquoi nous n'avons pas manqué d'offrir à Dieu nos plus ferventes prières, dans l'humilité de notre cœur, afin qu'il daigne délivrer ces peuples de tant de calamités. Et nous sommes bien persuadé que vous aussi, vénérable Frère, vous priez et conjurez sans cesse le Dieu des miséricordes d'accorder à ces régions une paix véritable et la prospérité.

« Mais, comme, selon le désir de notre ministère apostolique, nous embrassons dans un même sentiment de profonde charité tous les peuples du monde chrétien, et que, quoique indigne, nous tenons sur la terre la place de Celui qui est l'auteur de la paix et l'amateur de la charité, nous ne pouvons nous empêcher d'inculquer, sans nous lasser, aux hommes chargés du gouvernement de ces peuples et aux peuples eux-mêmes, les sentiments de paix, de concorde et de charité. C'est pourquoi nous vous adressons cette lettre, vénérable Frère, pour vous presser, aussi instamment qu'il nous est possible, d'exhorter, selon votre éminente piété et votre zèle épiscopal, votre clergé et le peuple fidèle à prier avec ferveur, et d'employer tous vos soins et tous vos efforts auprès des peuples et de ceux qui les gouvernent, afin d'arriver au plus tôt au rétablissement si désiré de la paix et de la tranquillité, d'où dépendent la prospérité de la république chrétienne et le bonheur du pays. Mettez donc en œuvre, sans vous lasser, toute votre sagesse et toute votre influence, et n'omettez aucun des moyens qui seront compatibles avec la nature de votre ministère sacré, pour adoucir les esprits divisés, les pacifier, les rappprocher et les amener à cette concorde et à cette paix si désirables, par toutes les voies qui peuvent le mieux procurer le vrai bonheur des peuples. Ayez également grand soin d'appeler la sérieuse attention des peuples et de leurs gouvernements sur les maux épouvantables qui les affligent, et qui sont les fruits de la guerre civile qui est elle-même le plus triste, le plus funeste, le plus déplorable de tous les fléaux qui peuvent frapper les peuples et les nations.

« Ne manquez pas d'inviter et d'exhorter, même en notre nom, les dépositaires de l'autorité suprême et les peuples à se réconcilier, à faire la paix et à s'aimer d'un amour qui ne soit plus interrompu. Car nous avons la confiance qu'ils écouteront d'autant plus volontiers notre voix et nos avertissements paternels qu'ils comprendront et verront clairement que nous ne sommes mû par aucune considération politique, ni par l'espérance d'aucun avantage temporel, et que ce n'est que la tendresse dont est pressé notre cœur de Père qui nous porte à les exhorter à la paix et à la concorde. Et vous-même, dans votre éminente sagesse, efforcez-vous de leur persuader à tous, que nous n'avons point à chercher la véritable prospérité, même pour cette vie, ailleurs que dans la divine religion de Jésus-Christ et de ses salutaires doctrines.

« Nous ne doutons pas, vénérable Frère, que vous ne travailliez à réaliser pleinement les désirs que nous vous exprimons ici, en réclamant même pour cela l'aide et le concours de nos vénérables Frères, vos collègues dans l'épiscopat, et que vous ne mettiez prudemment et sagement tous vos soins pour conduire à bonne fin une affaire d'une si grande importance. Nous vous prévenons en outre qu'aujourd'hui même nous écrivons dans les mêmes termes à notre vénérable Frère Jean, archevêque de New-York. afin que se concertant avec vous et vous communiquant ses vues, il dirige avec zèle toutes ses pensées et tous ses efforts vers le même but. Fasse Dieu, riche en miséricorde, que ces désirs ardents de notre cœur soient accomplis et que bientôt nous puissions nous réjouir dans le Seigneur de voir la paix rendue à ces peuples.

« Donné à Rome, à Saint-Pierre, le 18 octobre 1862, de notre pontificat la dix-septième année.

« PIE IX, *Pape.* »

Le Souverain Pontife avait tracé le programme que le clergé catholique tout entier appliqua. Il n'y eut plus désormais que des paroles de paix et des prières instantes faites à Dieu ; partout prêtres et religieux se montrèrent dignes de leur rôle élevé et leur conduite fut admirable. Nous citerons le témoignage d'un général protestant, le major Butler, qui contribua tant par sa valeur au triomphe des Etats du Nord :

« Je suis obligé d'avouer que je n'ai jamais trouvé d'aumônier catholique romain qui ne fît pas son devoir, par la raison que ces aumôniers dépendent d'une autorité en dehors du pouvoir.

« Je ne voudrais qu'un aumônier par brigade, excepté pour les régiments catholiques romains, qui devraient en avoir un par régiment, à cause des devoirs multipliés que ces aumôniers ont à remplir, et ils y ont toujours été fidèles, autant que j'ai pu le constater.

(*Extrait des journaux américains cité par les Annales de la Propagation de la Foi*, 1865, p. 465.)

La sobriété d'expression dans ce témoignage ne fait que mettre plus en relief l'impartialité d'un général étranger par état et par croyance au catholicisme. Il voyait la fidélité dans l'accomplissement du devoir, il ne pouvait connaître le secret de cette fidélité inviolable et vraiment digne de tout éloge. Les affreuses calomnies répandues contre le clergé tombèrent bien souvent devant la conduite qu'il tint et l'exemple qu'il donna.

Nous citerons encore un témoin oculaire qui nous rendra compte de l'impression produite par la religion catholique, telle qu'on la vit à l'œuvre :

« Jusqu'ici le catholicisme avait été considéré dans le pays comme devant subir les vicissitudes des institutions humaines ; mais les principes conservateurs de notre sainte Eglise, l'union prudente des évêques pendant la lutte, et la chaine d'or de l'unité qui, malgré la scission politique, a maintenu les catholiques du Sud, comme ceux du Nord, dans le lien d'une seule foi et d'une seule Eglise, ont fixé l'attention des penseurs protestants et excité leur admiration. »

Il nous sera permis de donner quelques faits à l'appui, qui confirment ces paroles. Les sœurs de charité furent, plus que tout autre, les auxiliaires de la providence de Dieu. Leur dévouement dans les hôpitaux militaires fut la réfutation la plus éloquente de tout ce qu'on avait amassé de préjugés et d'ignorance contre la religion. Le nombre des blessés variait à l'hôpital de Saint-Louis et à celui de Galveston entre sept cents et onze cents. Presque tous étaient protestants et la plupart ne connaissaient pas même le catholicisme :

« Toutefois, comme l'ont écrit les sœurs, ils avaient pour nous le plus grand respect, malgré l'étonnement que leur causait d'abord notre étrange costume. Ils demandaient souvent si nous étions de la Société des francs-maçons ; mais peu de temps leur suffit pour apprécier nos services et les amener à témoigner leur reconnaissance. »

Les médecins eux-mêmes se défiaient de ces religieuses catholiques. Ils montraient des exigences à déconcerter des âmes moins bien trempées, mais devant l'intelligence, les soins, la sollicitude constante des sœurs pour les malades, ils étaient subjugués ; et parfois ils étaient amenés à étudier le catholicisme.

Un jour, sur un des vaisseaux qui servaient à transporter les malades dans les hôpitaux de New-York, de Philadelphie, de Baltimore et de Washington, se trouvaient des sœurs pour soigner les blessés. Les médecins, en les apercevant pour la première fois, leur montrèrent combien leur présence leur causait une désagréable surprise. « Cependant, écrit l'une des sœurs, l'un d'eux, Allemand d'origine, crut devoir protester contre ce manque d'égards ; il dit tout haut : « J'ai vu ces dames en Crimée, dans les ambulances françaises ; je sais ce qu'elles peuvent faire »; et se tournant vers nous : « Je suis heureux de vous voir, Mesdames. » Au bout de quelques jours, les préjugés de ces messieurs avaient disparu. » Le gouvernement comprit vite quelle resssource il pouvait tirer dans les ambulances de cette troupe catholique de la charité, il témoigna à maintes reprises sa haute satisfaction.

Un autre jour, un ordre arriva de Washington pour le renvoi de toutes les femmes gardes-malades à Point-Look-Out. La raison de cette mesure était l'arrivée d'un grand nombre de prisonniers de guerre avec qui il n'aurait pas été prudent que ces dames fussent en rapport. Le gouverneur vint trouver les sœurs : « Mesdames, dit-il, vous resterez jusqu'à ce que j'aie reçu la réponse d'une dépêche télégraphique que je viens d'envoyer à Washington, car vos services sont indispensables. » L'estime qui allait jusqu'à l'admiration était conquise. La conversion suivait souvent ces heureuses impressions, chez les malades, parfois chez les médecins eux-mêmes. Nous n'avons qu'à choisir parmi les faits nombreux ; nous en citerons quelques-uns dans la simplicité naïve de leur récit :

« Le P. Burke administrait à Saint-Louis, à l'hôpital militaire, le sacrement de baptême à un soldat revenu à Dieu avec de grands sentiments de repentir. Pendant que le prêtre était occupé avec ce malade, son voisin de lit m'appela. (Nous laissons parler la sœur de charité) et il me dit :

« Ma sœur, qu'est-ce que ce vieux monsieur fait à cet homme ? » Je répondis qu'il le baptisait. « — Ma sœur, est-ce que cela le fera vivre plus longtemps ? » — Peut-être, répliquai-je, mais, c'est surtout pour le préparer à bien mourir. » Je lui demandai alors s'il l'avait été, et sur sa réponse négative, je saisis cette occasion pour lui expliquer la nécessité de ce sacrement. Il m'écouta avec une grande attention, puis il me demanda à quelle religion j'appartenais. « Je suis catholique », lui répondis-je. Il parut fort étonné ; toutefois, après un instant de réflexion, il continua et dit :

« Ma sœur, j'ai toujours détesté la religion catholique ; mais depuis que je suis dans cette salle, je n'éprouve plus les mêmes sentiments. Quelle est la religion de ce vieux Monsieur ? Je répondis que c'était un prêtre catholique. « Le baptême qu'il donne est-il selon votre croyance ? » Je lui assurai que oui. « Alors, dit-il, je veux lui parler, car je désire être baptisé. » Ce jour-là même il eut ce bonheur qui fut bientôt suivi d'une mort édifiante : ainsi, deux hommes qui avaient partagé les mêmes souffrances sur la terre, se virent en peu de temps réunis dans la même et éternelle patrie. »

L'ignorance de la vraie foi, avec le besoin instinctif de Dieu, tourmentait bien des âmes. Qui n'admirerait le trait suivant où la vérité de la religion apparaît sous les traits de la charité qui semble avoir pris la place de toute autorité ?

« Un jeune homme, convaincu de la vérité de la religion catholique, écrit une Sœur de charité, demanda un prêtre et voulut être baptisé. La cérémonie était commencée quand tout à coup il lui vint dans l'idée que celui qui la faisait n'était peut-être pas un prêtre : « Arrêtez un instant, Monsieur, s'il vous plaît, dit-il. Appartenez-vous à la même Eglise que la Dame qui porte le chapeau blanc ? — C'était la cornette des Sœurs. « A la même ! » dit le prêtre. — « Alors, continuez. » Depuis ce moment, il demeura toujours en prière ; quand je m'approchais de lui, il me demandait de l'aider à remercier le Seigneur des grâces qu'il en avait reçues. »

Les Sœurs constatent elles-mêmes quelle influence supérieure exerçait leur charité ; elles disent simplement dans leur rapport : « Ces pauvres gens nous prenaient pour des créatures d'un ordre supérieur au genre humain, car ils n'arrivaient pas à comprendre qu'on puisse vivre détaché du monde et des choses de la terre. » « Les Sœurs de charité, dit un protestant, c'est de l'or purifié au feu. » Cet ascendant exercé par les religieuses catholiques, inquiétait assez les Dames des Sociétés philanthropiques, qui ne pouvaient se défendre d'un certain sentiment qui n'était pas assurément inspiré par la charité.

Quelques Dames de l'*Union Aid Society* entrèrent un jour en conversation avec un des convalescents occupé à faire des bouquets, et lui demandèrent de leur donner un souvenir ; il trouva cette demande fort ridicule, et les pria de l'excuser. « Mais à qui comptez-vous offrir ces fleurs ? » dit une Dame. « Aux Sœurs », répondit le soldat, voulant les faire causer, car il savait qu'elles n'aimaient pas trop les Sœurs. Une d'elles, dit d'un ton offensé : « Je suis une Sœur ; il me semble que vous pourriez bien me les donner. Oui, dit une autre, je suis une Sœur aussi, quoique je n'aie pas un « chapeau blanc ». — Non, Madame, répliqua-t-il, je vois bien que vous n'avez pas le chapeau blanc ; mais permettez-moi de vous dire qu'il vous manque bien autre chose encore. » Les Dames se retirèrent avec indignation, en disant : Comment ces Sœurs font-elles pour exercer une telle influence sur ces soldats ? « Cela s'explique facilement, dit l'un de ces derniers ; leur présence seule inspire le respect, même aux hommes les plus corrompus. »

Au demeurant, la supériorité de la religion catholique s'imposait et continuait dans les relations : « Malgré ces oppositions, écrivait une Fille de la charité, ces Dames nous témoignent toujours du respect. Elles disaient quelquefois : « Les Sœurs ont l'air si heureuses ! et puis, elles font le bonheur de tous ceux qui les entourent. Je voudrais bien que ma présence pût réjouir le cœur de quelqu'un. » En effet, nos bons soldats avaient pour nous une estime inconcevable. Il n'était pas rare d'entendre un homme dire à son compagnon : « Oh! ce n'est pas le médecin qui m'a guéri, c'est la Sœur. » En nous quittant pour retourner à leurs régiments, ils disaient : « Adieu, ma Sœur, peut-être que nous ne vous reverrons plus ; mais jamais nous ne vous oublierons ! Ah ! si nous pouvions vous faire plaisir ! mais vous n'avez besoin de rien, et d'ailleurs, comment de pauvres soldats pourraient-ils témoigner leur reconnaissance ? Nous ne pouvons que nous battre pour vous, et cela, nous le ferons jusqu'à la mort. »

Les hostilités cessèrent vers la fin de mars 1865, par la prise de Richemond qui avait été assiégé dès le commencement de la guerre et par la défaite du général Lee, commandant en chef des armées de la Confédération du Sud. C'était la victoire éclatante des Etats antiesclavagistes, mais elle avait coûté cher aux deux partis. Ce qu'on peut compter, ce sont les hommes restés sur le champ de bataille et les dépenses de guerre, et c'était effrayant : 280.422 soldats avaient été tués et plus de trois milliards de dollars, c'est-à-dire plus de quinze milliards de francs engloutis ; mais ce qu'on ne pouvait calculer, c'étaient les ruines, les maladies, les disettes du pays, les larmes et les souffrances.

CHAPITRE XIII

VOYAGE DE LA NOUVELLE-ORLÉANS AU TEXAS ARRIVÉE DE Mgr DUBUIS DANS SON DIOCÈSE

Voila donc en quel état se trouvait l'Amérique au moment où Mgr Dubuis arrivait à la Nouvelle-Orléans. La guerre civile se prolongeait avec toutes ses horreurs, des milliers d'hommes avaient déjà été sacrifiés dans cette lutte fratricide et des torrents de sang devaient encore couler avant que la voix de la raison pût se faire entendre. De jour en jour les passions devenaient plus violentes et les journaux du pays apportaient à Mgr Dubuis les nouvelles de carnage et de dévastation. Nous sommes, écrivait-il, sous le régime de la terreur, dans l'anarchie la plus complète et la plus sanglante. C'est, qu'en effet, on se battait partout avec un acharnement sauvage. Le Nord, furieux de voir que le Sud ne voulait pas se soumettre, faisait des efforts gigantesques pour le subjuguer. Le Sud se défendait avec l'héroïsme du désespoir et obtenait quelques succès.

Dieu évidemment humiliait ce peuple jeune et fier et le châtiait de la terrible persécution des Know-Nothings. Ces épreuves furent salutaires à un grand nombre ; à la vue de la main de Dieu qui s'appesantissait sur lui, le peuple se tourna vers le Maître souverain et, pour le fléchir, chaque jour des catholiques nombreux venaient successivement dans les diverses églises prier Jésus-Eucharistie exposé solennellement sur les autels. Mgr Dubuis, pendant les quelques jours qu'il resta à la Nouvelle-Orléans, s'unit à la foule pour implorer le Seigneur.

Cependant il lui semblait entendre la voix du peuple du Texas qui réclamait sa présence. Il savait ses enfants malheureux et il désirait voler à leur secours.

On lui fit remarquer qu'il ne pourrait jamais arriver dans son diocèse et qu'il risquait fort d'être fusillé par les hommes du Nord. La vue de ces dangers n'arrêtèrent pas le courage indomptable du missionnaire. Ne pouvant pas rentrer par voie de mer, car les côtes du Texas étaient constamment sillonnés par les vaisseaux du Nord, il prit la résolution de traverser la Louisiane et d'arriver à Galveston par le Mexique. Ce fut un long voyage d'un mois au milieu des dangers les plus grands. Arrivé à Matamoras, il écrivit à Mgr Odin pour lui annoncer que la partie périlleuse de son voyage était terminée et qu'il espérait toucher bientôt au but.

Qu'on nous permette de le précéder pour jeter un coup d'œil sur ce pauvre Texas. A l'arrivée de Mgr Dubuis, en 1856, ce n'était guère qu'une vaste solitude parcourue par les Indiens chasseurs et il n'y avait que quelques rares petites villes occupées par les Européens. Mais depuis cette époque, des émigrations nombreuses d'Américains, d'Allemands, d'Irlandais, de Hongrois, de Polonais et même de Français, avaient rapidement peuplé la contrée et, en 1863, elle renfermait déjà plus de cinq cent mille habitants. Ces nouveaux venus appartenaient en partie aux nombreuses sectes religieuses répandues dans les Etats-Unis ; la majorité ne professait aucune croyance. Quelques-uns cependant appartenaient à la religion catholique. Le nombre des fidèles s'élevait à près de quarante mille âmes. Le clergé se composait déjà de quarante prêtres et tous avaient de longues courses à faire pour porter les secours de la religion aux chrétiens dispersés dans ce vaste Etat. Les Ursulines de Galveston instruisaient dans leur couvent plus de cent soixante petites filles et les Ursulines de San-Antonio plus de cent. Ces maisons produisaient un grand bien dans le pays et formaient un grand nombre de bonnes mères chrétiennes. Il y avait cinq ou six églises vastes et bien organisées, entre autres celle de Castroville et celle de San-Antonio ; de plus, il y avait quarante chapelles improvisées, bien petites il est vrai, et ressemblant beaucoup à l'étable de Bethléem, mais enfin qui permettaient aux catholiques de se réunir, de prier et d'entendre la sainte Messe.

Les chemins de fer qui s'ouvraient dans le Texas attiraient de plus en plus colons et aventuriers. La guerre entre le Nord et le Sud avait arrêté cette prospérité rapide, et lorsque Mgr Dubuis rentra au Texas comme évêque, il y avait déjà bien des ruines. Cependant, à force de courage, d'activité et de zèle, il entretint et développa rapidement la bonne semence plantée dans ce terrain nouveau.

A peine arrivé il fut témoin des derniers évènements importants de cette guerre. Les fédéraux envoyèrent de la Nouvelle-Orléans un grand nombre de soldats pour envahir le Texas. Ils choisirent pour lieu de débarquement la Sabine. Les Texiens, informés de leurs intentions, les attendirent de pied ferme. Dès que quatre canonières et quelques transports eurent pénétré dans la baie de la Sabine, ils démasquèrent des batteries, coulèrent deux des transports et en prirent quelques autres. L'épouvante fut si grande dans la flotte que tous les navires chargés de troupes prirent la fuite et pour s'alléger jetèrent à la mer tous les chevaux, les mulets et revinrent à la Nouvelle-Orléans.

Les Texiens triomphaient, mais pour peu de temps ; les fédéraux organisèrent une nouvelle expédition et en janvier ils s'emparèrent de Galveston. Cette victoire cependant ne fut pas de longue durée ; surveillés de près par les guerillas du Texas qui les harcelaient sans cesse, les fédéraux furent repoussés au bout de trois jours et obligés d'abandonner la ville.

Il est bon de noter en passant que les transactions mercantiles n'avaient pourtant pas absolument cessé. Elles s'étaient transformées, mais le tempérament composite qui forme la nation anglo-américaine, est industrieux et commerçant avant tout. Le Texas se consolait de ses privations et de ses misères en organisant de grandes affaires sur les bords du Rio-Grande. Tous les planteurs y envoyait leur coton. Malgré la longueur de la route et les frais du transport, ils réalisaient de grands profits, à raison du prix élevé auquel ils vendaient leur marchandise.

Quant à Galveston, se trouvant comme un poste avancé dans la mer, cette ville avait eu beaucoup à souffrir, presque tous les habitants avaient dû fuir vers Houston, ils ne restait guère plus que les soldats. « D'après les lettres que j'ai reçues de Galveston, écrit Mgr Odin, l'état de cette ville est bien triste, les beaux magasins du Stand, la plus belle rue de Galveston, et la plupart des maisons à deux étages ont été percées par les boulets de la flotte ennemie. L'hiver a été très long et très rigoureux dans dans le Nord et le Sud. Les soldats qui gardent l'île de

Galveston, ne pouvant se procurer du bois, ont brûlé les clôtures, les écuries et plusieurs maisons abandonnées pour se chauffer et faire cuire leurs aliments. L'église et l'évêché ont été atteints plusieurs fois par les bombes des combattants et ont été fortement endommagés. Le moment des grands combats arrive de nouveau : quarante mille soldats du Nord sont partis de la Nouvelle-Orléans pour aller envahir la rivière rouge ; cinquante canonières remontent ce fleuve. S'ils réussissent, ils iront jusqu'à Streport et de là tâcheront de pénétrer dans le Texas. Les armées sont en face les unes des autres et l'on s'attend à des combats sanglants et acharnés. Le Sud cependant est loin de désespérer, il est déterminé à vaincre ou à périr. Nous ne pouvons pas prévoir la fin de la guerre, mais si les armées du Nord réussissent à envahir le Sud, il est bien probable que tôt ou tard la pauvre ville de Galveston sera entièrement ruinée. »

Au milieu de tous ces bouleversements, Mgr Dubuis s'employa à relever le courage de ses diocésains et à consoler les douleurs en soulageant, autant qu'il le pouvait, les misères et les abandons. Il ne négligea aucune des industries du zèle pour soutenir les esprits consternés et abattus ; il agissait avec son âme d'apôtre et son cœur si sensible à toutes les afflictions. Il visita ses prêtres, ses religieuses et les réconforta par ses ardentes paroles pleines de foi ; il les exhorta à devenir les apôtres de la charité en soignant les blessés. Voici ce qu'il écrivait lui-même à ce sujet quelques années après :

« Il n'y eut qu'un moment de relâche pour l'éducation au couvent de Galveston ; il commença le 1er janvier 1862, lorsqu'une grande guerre fratricide décima nos populations. Le monastère fut rempli de blessés et aujourd'hui encore, de larges taches rouges que l'on observe sur tous les planchers, indiquent que le sang qui coulait du dernier étage traversait le plafond. Tous étaient indifféremment soignés, qu'ils fussent les enfants du Nord ou ceux du Sud. Il n'y avait plus qu'un seul camp : celui des Ursulines, transformées en Sœurs de charité, il n'y avait qu'un seul drapeau : celui de la Croix, et pendant les cinq ans de siège, ni une balle, ni un boulet ne furent dirigés contre l'asile de la science et de la charité. »

Cependant, au bout d'un an, Mgr Dubuis se rappela qu'il avait laissé ses séminaristes à la Nouvelle-Orléans pour leur faire achever leurs études, et comme son diocèse avait grand besoin de missionnaires il partit, malgré les difficultés, pour aller les chercher.

Mgr Odin, à la date du 3 avril 1864, écrit :

Nous avons la consolation de posséder à la Nouvelle-Orléans, Mgr Dubuis. Il arriva le saint jour de Pâques, après un long et pénible voyage à travers le Texas et la Louisiane; par la protection de son ange gardien, il a échappé aux dangers de tout genre. Dans l'Etat de la Louisiane, il a dû faire mille détours pour échapper aux bandes de voleurs qui infestent la route jusqu'à la Nouvelle-Ibérie. Il avait aussi à éviter la rencontre des soldats fédéraux qui l'auraient fait prisonnier. Il est resté près d'un mois en voyage, et malgré toutes ces fatigues, sa santé est assez bonne.

Mgr Dubuis ne resta que quelques jours à la Nouvelle-Orléans et repartit avec ses missionnaires. Voici le récit de ce voyage tel qu'il nous a été raconté, par l'un d'entre eux, aujourd'hui curé dans le diocèse de Lyon : « Il nous fallut traverser les deux armées au milieu de difficultés sans nombre. Après avoir remonté deux jours le Missisipi sur un bateau à vapeur, nous dûmes encore prendre deux jours un bateau plat sur lequel aucun passager ne put se procurer de la nourriture. La caravane débarqua enfin dans un village où se trouvait la station d'un missionnaire ; malheureusement, il n'y avait personne à la maison. Monseigneur ordonna cependant de s'établir à la mission et de faire main-basse sur les poules de la basse-cour ; tout le monde était mort de faim. Comme nous arrivions des pays envahis par les hommes du Nord, toutes les dames venaient nous demander des nouvelles de leurs maris soldats et des évènements de la guerre ; nous ne pouvions leur donner que bien peu de renseignements. »

Après avoir bien dîné, il fallut commencer une longue marche de huit jours, Mgr Dubuis acheta un cheval et une voiture bien primitive pour porter les bagages et nous suivions à pied ce misérable véhicule. Il serait long de raconter tous les incidents et les difficultés du voyage.

Un jour la voiture s'embourbe dans une rivière et, malgré les efforts de nos robustes bras, il est impossible de la faire avancer.

Deux des missionnaires sont chargés d'aller chercher du secours dans une ferme voisine, mais c'est pendant la nuit et dans leur course ils tombent, sans s'en apercevoir, dans un trou, où se trouvaient réunis les porcs de la ferme. Ils ont beaucoup de peine à se sortir de ce mauvais pas, arrivent cependant à la maison d'habitation, et, avec le secours de deux bons chevaux, arrachent enfin la charrette. Le lendemain, vers le soir, Monseigneur était parti en avant pour préparer un gîte à ses missionnaires, lorsque ceux-ci voient tout à coup un groupe de cavaliers fondre sur eux, la carabine en joue.

C'était une compagnie des soldats du Sud qui parcouraient le pays et qui, en nous voyant, nous avaient pris pour un détachement de l'armée du Nord.

— Qui va là, s'écrie le capitaine ?

Et l'un des missionnaires, avec les quelques mots d'Anglais qu'il connaissait, répond : « — Ami ! »

— Où allez-vous ? — Au Texas.

— Soyez les bien venus !

Le capitaine qui était un ami de Mgr Dubuis offrit même de nous conduire à Galveston dans une voiture qui devait partir deux jours après ; malheureusement, ne connaissant pas suffisamment la langue anglaise, nous ne comprîmes pas les aimables avances du capitaine.

Accablés par le soleil, la pluie, les mauvais chemins, nous étions encore obligés à chaque instant de prendre les roues de la voiture pour les sortir des ornières. Monseigneur pleura plusieurs fois, et tout en nous encourageant paternellement, il nous disait : « Mes pauvres enfants, si je pleure, ce n'est pas à cause de mes souffrances et privations, car j'en ai l'habitude, mais c'est à cause de vous qui vous trouvez tout d'un coup jetés au milieu des difficultés de la vie de missionnaire. » Puis, reprenant sa gaieté habituelle : « Mais Dieu nous voit, mes amis, nous travaillons pour Lui, il nous récompensera ! »

Un soir, nous arrivâmes harrassés, mourant de faim, dans une ferme isolée ; ce fut pour nous une immense consolation, cette pauvre masure nous apparaissait déjà comme une terre promise. Nous approchons, hélas ! il ne s'y trouvait plus rien, ni vivres, ni habitants ; elle venait d'être dévastée par les soldats. Nous pûmes cependant, tant bien que mal, y prendre un peu de repos. Le matin, au réveil, la faim se faisait sentir encore plus fortement ; Monseigneur ordonna à toute la troupe de se mettre à genoux et, après la prière du matin, il fit demander avec ferveur le pain quotidien. Après quoi chacun prit son bâton de voyage et partit. Il est bien vrai que le missionnaire ne doit jamais douter de la Providence. Monseigneur nous le disait souvent alors et Dieu voulut montrer à tous que notre saint évêque avait raison. Après quelques kilomètres, un petit négrillon s'approche de nous et nous explique que sa maîtresse nous envoie chercher pour dîner.

Il y avait, en effet, tout près de là, une riche créole,

Mme Lebleu, qui apercevant du haut de sa terrasse les missionnaires et la Croix d'or portée par Monseigneur, s'empressa d'envoyer son négrillon pour inviter cette troupe. Elle fit faire immédiatement un excellent repas et pendant ce temps elle manifestait toute la joie qu'elle avait de recevoir les ministres de Jésus Christ à sa table. C'était une excellente catholique, mais sur bien des points fort ignorante, comme le sont habituellement ces planteurs qui vivent loin de toute mission. Voyant la Croix briller sur la poitrine de Monseigneur, elle le prit pour le Souverain Pontife en personne. Elle l'appelait sa Sainteté, et il fallut que Mgr Dubuis la désillusionnât par de longues explications. En France, on ne peut se faire une idée des difficultés qu'il faut surmonter dans ces voyages. Point de ponts sur les rivières, qui souvent débordent, des chemins mal tracés et une boue si profonde qu'à chaque pas l'on court risque de ne pouvoir en sortir.

CHAPITRE XIV

CONCILE NATIONAL DES ÉTATS-UNIS
Mgr DUBUIS A ROME. — CYCLONE DE BRONSVILLE

L'Eglise d'Amérique a dû sa vitalité et ses progrès en grande partie aux réunions d'évêques qui s'entendaient pour une action commune, après s'être éclairés mutuellement sur les besoins de leurs divers diocèses. Réunis, dès 1829, à Baltimore, ils continuèrent ces Conciles tous les trois ans. L'organisation nouvelle qui s'étendait grâce aux émigrations, fit créer, en 1832, avec de nouveaux évêchés, des provinces ecclésiastiques. Et le Concile devint national. Il se réunit pour la seconde fois en 1866. L'époque était bien choisie : il fallait profiter du revirement qui s'était opéré dans l'opinion publique en faveur de l'Eglise catholique. Laissons parler Mgr Odin :

Mgr Dubuis arriva à Baltimore lorsque déjà nous étions réunis en Concile depuis plusieurs jours. Je fus heureux de le revoir et d'apprendre les nouvelles du pays natal.

Ce dernier Concile national a été très solennel et a duré

quinze jours. Il se composait de sept archevêques, de quarante évêques, de deux abbés mitrés et de cent théologiens. Il y avait en outre, les secrétaires-chanceliers, notaires, vicaires-généraux et supérieurs d'ordres religieux. On n'avait jamais vu dans ce pays une si grande réunion d'écclésiastiques. Aussi y eut-il un concours immense à Baltimore pendant tout le temps que dura le Concile. Le Président des Etats-Unis lui-même voulut assister à la dernière session publique. J'espère que cette Assemblée religieuse produira d'heureux fruits pour l'avancement de la religion dans le pays. Les conversions deviennent de plus en plus nombreuses. De tous les côtés l'on nous demande des prêtres. Il y a chez les protestants un vrai désir d'instruction et un sentiment de prédilection pour l'Eglise catholique.

Dès ce moment, l'Eglise catholique avait donc déjà pris une grande extension aux Etats-Unis, et elle pouvait s'étendre librement avec la bienveillance des autorités.

Peu de mois après le Concile national, le Souverain Pontife Pie IX, convoquait tous les évêques de la chrétienté à Rome pour y célébrer le centenaire du siège apostolique de Saint-Pierre. Plus que tout autre, les évêques les plus éloignés du centre de la catholicité, dispersés dans les pays nouveaux de l'Australie et de l'Amérique, sentaient le besoin de se rapprocher de Rome et d'y venir vivifier leur foi et leur attachement au siège immuable de la vérité.

Mgr Dubuis, docile à la voix du Saint-Siège, se décida à franchir encore les mers ; il voulait en même temps profiter de ce voyage pour ramener dans son diocèse de nouveaux apôtres.

A peine arrivé en France, il se rendit au grand séminaire de Lyon et là il peignit son diocèse avec ses besoins religieux, avec les épreuves nombreuses, mais aussi avec les espérances et les résultats déjà obtenus. « L'évêque de Galveston, raconte un témoin oculaire, nous fit entendre des accents enflammés et mit toute son ardeur à nous emmener, à sa suite, dans le Texas ; trouvant la véritable éloquence dans son âme d'apôtre, il nous électrisa. »

Il se dirigea ensuite vers Rome, où il arriva au milieu d'une affluence de pèlerins telle qu'on n'en avait jamais vu de semblable. Cinq cent douze évêques, plus de vingt mille prêtres et près de cent quarante mille fidèles étaient accourus au centre de la catholicité, malgré tous les efforts et tous les mensonges employés pour arrêter cet admirable mouvement. Toute la chrétienté était représentée.

« Les amis de l'Indien, disait le *Journal de Rome*, du Chinois, du Mongol, du Tartare, ceux qui appellent à la civilisation les tribus errantes et qui multiplient dans les terres désertes les fruits de la Rédemption, tous n'ont de regards que pour la Rome de Saint-Pierre, tous en visitent avec vénération les sanctuaires et les basiliques, se disent contents et heureux de graver dans leurs cœurs et dans leurs esprits tout ce qu'ils voient et entendent ici, pour en faire le récit à leurs compatriotes au retour de leur joyeux pèlerinage. »

Le 26 juin, Pie IX tint un Consistoire solennel, où, environné du Sacré Collège et de la moitié de l'épiscopat catholique, après un beau discours sur le consolant spectacle d'unité, de charité et de force spirituelle que donnait l'Eglise, annonça un Concile œcuménique, devant se réunir le 8 décembre 1869, pour réparer les maux qui oppriment la religion. « Espérons, dit en terminant le Vicaire de Jésus-Christ, que l'Eglise, comme une armée rangée en bataille, confondra ses nombreux ennemis, et propagera le règne triomphant du Christ sur la terre. »

Mgr Dubuis accueillit avec une joie indicible l'assurance du futur Concile ; il assista à toutes les fêtes et fut reçu en audience particulière avec Mgr Odin pour expliquer au Souverain Pontife l'état plein d'espérance de son diocèse. Mgr Dubuis disait qu'il était allé voir Pierre, *videre Petrum*, et qu'il avait puisé là une vigueur nouvelle. D'ailleurs, dans son allocution du 26 juin aux évêques, Pie IX s'écriait :

« Nous n'avons pas douté, Vénérables Frères, que de ce sépulcre même, où reposent les cendres du bienheureux Pierre, objet de la vénération éternelle de l'univers, ne sorte une certaine puissance cachée, une vertu salutaire qui inspire aux pasteurs du troupeau du Seigneur, les fortes entreprises, les grands desseins, les sentiments magnanimes, pour infliger à nos ennemis une défaite et une ruine certaine dans ce combat inégal. »

Mgr Dubuis revint de Rome plein d'ardeur et de générosité, prêt à lutter avec plus de courage pour le succès de l'Evangile ; sentant, toutes les fois qu'il pensait à la Ville Eternelle, son cœur palpiter d'un tressaillement de foi et d'amour.

A peine arrivé au Texas, une catastrophe terrible donna occasion à son zèle et à sa foi de se montrer dans toute leur force.

Ce fait providentiel et bien extraordinaire, témoigne qu'il ne faut ni murmurer contre la Providence en présence des malheurs qu'elle permet, ni désespérer de son secours, de son intervention même dans les moments les plus critiques de la vie.

En décembre 1867, un véritable cyclone, accompagné d'un grand raz-de-marée, fit de terribles ravages dans les Antilles et sur tout le littoral du golfe du Mexique. Plusieurs villes furent à peu près détruites et Brownsville fut horriblement saccagée. Les maisons renversées se comptaient par centaines, et le couvent de religieuses, construit par Mgr Dubuis pour l'éducation des jeunes filles de la vallée du Rio-Grande, non seulement était détruit, mais le terrain même sur lequel il était bâti se trouvait effondré, crevassé au point de ne pouvoir plus servir pour une construction de ce genre, à moins de frais considérables.

A la nouvelle de ce désastre, Mgr Dubuis accourut à Brownsville pour en constater toute l'étendue. Tandis qu'il se promenait tristement sur les décombres du couvent, un riche négociant de l'endroit, M. Gallagher, vint le trouver :

« — J'espère, lui dit-il, que vous ne nous enlèverez pas nos sœurs ?

— Mais j'y suis bien forcé, puisqu'il ne reste pas de chambres pour les loger.

— C'est égal, il faut nous les laisser, car nous ne pouvons plus nous en passer.

— Impossible, je n'ai pas de maison pour les loger et pas d'argent pour reconstruire le couvent.

— Mais si l'on vous donnait le terrain pour en construire un autre, nous laisseriez-vous les sœurs ?

— C'est possible, j'examinerais la question.

— Combien vous faut-il de lots ?

— Quatorze, car les petits établissements, qu'on agrandit à mesure des besoins, coûtent trop cher et sont toujours mal commodes ; il faut de suite faire ce que l'on doit, ou bien attendre les ressources qui manquent.

— Eh bien, attendez-moi quelques minutes, je vais causer avec mon associé, puis je reviendrai. »

Quelques instants après, le négociant revenait avec une donation en règle du terrain demandé. C'était quelque chose, c'était même beaucoup, mais le principal restait à trouver. — « Mon Dieu, dit Mgr Dubuis en réfléchissant à cette donation, je n'ai pas d'argent, mais vous n'avez jamais manqué de venir à mon secours, quand il s'agissait du bien des âmes de vos enfants. Vous savez que cette construction est absolument nécessaire pour répandre les lumières et les bienfaits de l'Evangile sur ces frontières; je n'ai pas d'autres ressources que vous; c'est pour vous et vos enfants que je vais me mettre dans l'embarras jusqu'au cou; ce sera à vous à m'en sortir. »

Il fit ensuite venir un entrepreneur et lui demanda combien il lui prendrait pour construire un grand couvent comme celui que le cyclone venait de renverser.

— Tenez, lui répondit l'entrepreneur, après avoir pris le temps de faire ses calculs, si vous me donnez de suite vingt-cinq mille francs en or, je vous livre la construction prête à être habitée, pour cent vingt-cinq mille francs, car dans ce moment, j'aurai le travail à bon marché, la ville étant encombrée de gens qui n'ont ni pain, ni habitation, ni rien pour vivre.

— Je n'ai pas un dollar à moi, répondit l'évêque, mais si vous voulez, je vous donnerai, sur la Nouvelle-Orléans, une traite de vingt-cinq mille francs, payable en or dans trois semaines.

Après de nouveaux calculs et de nouvelles réflexions, l'entrepreneur consentit. Mgr Dubuis télégraphia aussitôt à Mgr Odin, d'accepter la traite, en ajoutant qu'il allait s'embarquer immédiatement pour aller le rejoindre. En effet, il partit le lendemain pour Brazos-Santiago, où se trouvait le steamer en partance.

Malheureusement la passe ne put être franchie pendant plusieurs jours, par suite des mauvais temps et le bateau ne partit pas. Après une longue attente, dans une anxiété facile à comprendre, une goëlette parut au large, ayant le cap sur la Nouvelle-Orléans, où elle se rendait. On lui fit des signaux qui furent aperçus, et elle finit par envoyer son canot pour prendre Mgr Dubuis. Celui-ci n'arriva à la Nouvelle-Orléans que le matin du vingt-et-unième jour, date de l'expiration de la traite.

Mgr Odin était dans une inquiétude mortelle, car il avait accepté la traite, mais il n'avait pas trouvé cent francs en or. On était alors, à la suite de la guerre, en pleine crise monétaire ; le change en espèces était à un taux fabuleux et l'on ne trouvait partout que du papier. Mgr Odin ne savait à quoi attribuer l'absence de Mgr Dubuis qui n'arrivait pas, ni son silence, car il n'écrivait pas. La crainte de ne pas faire honneur à sa signature, faute d'argent et par conséquent de faire banqueroute, le mettait dans une sorte de désespoir qui lui donnait la fièvre ; mais cette fièvre et ce désespoir atteignirent leur paroxysme, lorsque Mgr Dubuis, en arrivant, lui dit qu'il n'avait pas un centime dans sa poche.

Après un long silence, Mgr Dubuis dit à Mgr Odin, qu'il ne servait à rien de se désespérer, qu'on avait encore quatre heures devant soi avant midi, qu'il allait dire sa messe, lire son bréviaire, voir son courrier ; qu'il irait ensuite chez les banquiers.

— Mais je les ai tous vus, répondit Mgr Odin, ils n'ont de l'or que pour le change.

— Ils en ont peut-être davantage qu'ils ne le disent, ne vous inquiétez pas ; la Providence ne nous fera pas défaut.

Après avoir dit sa messe et lu son bréviaire, Mgr Dubuis dépouilla son courrier que l'archevêque lui avait remis. Dans une des lettres qu'il lut se trouvait une traite de mille livres sterling, sur la maison Rothschild, payable à vue en or. Cette traite était accompagnée du billet suivant : « Prière à Mgr Dubuis de célébrer une fois le saint sacrifice de la messe à l'intention de la personne qui lui fait cette aumône. » — Signé : « Le secrétaire de la Banque de Londres. »

Mgr Dubuis porta le tout à l'archevêque et lui dit : « — Vous voyez qu'il fait bon de compter sur la Providence, et qu'elle n'abandonne jamais ceux qui ont une vraie confiance en Elle. » Le bon archevêque n'en revenait pas ; la bouche ouverte, les yeux hagards, il regardait la traite et le billet sans pouvoir dire un mot. Les vingt-cinq mille francs en or venaient à point, et même avant l'heure.

« — Mais qui est-il donc ce secrétaire de la Banque de Londres, pour vous envoyer de pareils cadeaux ? demanda-t-il au bout d'un instant.

— Je n'en sais rien ; je ne sais même pas s'il existe une Banque de Londres. »

Une heure après la traite était soldée, et Mgr Dubuis en revenant ouvrit son bréviaire pour achever la lecture de son office ; un billet de cent dollars se trouvait dedans. Qui l'avait mis ? il ne le sut jamais. Ce billet paya doublement son voyage à la Nouvelle-Orléans et son retour au Texas.

La foi ardente du missionnaire avait pour ainsi dire forcé le ciel à faire un miracle en sa faveur.

Mgr Dubuis, dans son histoire des Couvents au Texas, écrite sous sa dictée par la comtesse Julia de Bruge, nous rapporte ce fait et ajoute en terminant :

« Ce trait providentiel, cité entre mille, s'est souvent renouvelé à différentes époques. C'est que la Providence est pour le missionnaire une mère chargée de tous les trésors du Père céleste. »

Il surveilla lui-même l'érection du Couvent qui, au bout de quelques mois, fut donné aux bonnes religieuses dans d'excellentes conditions.

Puis il quitta ce pays pour visiter en entier son vaste diocèse. Que de difficultés et d'obstacles se présentèrent dans cette longue route ! Tantôt c'était un ruisseau qu'il fallait traverser à la nage, tantôt un marais fangeux où il courait risque de perdre son cheval. Une autre fois, c'était la faim qui se faisait sentir, et rien pour l'apaiser, ou une pluie abondante contre laquelle il était impossible de se procurer un abri.

Souvent tout seul, il lui fallait parcourir le pays tantôt en canot, tantôt à cheval, tantôt à pied, quelquefois à travers des prairies inondées et des chemins couverts d'eau. Un jour, en traversant un ruisseau, la chapelle et le linge du missionnaire tombèrent à l'eau et il eut mille difficultés à l'en retirer ; c'était une chose fort peu agréable, au milieu de l'hiver, d'autant plus qu'il fallut passer la nuit suivante au milieu d'une prairie, et au lieu de se reposer, il dut faire sécher ses habits, les linges d'église et son bréviaire.

Il est vrai que Mgr Dubuis fut bien dédommagé de toutes ses peines par l'empressement que mirent les habitants, surtout ceux de l'Est du Texas, à venir entendre ses instructions. Ni la pluie, ni leurs occupations ne pouvaient retenir ces braves catholiques. C'était comme un souffle divin qui semblait pousser les agneaux et les brebis vers le pasteur. Le concours était général : auprès du missionnaire se groupaient, avec les catholiques, un bon nombre de protestants, et tous écoutaient la parole de Dieu dans une joie et un recueillement extraordinaires. Aussi les conversions et les baptêmes d'adultes furent très nombreux. A chaque station, Monseigneur restait plusieurs jours ; il s'informait des progrès de la mission, de ses besoins et presque toujours, s'il n'y avait pas une église suffisamment grande, il persuadait aux missionnaires et aux fidèles de construire un vaste temple au vrai Dieu. Souvent il choisissait lui-même l'emplacement, faisait commencer les fondations et, avant de partir, laissait une forte somme pour aider à la construction.

La visite pastorale de la vallée du Rio-Grande fut pour lui le sujet de grande consolation. Cette partie du diocèse renfermait alors vingt-cinq mille catholiques, tous d'origine espagnole ou indienne. Il lui fallait prêcher deux ou trois fois chaque jour et souvent il était retenu au confessionnal jusqu'après minuit. Ces pauvres Mexicains avaient une foi très vive et aimaient sincèrement leur religion. Ils vivaient dans de petits villages, à une distance de deux ou trois lieues les uns des autres, et leurs cabanes étaient extrêmement pauvres. Les sauvages leur faisaient une guerre continuelle. Ils reçurent donc l'évêque avec une grande bonté, je dirais même avec enthousiasme ; ils se suspendaient à ses lèvres pour l'entendre parler de Dieu. La foi vive de ce peuple faisait quelquefois verser des larmes de joie à Mgr Dubuis. Après avoir quitté la vallée du Rio-Grande, il se dirigea vers San-Antonio.

Il lui fallut faire huit jours de marche sans trouver une seule maison sur la route. Chaque soir, il faisait sa cuisine sous un arbre et se couchait sur l'herbe. Le matin, après avoir pris une bonne tasse de café, il se mettait de nouveau en marche pour ne s'arrêter qu'à la fin du jour. Arrivé dans la partie peuplée du Texas, Mgr Dubuis fut reçu en triomphe dans les villes qui avaient été les témoins de son premier apostolat. A Frédéricksburg, à Vanderburg, au Quihi, à Costroville, à San-Antonio il apparut comme un père pour ses enfants et il se réjouit de voir la ferveur et le zèle de ses anciens fidèles. Ces missions étaient, en effet, les plus florissantes du Texas et elles étaient heureuses de voir leur ancien missionnaire à la tête de tout le diocèse. Aussi, à San-Antonio, on renouvela les fêtes et les réjouissances bruyantes que l'on avait déjà faites plusieurs fois en son honneur.

Au mois de décembre 1868, eut lieu la réunion de tous les évêques de la province de la Nouvelle-Orléans, province qui avait été érigée en 1850 et qui comptait comme suffragants les évêques de Mobile (siège établi en 1824), de Natchez (1837), de Little-Rock (1843), de Galveston (1847), de Natchitochès (1853) et qui devaient se compléter, quelques années après, de ceux de San-Antonio (1874), de Brownsville (1874), de la Préfecture apostolique du territoire indien (1876) et enfin de Dallas (1890).

« Le premier décembre, écrit Mgr Odin, j'avais à l'archevêché tous les évêques de la province. Nous nous réunîmes pour nous concerter tous ensemble, pour la publication des décrets du Concile national de Baltimore tenu en 1866 et approuvé dans le cours de l'année dernière par le Saint-Siège. Tous ces vénérables évêques passèrent une semaine avec moi. Mgr Dubuis était du nombre. Sa santé me parut excellente. La religion prend beaucoup d'extension dans son diocèse par ses généreux efforts et ceux des nombreux prêtres et religieuses qu'il a eu le bonheur de s'adjoindre. »

Afin de promulguer les décrets du deuxième Concile de Baltimore et de faire faire la retraite à ses prêtres en même temps qu'un synode, Mgr Dubuis convoqua une double réunion de ses prêtres, l'une à Galveston pour la partie orientale du Texas et l'autre à San-Antonio pour la partie occidentale.

Au jour indiqué, le 14 décembre, à vêpres, les vingt-trois prêtres présents à Galveston, revêtus du surplis, entrèrent solennellement avec leur évêque dans l'église cathédrale de Sainte-Marie et commencèrent les exercices de la retraite et le synode par le chant du *Veni Creator* et la bénédiction du Saint-Sacrement.

Le lendemain, après la méditation et la messe célébrée par Mgr Dubuis qui communia tous ses prêtres, s'ouvrit la première session solennelle du synode. Tous les assistants, selon l'usage, vinrent à genoux devant l'évêque faire leur profession de foi. Puis le chef du diocèse prononça le discours suivant :

« Vénérables et très chers Frères,

« Si nous jetons un regard sur ce monde troublé où le bien et le mal se livrent une guerre sans trêve, il apparaîtra clairement à nos yeux qu'un moyen trop fécond pour arracher la foi des esprits, pour corrompre les bonnes mœurs des peuples par le plus détestable poison, pour briser toute autorité divine et humaine, enfin pour détruire tous les principes d'ordre et de justice en l'absence desquels s'ouvrent pour toute société de profonds abîmes, c'est assurément les sociétés secrètes, les pactes criminels, les réunions inavouables de tous les méchants poursuivant ensemble un même but dans les ténèbres.

« C'est pourquoi, afin que les fils de ténèbres ne surpassent pas en sagesse et en prudence les fils de lumière, et pour que les nations connaissent comment il faut résister à ce torrent, les bons doivent rassembler et unir en un faisceau leurs forces disséminées, afin qu'avec ces forces semblables à une digue, ils puissent s'opposer aux flots des méchants et retenir les sociétés qui s'en vont à l'abîme. Aussi, l'Eglise a-t-elle, dès l'origine, dans toutes les luttes et toutes les tempêtes, réuni ses forces dans ses Conciles pour y proposer et ensuite expérimenter les remèdes qui doivent sauver les nations. C'est pour cela que bientôt l'Eglise entière va se rassembler à Rome dans l'illustre basilique de Saint-Pierre pour briser les associations des impies. C'est pour cela que dernièrement toutes les églises des provinces de l'Amérique ont eu leur réunion générale au deuxième Concile de Baltimore, pour y restaurer la discipline et y promouvoir plus efficacement le salut des âmes. C'est pour cela aussi, que vous, Frères bien aimés, vous avez été convoqués à ce synode, afin de découvrir et de faire connaître les moyens les plus capables d'étendre le domaine de la foi et de soutenir les bonnes mœurs.

« Tels sont les motifs qui ont amené la convocation de cette assemblée et la promulgation de ces décrets. Si vous les suivez fidèlement, ce dont je n'ai pas le moindre doute, ils appelleront sur vous, selon la parole de l'Apôtre, la Paix et la Miséricorde. »

Après ce discours, eurent lieu pendant cinq jours les

séances du synode, dans lesquelles on insista fortement sur la pieuse récitation du bréviaire, sur la méditation de tous les jours et sur la retraite annuelle, afin que les prêtres puissent conserver en eux le feu sacré.

Puis après avoir nommé des vicaires forains pour les différents districts, Mgr Dubuis dit à ses prêtres en terminant : « Et maintenant, mes Frères bien aimés, maintenant que vous vous êtes nourris et fortifiés par les exercices salutaires de la retraite, allez, d'un bras vaillant et courageux, recueillir la magnifique moisson qui grandit chaque jour. Que la pensée de Dieu qui doit se répandre dans tout l'univers presse les entrailles de votre charité et que le triste spectacle de tant d'âmes assises à l'ombre de la mort enflamme votre zèle. »

Mgr Dubuis partit peu après pour la France, afin de se rendre de là au Concile général.

Nous le retrouvons au mois d'août à Beaujeu, chez les Ursulines, puis à Coutouvre, son pays natal, où il préside et prêche le Jubilé; voici ce qu'il écrit de là à Mgr Odin :

« MONSEIGNEUR ET PÈRE,

« Je viens de recevoir de Mgr d'Autun une demande pour consacrer dans son diocèse quatre églises dans le voisinage de Chauffailles. Sa Grandeur avait déterminé l'époque et ainsi je me vois obligé de quitter les environs de Roanne sans vous faire une visite. Les exercices du Jubilé me retiendront à Coutouvre jusqu'au 21 septembre. Hier avait lieu la communion des femmes qui étaient au nombre de sept cent cinquante. Dimanche prochain, les hommes s'approcheront de la Sainte Table, puis lundi et mardi, les petits enfants doivent aussi avoir leurs petits exercices.. »

CHAPITRE XV

LE CONCILE DU VATICAN
MORT DE Mgr ODIN. — VISITES DE Mgr DUBUIS A TRAVERS SON IMMENSE DIOCÈSE

Les grandes réunions d'évêques à Rome, à l'occasion du dogme de l'Immaculée Conception, de la canonisation des martyrs Japonais, du centenaire de Saint-Pierre, avaient été comme autant d'assemblées préparatoires, où Pie IX avait pu étudier à fond le sentiment et les besoins de l'Eglise universelle. Le résultat de cette étude et de cette observation du Père commun des fidèles fut la convocation d'un Concile œcuménique, qui serait comme le couronnement du long et beau pontificat du saint Pape, et le plus grand fait, ou, selon l'expression d'un célèbre orateur chrétien, comme le sommet du XIXe siècle, portant à sa plus haute cîme le phare qui doit éclairer notre monde moderne.

La bulle *Œterni Patris* qui annonça le Concile, fut publiée à Rome le jour de la fête de Saint-Pierre, 29 juin 1868 ; elle fixait l'ouverture du Concile pour le 8 décembre 1869, fête de l'Immaculée Conception.

« Nous touchons, s'écriait alors un écrivain, à l'heure la plus solennelle, la plus décisive de ce siècle. Du couchant à l'aurore, du Midi au Septentrion, l'épiscopat catholique s'ébranle. Dans la pauvre et frêle église de branchages et de planches, bâtie aux bords des lacs et des fleuves du nouveau monde, comme dans l'antique basilique ornée de toutes les merveilles de l'art chrétien, l'évêque missionnaire des peuplades sauvages et les prélats de nos grands et illustres sièges de civilisation, ont dit adieu à leurs troupeaux. Ils viennent par tous les chemins que n'ont pas fermés les passions, les despotismes ou les révolutions, à travers les glaces du Nord ou sous les feux de l'équateur. Leur rendez-vous est à Rome, sous le dôme de Saint-Pierre, à l'ombre du Vatican, autour du vicaire de Jésus-Christ dont ils sont la joie et la couronne et qu'ils viennent entourer comme une belle et forte plantation d'oliviers : *Filii tui sicut novellœ olivarum in circuitu mensœ tuœ.* »

Jamais Assemblée œcuménique ne fut si complète. « A l'époque des anciens Conciles, disait Mgr l'archevêque de Bourges, les grandes régions des Indes, de la Chine, de l'Amérique, de l'Océanie, tous ces mondes nouveaux qui sont venus compléter le vieux monde, n'avaient pas encore pris place au soleil du Christianisme. Aujourd'hui, dans le Concile du Vatican, la terre entière est représentée. Les cinq parties du monde ont là leurs envoyés. Tout ce qu'il y a de plus grand, de plus vénérable au monde par l'âge, le talent, la science, la dignité, les vertus, les dévouements sans nombre, l'amour sans bornes pour l'humanité heureuse ou souffrante, se trouve rassemblé à Rome. Aucun spectacle, ajoutait un témoin oculaire, ne peut être comparable à ce spectacle et aucune Assemblée humaine, politique, sénatoriale, princière, tout ce qu'on voudra, ne saurait être mise, un instant, en parallèle avec celle qui s'est réunie le 8 décembre 1869, dans la basilique de Saint-Pierre, sous les regards de Dieu et des anges, près du tombeau du prince des Apôtres. Le plus auguste Corps législatif que l'on ait jamais vu sous le ciel est assemblé. »

Les évêques d'Amérique vinrent nombreux au Concile, Mgr Dubuis y arriva fin novembre avec Mgr Odin, déjà gravement malade. Le 2 décembre, Sa Sainteté accorda une longue audience à douze évêques des Etats-Unis ; elle reconnut de suite Mgr Dubuis et lui témoigna beaucoup de bonté ; elle lui demanda des détails sur les difficultés et la prospérité de sa mission ; puis voulut bien lui accorder une bénédiction spéciale pour son Texas.

Enfin, le 8 décembre, ce Concile, objet de tant de vœux et d'espérances, composé de près de huit cents prélats, fut inauguré. Dès le matin, le canon du fort Saint-Ange et le son des cloches de toute la cité annoncèrent et saluèrent l'aurore du plus grand jour de notre siècle. Quel jour, en effet, même en dehors des horizons de la foi ! A neuf heures, après une procession solennelle suivie de la messe du Saint-Esprit et des prières d'usage, Pie IX ouvrit les délibérations par ces mots : « Comme jamais peut-être, guerre plus acharnée et plus féconde en ruses, ne s'est élevée contre le règne du Christ, de même en aucun temps ne fut plus nécessaire l'union des prêtres du Seigneur avec le Pasteur suprême du troupeau, union d'où résulte une admirable force dans l'Eglise ; et cette union, par une grâce particulière de la divine Providence, et par votre vertu éprouvée, s'est manifestée avec un tel éclat, qu'elle est et sera de plus en plus, nous en avons la confiance, admirée de Dieu, des anges et des hommes. »

Ainsi débuta le Concile du Vatican ; ainsi serrés autour

de leur chef, les anciens d'Israël, les princes du peuple de Dieu, les évêques de l'univers catholique formaient le corps compact d'une armée rangée en bataille, armée toujours terrible contre le mal, malgré le mépris affecté dont on l'accable quelquefois.

A peine le Concile fut-il commencé, que Mgr Odin, accablé par le temps froid et pluvieux, vit sa maladie s'accroître rapidement. Mgr Dubuis, qui aimait son ancien évêque comme un père, l'engagea vivement à aller demander la santé à son pays natal. Il va trouver le Saint-Père, lui explique la fâcheuse situation du saint archevêque et obtient pour lui l'autorisation de regagner sa patrie. Pendant trois semaines, Mgr Dubuis l'avait soigné et visité avec un soin tout particulier ; il va encore après son départ le tenir au courant de ce qui se passait à Rome. Il lui écrit le 24 janvier 1870 :

« Monseigneur et vénéré Père,

« Je regrette de ne pouvoir vous faire parvenir d'amples détails sur nos travaux ; un ordre positif sévère, *sub gravi*, nous le défend ; la défense est telle qu'il est impossible de recevoir un *schéma* pour un confrère habitant la même maison où il est retenu par la maladie ; il faut qu'il envoie sa procuration et une assurance que le cahier des questions ne sortira pas de Rome. Je ne puis vous dire que des choses générales et encore elles doivent vous être personnelles.

« Le premier schéma fut renvoyé à la congrégation ou députation *pro Fide* pour être modifié, revisé et distribué en décrets. Le second est *de Episcoporum officiis*. Trente-sept orateurs l'ont limé à outrance. Le troisième, *de sede vacante*, a passé par le même crible ; nous les terminerons demain. Le quatrième, *de officiis sacerdotum* et le cinquième, *de universali catechismo* seront sous le pressoir demain, car nous avons congrégation tous les jours de 9 heures à 1 heure et quelquefois 2 heures de l'après-midi. Bon nombre d'évêques sont malades ; Mgr de Nîmes et Mgr de Beauvais le sont gravement. »

Mgr Dubuis prit une part très active aux réunions et délibérations des prélats des Etats-Unis, lesquels avaient organisé comme un petit Concile dans le grand, où se traitait tout ce qui concernait plus particulièrement l'Eglise du nouveau monde.

Cependant, la grande question du Concile, la question redoutée de l'Enfer, et sur laquelle l'esprit de ténèbres parvint habilement à diviser et à faire chanceler même plusieurs esprits honnêtes, ce fut la question de l'infaillibilité du chef suprême de l'Eglise, du Pape parlant *ex cathedrà*, c'est-à-dire, s'adressant à toute l'Eglise, avec intention formelle et authentiquement manifestée de condamner une erreur, ou de proposer une vérité à la croyance universelle.

« Dès qu'il fut question d'un Concile général, disait Mgr l'archevêque de Malines, tous ceux qui étaient au courant de l'histoire de l'Eglise, pressentirent que le premier Concile assemblé depuis la réunion des évêques de France sous Louis XIV, pourrait difficilement se taire sur une doctrine aussi manifestement opposée que celle de la Déclaration de 1682, à la doctrine de l'Eglise *mère et maîtresse*, et par conséquent à la croyance générale.

« Ce fut alors que le libéralisme et le gallicanisme s'unirent pour le travail préparatoire de la lutte contre la définition redoutée. Parmi les défenseurs du gallicanisme, les uns combattirent ouvertement la doctrine de l'infaillibilité pontificale, firent revivre tous les arguments de la vieille école gallicane, et en ajoutèrent même de nouveaux. Beaucoup d'autres, voyant que la négation absolue de l'infaillibilité pontificale les mettaient en contradiction avec la doctrine de presque tous les évêques et docteurs catholiques, abandonnèrent le terrain doctrinal trop dangereux, et se rattachèrent aux inconvénients et aux difficultés, qui, selon eux, pourraient résulter de la définition. Leur mot d'ordre fut l'inopportunité de la définition ; et c'est surtout sur ce point que se concentrèrent la plupart des efforts et la plus sérieuse partie de l'agitation gallicane. »

Mais ce qu'il y eut de remarquable dans cette formidable lutte des esprits, c'est que les partisans de la définition furent précisément les évêques des pays où existait la liberté religieuse la plus complète. La Belgique était un pays de liberté ; or, l'archevêque de Malines, primat de Belgique, fut un des plus ardents défenseurs de la définition, et sur cette question tous les évêques belges se montrèrent unanimes. L'Angleterre était un pays de liberté. Or, tout le monde connait les actes et l'attitude ferme de l'archevêque de Westminster, primat d'Angleterre et de ses collègues en faveur de l'infaillibilité pontificale. En Suisse, cette vieille terre classique de la liberté, jusqu'à l'invasion du libéralisme moderne, c'était Mgr Mermillod qui apparaissait luttant avec un infatigable courage pour les droits du siège de Pierre, qu'il considérait comme la base des libertés politiques et religieuses. Quant aux Etats-Unis d'Amérique, qui sont comme l'Eldorado politique des libéraux de l'Europe, le document éloquent publié par l'archevêque de Baltimore repoussait avec une grande énergie le rôle d'auxilliaire du gallicanisme qu'on avait essayé de prêter à l'épiscopat américain.

L'opposition s'appuyait au contraire sur la France, terre des servitudes gallicanes, sur l'Autriche où le Joséphisme césarien régnait en maître, sur l'Allemagne cette terre de l'oppression et du kulturkampf, et même sur la Russie autocrate. C'était ainsi de ces pays opprimés que venaient surtout les appréhensions et la lutte que déplorait et repoussait avec tant de force l'épiscopat des pays les plus libres. Le Père Lacordaire avait déjà exprimé cette pensée lorsqu'il s'écriait : « La liberté spirituelle, c'est le cri de la liberté des âmes », et le Père Félix ajoutait : « C'est l'affranchissement des redoutables servitudes, auxquelles l'esprit humain laissé à lui-même est inévitablement exposé ! »

Quant à Mgr Dubuis, nous avons vu que, dès son séminaire, il avait pris parti dans cette question, comme dans les autres, pour le camp des ultramontains ; évêque missionnaire, il avait compris encore davantage le besoin d'être uni au chef suprême de l'Eglise. D'ailleurs, une lettre écrite le 1er mars à Mgr Odin nous fera connaître clairement son opinion pendant les débats du Concile :

« On désire au Concile votre adhésion ; je vous envoie une feuille, si vous voulez la signer, puis une procuration afin que M. Chalon signe pour vous, si vous ne pouviez pas être à Rome pour la prochaine session publique dans laquelle, sans aucun doute, sera signé le décret de l'Infaillibilité.

« Hier, le Saint-Père était au Gesu, bien portant, pendant son adoration d'une forte demi-heure, les larmes n'ont cessé de baigner ce visage si saint et si bon ; la foule était immense et profondément recueillie ; beaucoup de personnes distinguées de Lyon qui avaient été témoins de cette scène entre Jésus-Christ dans le sacrement de son amour et son Vicaire si profondément affligé, s'écriaient : « Comment serait-il possible d'être Gallicans ? » L'un d'eux a répondu : « Pour plaire à César on perdit le Fils de Dieu, il n'est donc pas étonnant que les amis de César persécutent celui qu'il a laissé à sa place pour être le Vicaire de ses grâces et aussi de ses humiliations. » Sa Sainteté m'a remis une bénédiction pour vous ; j'y ajoute mes meilleurs souhaits. »

Nous voyons par cette lettre dans quel camp il se trouvait au Concile et la peine qu'il ressentait en voyant l'opposition travailler avec une énergie digne d'une meilleure cause.

Trois mois après, il apprenait la mort de son archevêque vénéré et il écrivait ainsi à sa famille pour la consoler :

« Rome, 2 juin 1870.

« J'apprends à l'instant que nous avons tous un saint protecteur dans le Ciel. La tendresse qu'il avait pour vous, pour toute la famille, vous assure qu'il ne cessera jamais de présenter à Notre-Seigneur vos besoins, vos désirs. Vous savez combien il était bon pour tous ; pour tous, c'est donc une perte ici-bas, mais c'est un gain dans la Patrie qui vient de le recevoir pour lui accorder la récompense méritée par ses travaux infinis ; dites aux tantes qu'il nous attendra dans ce bienheureux rendez-vous vers lequel nous marchons très rapidement.

« Tous les Pères du Concile ont éprouvé une profonde douleur à l'annonce de sa mort ; mais, d'une voix unanime, ils ont répété que le saint archevêque prierait pour le Concile. Des prières publiques ont été offertes pour le repos de son âme et le lendemain tous ses amis, et vous savez s'ils étaient nombreux, m'ont annoncé qu'ils avaient offert pour lui le corps et le sang de Jésus-Christ au saint sacrifice. Nous pouvons donc, dès ce jour, nous recommander à ses prières, ce sera notre consolation et notre espérance. »

Le 13 mai 1870 fut comme l'aurore du beau jour. Mgr Pie, évêque de Poitiers, au nom de la commission *de Fide*, présenta au Concile un rapport magistral sur le schéma de l'Infaillibilité et la grande question fut inaugurée. Le 18 juillet suivant, après deux mois de discussion et d'examen le plus sérieux, le plus approfondi, le plus libre, le plus savant, le saint Concile du Vatican, dans sa quatrième session solennelle, définit et proclama, à une immense majorité, le dogme de l'infaillibilité doctrinale du Vicaire de Jésus-Christ parlant *ex cathedrà*.

Mgr Dubuis, dans une lettre, exprimait à un ami toute sa joie au sujet du triomphe éclatant de la Papauté. il se trouvait heureux d'avoir participé à ce grand acte et d'avoir siégé à ces grandes assises si solennelles et si fécondes en résultat.

Mais arrêtons-nous ici un instant et courbons la tête, en adorant les impénétrables décrets du Ciel, sous les coups d'un épouvantable ouragan inopinément déchaîné sur l'Europe. Le jour même où le Concile du Vatican avait terminé sa plus grande œuvre et proclamé l'Infaillibilité du Souverain Pontife, une guerre formidable était déclarée entre l'Allemagne et la France.

Dans ces deux pays, qui avaient eu le triste honneur de fournir le plus d'opposants à la définition, la presse libérale et impie se préparait à attaquer vivement la vérité définie et le Concile qui l'avait solennellement proclamée. Des deux côtés du Rhin les ennemis du catholicisme se tendaient la main. Comme on s'était unis pour entraver la marche du Concile, on s'apprêtait à l'envi à discréditer et à ruiner son œuvre.

La guerre déchaînée à l'improviste, la France et l'Allemagne se ruant follement l'une contre l'autre, détournèrent les esprits et refoulèrent le flot irréligieux. Providentiellement protégée par une aussi terrible diversion, la vérité demeura en paix et prit possession des esprits et des cœurs. Il n'y eut que quelques milliers d'opposants obstinés, schisme sans espoir, en Bavière et en Suisse ; mais tous les opposants Français se soumirent.

Mgr Dubuis, qui connaissait assez bien le genre et le caractère des évêques de l'opposition, les ayant vu partir de Rome avec beaucoup de mauvaise humeur, s'écriait :

« Que Dieu est bon et qu'il est impénétrable dans ses desseins! Pauvre Eglise de France, que serais-tu donc devenue, si Dieu n'y avait mis la main par un fléau terrible? Pauvre Eglise, n'aurais-tu pas vu le schisme et la division dans ton sein? »

De retour de Rome, il passa quelques jours dans le diocèse de Lyon, prêchant dans plusieurs églises et pleurant sur nos premières défaites nationales. Son cœur patriotique ne pouvait se faire à l'idée que nous serions vaincus. Puis il partit soutenir de nouvelles luttes et de nouveaux combats dans son diocèse, où il fut reçu en triomphe par la population.

Au commencement de 1871, il écrivit à la supérieure des religieuses de Coutouvre cette lettre qui nous donne une idée en même temps de ses travaux et de son amour de la France :

« Révérende et chère Mère,

« Après un voyage de trois mois sur le Rio-Grande, je viens de rentrer à Galveston où j'ai trouvé votre lettre qui m'a comblé de joie. J'avais aussi dans ce même paquet de quatre-vingts lettres, celle de mon frère Pierre, me donnant toutes les nouvelles du pays, bonnes ou mauvaises, et surtout la triste annonce de la mort de celui qui portait un grand cœur, M. Celles, cet excellent curé de Coutouvre. Vous dire tous les sentiments qui se croisent dans mon âme serait impossible, car ici nous vivons dans un océan de douleurs, par rapport à notre France bien aimée; quoique nous rencontrions partout les sympathies des Américains, s'écriant quand ils nous rencontrent : *Poor France!* ils concluent qu'elle a dû être bien coupable pour être condamnée à boire un tel calice d'épreuves et d'amertumes. Je leur réponds toujours qu'elle sortira victorieuse et sera plus forte que jamais, aussitôt qu'elle reprendra sa mission à Rome; ici c'est l'attente générale et c'est aussi pour cette raison que l'Amérique fait des vœux pour notre triomphe et nous aiderait en provisions et en argent, malgré ses craintes sur nos guerres intestines et barbares. Les prières se continuent pour demander à Dieu que ce fléau cesse au milieu de vous.

« Depuis mon retour au milieu de mes chers diocésains, j'ai été jour et nuit très occupé, il fallait prêcher les retraites pastorales à mon clergé ; puis les retraites aux communautés religieuses, actuellement au nombre de dix-huit, soit Ursulines, Verbe Incarné, Hospitalières, Sœurs de la Providence, Sœurs du Cœur agonisant et Sœurs de la Sainte-Croix. Je viens d'ordonner cinq prêtres. J'arrivai à Galveston huit jours avant la fête de l'Annonciation pour prêcher la retraite aux ordinants. Je finissais un voyage de 1.400 milles ou 500 lieues à cheval, et pendant trois mois je n'ai pas changé ma monture, aussi tout le monde veut voir ce fameux coursier, et s'il périt on veut lui élever un monument, mais il n'en montre pas l'envie. Dans quinze jours, je dois commencer une autre visite dans l'Ouest de mon diocèse ; ma course sera de 600 milles de plus que la première fois et me tiendra six mois à cheval. J'ai confirmé six mille personnes dans la première, je n'ai aucun doute que dans la seconde je dépasserai la chiffre de dix mille ; sur ce nombre, il y a près d'un cinquième de protestants ou d'infidèles ramenés à la Foi.

« Le mouvement religieux va toujours croissant. Je vous assure, chère Mère, que les souffrances servent considérablement à nourrir parmi nos populations le désir de connaître une religion qui donne à nos missionnaires le courage moral et les forces physiques pour braver et les pluies d'hiver et la monotonie des plaines aussi bien que nos terribles montagnes rocheuses qui cachent leur tête dans les nues et dans leurs vallées les Comanches à la peau rouge, les panthères aux griffes monstrueuses et aux dents carnivores. J'en ai eu un exemple terrible : Il y a trois semaines, en traversant un petit désert de trente lieues, je rencontrai deux bergers gardant deux troupeaux de quatre mille brebis. Chacun avait deux chiens que nous appelons en langue mexicaine *Pastores*. Je campais près d'eux et nous nous occupâmes de les catéchiser jusqu'à onze heures de la nuit, puis chacun songea à chercher son lit ; le gazon pour matelas, l'espace pour rideaux et le firmament pour ciel de lit. Nous dormîmes bien et même nous dormîmes trop, car sept panthères attaquèrent le troupeau ; les chiens se désolèrent, mais quatre devant sept, le combat n'était pas possible et leurs aboiements n'éveillèrent point les bergers. Au point du jour les chiens étaient près des brebis mortes, sept avaient été emportées et trois restaient baignées dans leur sang. Les chiens hurlaient et aussitôt qu'ils virent les bergers prendre leurs armes, ils cessèrent leurs cris de détresse et suivirent la piste des panthères. Après un quart d'heure de marche, ils s'arrêtèrent devant d'épaisses broussailles. Les bergers, comprenant que l'ennemi était là, firent feu redoublé sur le massif. Quatre panthères, atteintes de balles, furent aussitôt mises en pièces par les chiens furieux d'avoir perdu leurs brebis ; les trois autres partirent et les bergers rentrèrent contents dans la *Machada*. Les victimes s'étaient vengées et je partis conservant dans ma tête et dans mon cœur la leçon que nous avaient donné, sur la vigilance pastorale et sur le courage en temps d'épreuves, ces pauvres chiens pasteurs.

« Toutes nos chères enfants de Coutouvre se portent bien et sont bien contentes ; sœur Sainte-Claude et sa sœur Sainte-Marie-Xavier, sœur Saint-Joseph et sœur Saint-André ne vous oublieront jamais ; leurs yeux pétillent de joie lorsque j'ai de vos nouvelles à leur donner.

Toutes sont d'excellentes religieuses qui ont compris que la voie de la perfection, au Texas comme en France, se trouve dans le renoncement à soi-même. Porter sa croix et suivre Jésus, mourir au monde à ses plaisirs, à ses honneurs et à ses richesses est chose facile ; les païens le firent ; mais mourir à soi-même, avoir des yeux sans voir, des oreilles sans entendre, une langue sans parler, des pensées, des désirs, une volonté personnelle et les sacrifier, c'est une entreprise divine, impossible sans la méditation et sans la prière qui sont nos armes dans la double guerre que nous imposent chaque jour et la mortification intérieure et la mortification extérieure. Hors de là, vous le savez, chère Mère, il n'y a point de paix véritable, il n'y a pas le commencement des délices que Dieu prépare à ses Elus et Jésus-Christ à ses épouses.

« Je viens donc vous supplier encore de bien faire réfléchir ma nièce Clotilde, afin qu'elle sache bien ce qu'elle va faire en entrant en religion : mourir à elle-même, ne pas penser en dehors de la règle et ne pas vouloir en dehors de ses supérieurs.

« Que tous les bienfaiteurs de mes missions sachent bien que je souffre avec eux et que je ne cesserai point de les recommander, chaque jour, à Celui dont la sagesse infinie mesure selon nos besoins, la tristesse ou la joie, l'abondance ou la disette, la maladie ou la santé, la vie ou la mort. J'envoie à chacune des sœurs de Coutouvre et à nos chères familles les plus abondantes bénédictions et à vous, Mère, tout un Océan. Priez pour votre tout dévoué.

« † X.-C.-M. Dubuis,

Évêque de Galveston. »

CHAPITRE XVI

PARTAGE DU TEXAS EN TROIS DIOCÈSES PROGRÈS MATÉRIEL ET RELIGIEUX VRAIMENT EXTRAORDINAIRE

Cependant le vaste Etat du Texas voyait venir à lui des populations de plus en plus nombreuses. Mgr Dubuis devait multiplier ses travaux pour répondre aux besoins de ses nouveaux diocésains et sans la rare activité que Dieu lui avait départie, il lui eut été impossible de faire face aux nécessités toujours grandissantes de cet immense pays.

Grâce aux ressources que sut se procurer son zèle, Mgr Dubuis remplit le Texas d'institutions religieuses.

A son arrivée, il n'y avait trouvé que trois prêtres, une misérable église en planches à Galveston et quatre murs noircis par les années à San-Antonio et les endroits où le missionnaire offrait les saints Mystères n'étaient pas moins misérables que la grotte où Jésus-Christ prit naissance. En effet, il n'y avait en réalité ni église ni chapelle, ou plutôt, elles se promenaient sur le dos du cheval que montait le missionnaire, celui-ci emportait dans son bissac ses ornements, ses vases sacrés, tout ce qui était nécessaire au culte et s'arrêtait partout où il trouvait des catholiques pour leur faire faire leurs devoirs religieux. Après avoir passé quelques jours dans une famille, il repliait bagage et se mettait en route à la recherche d'autres catholiques.

Cependant, sous l'administration active et féconde de Mgr Dubuis, cet état de chose fut bientôt changé. On commença à construire dans les principaux centres des chapelles en bois qui se transformèrent bientôt en de beaux et solides monuments en pierres. Il augmenta notablement le nombre des prêtres qui atteignit bientôt le chiffre de cent. Il bâtit plusieurs églises autour desquelles il multiplia les orphelinats, les hôpitaux et les pensionnats. Il écrit à cette époque une lettre qui nous explique la situation du pays :

« J'ai passé, dit-il, un mois à Galveston pour ordonner dix prêtres et pour faire les plans de deux églises qui seront finies lorsque je rentrerai. Nous aurons alors cinq églises catholiques à Galveston, sept à San-Antonio et plus de deux cents dans tout le diocèse. Cette année, Dieu merci, tous mes prêtres se portent très bien et travaillent avec des succès qu'il me serait impossible de vous faire comprendre. Je viens de prêcher la retraite pastorale à ceux qui vivent dans l'Est ; la semaine prochaine j'arriverai à San-Antonio, pour la prêcher à ceux de l'Ouest qui sont au nombre de soixante, là-même où j'étais seul il y a trente ans. Puis, je prêcherai des retraites à nos chères communautés, qui ne sont pas moins utiles à notre pays qu'à la France. Mon pauvre peuple est encore à moitié sauvage partout où je n'ai pu encore fonder un couvent. Aussi les populations ne me laissent aucun repos, tous veulent des sœurs pour leurs enfants et leurs malades. Oh ! si c'était facile comme à Lyon, où la montagne de Fourvière en est couverte, nous serions heureux ; priez Dieu qu'il nous accorde cette faveur. »

Il parcourait plusieurs fois par an son vaste diocèse, encourageant ses prêtres, leur portant des secours, réunissant les fidèles pour les affermir dans la foi et les exhorter à construire des demeures à Jésus-Eucharistie. Il avait le don de convaincre, et bien souvent, avant de partir, il faisait les plans d'une église et réunissait une partie des fonds pour la construction. Sous sa puissante direction, les villes de Galveston, de Dallas, de Brownswille et surtout de San-Antonio, devinrent des foyers de vie chrétienne en même temps que des centres de population d'une réelle importance.

Ses prêtres le voyaient arriver avec bonheur, car ils trouvaient en lui un véritable père. Si parfois il se montrait un peu sévère dans ses conseils au sujet du culte divin, il revenait bientôt à sa simplicité et à sa bonté proverbiales.

Cependant, malgré son activité extraordinaire, les travaux multipliés d'un vaste diocèse, plus grand que la France, et renfermant, d'après l'*Ordo* des Etats-Unis, plus de deux cent mille catholiques (1), faisaient plier ses

(1) Voici un résumé de l'*Ordo* des Etats-Unis 1874 : Diocèse de Galveston comprenant tout l'Etat du Texas établi en 1847 (le premier évêque fut Mgr Odin, transféré à la Nouvelle-Orléans en 1861).

L'évêque actuel (Rév. C.-M. Dubuis, consacré le 23 novembre 1862), compte :

Vicaires généraux : { Rév. L.-C.-M. Chambodut ; Rév. E. Buffard.

Chancelier : Rév. Louis Challand.

Il existe actuellement dans le diocèse :

85 églises ;

165 chapelles ;

12 académies ou maisons d'éducation pour les jeunes filles, tenues par les religieuses ;

épaules sous le fardeau, et à sa demande, Rome consentit à partager ce vaste Etat en trois diocèses, ayant pour sièges Galveston, San-Antonio et Brownswille. Au mois de mai 1874, il écrivait : « Je vais bientôt commencer dans l'Ouest un voyage de trois mois, à dos de cheval ou de mulet, je ne sais pas encore ; toujours ce que je sais, c'est que ce sera probablement la dernière fois. On écrit de Rome qu'on va nous envoyer sous peu les deux nouveaux évêques qui nous sont devenus indispensables. »

Vers la fin de 1874 le Texas fut donc partagé en trois diocèses ; Mgr Dubuis fut invité à choisir. Son choix n'alla point sans déchirements. Voici ce que nous écrit à ce sujet une religieuse de San-Antonio :

« Je puis dire en toute vérité que la séparation du diocèse de San-Antonio de celui de Galveston avait fait une plaie profonde au cœur si affectueux de Mgr Dubuis.

« Ayant, sur la parole de notre Saint-Père, décidé de rester à Galveston, parce que c'était le siège épiscopal le premier fondé, il avoua naïvement sur la question qui lui était faite, lequel des deux avait ses préférences, que lui ôter Galveston c'était lui arracher l'âme, mais que lui ôter San-Antonio c'était lui arracher le cœur ! A notre avis, le cher Prélat aurait mieux fait de demeurer à San-Antonio ; il y était non seulement chéri, estimé, mais permettez-moi l'expression un peu forte, presque adoré par son nombreux troupeau qui se serait trouvé trop heureux de le garder au milieu de lui jusqu'à sa mort !... »

Mgr Dubuis vint alors faire un nouveau voyage en France afin de trouver des ressources pour son diocèse démembré. Pendant la traversée de l'Atlantique sur un

3 collèges ou maisons d'éducation pour les jeunes gens, tenus par les Frères ;
200.000 catholiques ;
2 hôpitaux ;
2 orphelinats.

paquebot américain, Monseigneur fut témoin d'une querelle entre un officier du bord et un Allemand ; querelle qui devait se terminer par la chute « involontaire » de l'Allemand dans la mer, d'après quelques paroles échappées à l'officier et qu'entendit Monseigneur. Pour éviter ce malheur, Mgr Dubuis alla trouver l'officier, le soir, quand il faisait son quart. Mais en montant l'escalier de la passerelle, il fut pris par un « paquet de mer » qui le jeta si violemment contre la rampe de fer, qu'il eut l'os de l'omoplate et le haut du bras droit brisés en plusieurs morceaux sur une longueur de trois centimètres.

Un premier pansement rudimentaire lui permit d'achever la traversée, et d'arriver à Paris en souffrant horriblement, mais sans autre accident grave à l'endroit de la fracture. Aussitôt débarqué à l'hôtel Fénelon, Mgr Dubuis manda le docteur O...

— Mais, lui dit le docteur, après avoir examiné la fracture, le bras est perdu ; je ne puis que vous enlever les fragments de l'os brisé, et cicatriser la plaie. Il n'y a rien autre à faire.

— Et dans combien de temps pourrai-je faire usage de mon bras ?

— Il faudra deux mois de traitement pour ces opérations et guérir la plaie, mais vous ne pourrez plus faire usage de votre bras.

— Deux mois ! Deux mois ! En êtes-vous bien sûr ?

— Oui, et encore à la condition qu'il ne surviendra rien de plus fâcheux.

— Je n'ai pas le temps de me dorloter ainsi, docteur ; dans huit jours je vous annoncerai ma guérison par une lettre.

— Mais vous ne serez pas en état d'écrire ?

— Pardon, docteur, je l'écrirai toute entière de ma propre main.

— Et quel est le médecin qui fera ce miracle ?

— Ce sera le bon Dieu, je partirai ce soir pour Vichy; demain je porterai le Saint-Sacrement à la procession de la Fête-Dieu; dans trois jours, je serai à Lourdes où j'irai remercier la Sainte-Vierge d'avoir obtenu ma guérison, remarquez bien que je dis remercier, comme si c'était déjà fait, tant j'y compte! Et puis, le lendemain de mon arrivée à Lourdes, je vous écrirai tout cela.

— Oh! alors, s'exclama le médecin, d'un ton ironique, si vous avez tout le paradis à votre service, je n'ai plus qu'à vous saluer et à me retirer.

Et il sortit, persuadé d'avoir eu affaire à un fou, ou du moins à un illuminé voisin de la folie.

Mais les choses se passèrent exactement comme l'évêque les avait annoncées.

Le vide causé par l'absence de l'os brisé resta toujours visible, mais le bras guéri, selon le programme indiqué au docteur, devint plus fort que le bras gauche, comme preuve persistante d'une guérison miraculeuse.

Après avoir parcouru la France, l'Italie et la Belgique, Mgr Dubuis réunit autour de lui dix prêtres et quinze religieuses pour son diocèse et repartit aussitôt avec ses nouveaux auxiliaires. Cette fois, pour gagner du temps, au lieu d'aller directement du Havre au Texas, il s'embarqua pour New-York et de là prit la grande ligne de chemin de fer de New-York à Galveston qu'il parcourut en quatre jours.

Depuis quelques années le Texas lui-même était rentré dans la voie du progrès et voyait chaque jour de nouvelles lignes ferrées traverser ses immenses prairies. D'ailleurs les deux grands obstacles au développement du Texas étaient vaincus : les Indiens avaient été refoulés vers les Montagnes-Rocheuses et les brigands relégués dans le Mexique. Les colons se trouvant alors en pleine sécurité arrivaient en foule des Etats-Unis et de l'Europe. Des anciens campements indiens on ne voyait plus que les restes et après avoir été pendant de nombreuses années le repaire des brigands, des assassins et des voleurs, après avoir servi de refuge à l'écume de la société civilisée, en même temps qu'aux féroces Indiens, l'on pouvait dire que le Texas devenait enfin un pays civilisé. On y pouvait voyager avec sécurité à cheval, en voiture et en chemin de fer; on n'était plus réduit, comme autrefois, à partir en caravanes, armé jusqu'aux dents. L'industrie et le commerce commençaient aussi à pénétrer partout; les usines et les fabriques se construisaient peu à peu, et au lieu de faire venir à grands frais du Nord des Etats-Unis les objets fabriqués, on commençait à tout façonner sur place.

Toutefois, pendant de nombreuses années encore, l'Ouest du Texas resta en retard; les colons y étaient rares, ne pouvant pas construire des maisons et des barrières d'enceinte pour leurs champs. Mais grâce aux voies ferrées, cette partie du Texas qui jouit d'un excellent climat, finit par se peupler aussi. La transformation du pays fut alors tellement rapide, qu'un missionnaire nous écrit que celui qui est resté vingt ans sans voir le Texas ne peut le reconnaître, tellement les voies de communications, les villes et les villages se sont développés, et, ajoute ce même missionnaire, les récits au sujet du vieux Texas vont bientôt paraître invraisemblables même à ceux qui habitent aujourd'hui le pays.

Mgr Dubuis sut faire marcher de pair, avec le développement du pays, celui de l'Eglise catholique; il eut le bonheur à cette époque de voir de nombreux Protestants revenir au Catholicisme. D'ailleurs, après une assez longue lutte, l'esprit de la nation américaine se détournait des persécuteurs pour aller tout entier aux affaires, et quelquefois à Dieu. Voici ce que Mgr Dubuis écrit lui-même à ce sujet :

L'Enfer reste rarement tranquille devant une série trop

longue de triomphes et de victoires remportées par l'Epouse du Fils de Dieu, il a lancé de nouveau quelques-unes de ces étincelles au milieu des étoupes toujours inflammables du radicalisme.

L'archevêque de New-York venait de recevoir de Rome la pourpre cardinalice, et tous ensemble, catholiques et protestants, saluaient le cardinalat comme un grand honneur pour l'Amérique et l'arrivée du cardinal comme l'aurore d'un beau jour. Cependant, il y avait, parmi les hommes de parti, des notes discordantes. Une période de quatre années suffit pour dresser toutes les batteries, pièges et embûches contre l'Eglise : le chef de la nation donna le signal du combat en déclarant, en présence des politiciens réunis en assemblée, que les progrès du catholicisme menaçaient de dénaturer l'esprit de la nation, qu'il était temps de les arrêter, que plus tard il n'y aurait plus de force capable de s'opposer à ce géant de la superstition. Tous les ennemis du catholicisme applaudirent, mais le Ciel prit la défense de ses enfants. En 1876, la nation tout entière se recueillit, et malgré les efforts des sectaires, décida par ses votes que l'ordre moral et religieux ne serait point troublé. C'est qu'en Amérique l'on trouve véritablement l'esprit religieux en même temps que le culte de la liberté. C'est cet esprit qui, en 1855 et 1856, arrêta l'invasion du Know-Nothingisme ; c'est cet esprit qui donne la véritable vie à un peuple ; c'est cet esprit qui a fermé l'abîme sous les pieds de la nation américaine aux dernières élections pour son nouveau Président en 1876.

Un des traits les plus frappants du sentiment religieux qui ne meurt pas dans ce peuple, c'est son opposition à la demande de Grant de frapper d'une taxe les églises, les couvents, les collèges et les maisons des missionnaires. A toutes ces demandes du Président persécuteur, la nation répondit par l'organe de ses deux Chambres, Sénat et Législative : « Ne taxons point celui qui nous donne tout, si nous attaquons Dieu, qui est-ce qui nous bénira ? Et si nous lui imposons des taxes, ne peut-il pas prendre sa dîme par les fléaux et nous envoyer pour nous punir, comme il l'a déjà fait, la sécheresse ou les sauterelles ? »

Nous nous rappelons, en effet, qu'à l'époque de l'inauguration de notre première grande ligne de fer dans le

Texas, nous arrivâmes sur les bords du Bragos sur des voitures magnifiques; notre locomotive était d'une telle force que nous nous accordions tous à dire : Il n'y a plus de distance désormais et ce soir nous souperons à Galveston. Hélas ! à peine ces paroles étaient-elles tombées de nos lèvres que, dans un petit bois de quelques kilomètres, une couche énorme de grosses chenilles nous barraient le passage. Après avoir dévoré toute la verdure à la droite du chemin de fer, elles se promenaient sur les rails avant d'attaquer la partie du bois qui était à notre gauche; elles arrêtèrent net le train et l'on eût difficilement trouvé parmi les voyageurs une personne qui ne fît cette réflexion : Ainsi tombe devant les insectes toute notre puissance américaine ! Il nous fallut douze heures, en réunissant les efforts de deux cent cinquante voyageurs, pour déblayer la voie, pousser la locomotive et nous frayer enfin un passage.

C'est alors qu'un de nos généraux de la guerre du Mexique, en 1845, s'approcha de moi et me dit : Cet incident vous étonne ? Cependant je peux vous en citer deux, dont j'ai été témoin oculaire, et qui sont encore plus surprenants. Le premier eut lieu, lorsque je me rendais avec mon corps d'armée de Monterey à Mexico : des fourmis nous barrèrent la route et malgré tous les efforts de mes hommes il fallut reculer et faire un détour de plusieurs journées, car la morsure d'un de ces insectes me rendait un homme incapable de marcher durant une semaine. Quant au second incident, il ne s'agissait pas d'insectes, puisque j'ai dû me servir de l'artillerie pour ouvrir un passage à mes dix mille soldats que je conduisais à Santa-Fé. Pendant que nous défilions dans une magnifique vallée entre deux chaines des Montagnes-Rocheuses, un immense troupeau de bisons, peut-être aussi nombreux que mes soldats, accourut directement contre nous. J'ordonne de décharger les fusils contre cette bande d'agresseurs qui secouaient tant soit peu la tête, comme en guise de mépris, mais ne ralentirent pas pour cela leur marche furieuse. Inquiet, je fis ouvrir les rangs et avancer l'artillerie; les bombes produisirent un excellent effet et le troupeau changea de direction. Mais sans l'artillerie un bon nombre de mes soldats auraient été perdus et je n'aurais jamais pu prendre possession du Nouveau-Mexique.

Ainsi donc, l'Américain est un homme profondément pénétré de ce grand axiôme : Qu'il ne doit rien entreprendre contre Dieu. Chaque Etat a son *thank-giving day* (jour de remerciements), qui doit être solennisé aussi strictement que le dimanche, sans porter préjudice à celui que les Chambres déterminent chaque année pour la nation entière. L'Américain ne se moque jamais de ce qui regarde Dieu et ne tourne point ses ministres en ridicule. Le sarcasme voltairien qui a tant fait de mal à notre chère France est ici inconnu. Les prêtres et les religieuses peuvent porter leurs costumes sur tous les steamers comme sur tous les chemins de fer, sans jamais entendre une parole de mépris.

De cette même source n'a cessé de découler l'opposition des Etats-Unis au Mormonisme, la honte du XIXe siècle. De là encore cette vigilance sur tout ce qu'une presse impie, organe des libres-penseurs, oserait publier contre Dieu ou contre la morale publique. L'Américain n'a jamais confondu la liberté avec le libertinage et tout citoyen a le même droit à la protection des lois, quels que soient son habit et sa nationalité. Je parle en américain moi-même. Il serait à désirer que les nations qui doivent être considérées comme nos ancêtres dans la foi aussi bien que dans la civilisation, puissent faire une étude sérieuse de la réforme accomplie chez nous depuis une trentaine d'années. Il est vrai que l'Amérique garde une page un peu noire, c'est celle des tribus indiennes. Nous l'avouons sans détours, c'est une lacune dans la législation ; elle ne veut fournir aucun subside spirituel pour ses enfants du désert, mais simplement leur allouer des rations de vivre.

Heureusement l'œuvre de la Propagation de la foi comble jusqu'à un certain point et autant qu'elle le peut cette malheureuse lacune. Encore quelques années et les nombreux sauvages qui nous restent auront reçu, grâce à cette Œuvre, les lumières et la morale que porte en lui-même le saint Evangile.

Le bon évêque du Texas avait fortement travaillé à la conversion de ces tribus indiennes.

Les anciens missionnaires Espagnols avaient déjà fait beaucoup pour amener ces races à la civilisation chrétienne ; malheureusement leurs travaux qui n'avaient pas été sans résultats, furent interrompus par les Révolutions.

Lorsque les premiers Espagnols se fixèrent au Texas, il y a plus d'un siècle et demi, des religieux franciscains de Patatecas vinrent y fonder plusieurs missions, pour la conversion et la civilisation des nombreuses tribus sauvages dispersées dans cevaste pays. Les plus célèbres étaient cellesde l'Alama à San-Antonio, de la Conception de San-José, de San-Juan, de l'Espado, del Rosario, del Espiritu-Santo, del Réfugio, de San-Sabas et de Nacogdochès.

Ces missions devinrent très prospères et comptaient toutes un grand nombre de fervents chrétiens. Tous les ans, les religieux s'enfonçaient dans les forêts, pénétraient dans les diverses tribus, gagnaient par leurs présents et leurs manières pleines d'affabilité la confiance des sauvages, et les conduisaient aux missions où on les formait à la piété et au travail. Elles déclinèrent depuis la suppression de la Compagnie de Jésus et cessèrent en 1812 par l'avidité de quelques chefs du gouvernement espagnol qui désiraient s'approprier les terres dont elles étaient en possession.

Aux temps des guerres de l'Indépendance, les pauvres sauvages se dispersèrent ; quelques-uns se retirèrent au Mexique, plusieurs succombèrent sous les coups des tribus sauvages ; d'autres retournèrent à leur état primitif. Un certain nombre vinrent se fixer auprès des Européens dans les villes et les villages et leur ferveur témoignait assez qu'ils avaient été formés à la piété par des mains habiles.

Mgr Dubuis ne put faire que peu de chose pour les tribus Comanches et certaines autres tribus féroces et anthropophages, mais il eut souvent l'occasion de visiter d'autres tribus qui le recevaient avec joie. Donnez-nous donc des robes noires ! Donnez-nous des maîtres de la religion du Grand-Esprit ! lui disait-on.

Souvent il passait des journées et même des semaines entières auprès de ces pauvres sauvages qui l'écoutaient avec un saint respect.

Certaines tribus avaient vraiment des dispositions très favorables et bien des fois il fut témoin de la foi et de la simplicité de ces pauvres abandonnés. Comme ils vivaient généralement errants dans les forêts, le long des fleuves et des rivières, par petits groupes de vingt à cinquante, il était difficile d'agir auprès d'eux d'une façon constante, mais il était rare que la prédication du missionnaire ne donnât pas quelques résultats ou immédiats ou pour plus tard.

Un jour, revenant d'un long voyage au Nord de son diocèse, il rencontra sur le bord d'une rivière plusieurs sauvages qui accoururent à lui avec empressement : « Salut, robe noire, nous te cherchons depuis trois jours, nous sommes heureux de te rencontrer enfin. Notre chef est malade ; te sachant dans le pays, il nous a demandé d'aller à ta recherche ! » Monseigneur ne se fit pas prier. Arrivé près du vieux chef, il lui demanda ce qu'il désirait.

— Ce que je désire, répondit le vieillard : Te souviens-tu, il y a six ans, d'avoir demeuré une journée parmi nous ? Tu nous dis alors, que le Grand-Esprit récompensait ses amis après la mort, dans une belle maison, par un bonheur qui durera toujours ; mais pour cela qu'il fallait recevoir l'eau sur la tête. Eh bien ! robe noire, verse donc l'eau sur ma tête, afin que je puisse être heureux toujours dans la demeure du Grand-Esprit.

Le missionnaire étonné, mais charmé, se mit à l'instruire des principaux mystères de la foi ; de temps en temps il lui demandait s'il croyait les grandes vérités qu'il lui expliquait.

« Je les crois, répondait-il, parce que tu es l'homme de la prière. »

Ces pauvres Indiens ont une si grande horreur du mensonge qu'ils ne croient pas qu'une personne qu'ils estiment, soit capable de jamais les tromper, et ainsi il était facile à Mgr Dubuis de leur inculquer les motifs de crédibilité sur lesquels se fondent notre religion.

CHAPITRE XVII

MORT DE LA MERE DE Mgr DUBUIS LES COUVENTS & ÉTABLISSEMENTS RELIGIEUX DU TEXAS

Vers le mois de juillet 1876, la bonne vieille mère de Mgr Dubuis rendit son âme à Dieu ; il n'eut pas la consolation de recevoir son dernier soupir, se trouvant retenu dans son cher Texas.

Ce fut pour lui un grand chagrin, car il aimait tendrement sa mère ; voici à ce sujet ce qu'il écrivait à sa famille :

« L'année qui finit nous laisse une grande leçon : nous avions une sainte mère sur la terre, Dieu l'a rappelée à Lui, au Ciel où elle nous attend. Dans les premiers temps, j'offrais tous les jours pour le repos de cette chère âme le saint sacrifice de la messe ; je continue chaque semaine à le célébrer pour elle, ainsi que pour notre bon père. N'oublions pas leurs bons exemples, afin d'être associés à leur bonheur. Que mes chères nièces se souviennent de la piété, de la patience et de l'humilité de leur grand'mère.

« Cette année, continue-t-il, j'ai fondé douze nouvelles paroisses, grandes comme les diocèses de France. J'ai fait construire douze églises et six couvents. Cent cinquante mille émigrants sont entrés dans le diocèse de Galveston dans le cours de 1876 et l'Eglise catholique continue ses progrès, malgré la jalousie et les attaques du protestantisme. »

Nous le voyons par cette lettre, il multipliait partout les couvents le plus qu'il pouvait ; il savait bien que par là il donnerait une forte impulsion religieuse et implanterait sérieusement la foi dans les âmes.

Quelques notes écrites à cette époque sur la fondation et le développement des couvents dans son diocèse, nous montreront sa pensée à ce sujet.

Depuis que la révolution du Mexique avait fait disparaître du sol texien les institutions monastiques, celles surtout des zélés Franciscains qui avaient planté la Croix, là où jamais l'épée espagnole n'avait pu pénétrer, depuis cette époque malheureuse, surtout pour les tribus indiennes, l'ignorance pesait sur ce peuple et ce fut seulement en 1847 que Mgr Odin put obtenir quatre religieuses Ursulines, qui se fixèrent dans l'île de Galveston. Leur zèle répondit trop bien aux besoins de la population pour que ces prémices du catholicisme dans l'île pussent échapper aux recherches continuelles du père du mensonge, le soutien naturel par cela même de l'ignorance et de toute sa triste cohorte.

Un incendie déplorable faillit ruiner l'établissement. Mais grâce à la charité de nos catholiques et de nos protestants, nous pûmes éteindre ces flammes fatales, puis des ruines entassées faire sortir un nouveau monastère. Cette petite famille de filles de Sainte Angèle, appelées Ursulines de la Présentation, a résisté à toutes les calamités : la fièvre jaune, le choléra asiatique, la guerre, un siège de plusieurs années, un typhon dévastateur, l'assaut des écoles athées, et il est toujours là aussi jeune qu'il y a trente ans et aussi fort que celle qui lui donna le jour, l'épouse persécutée du Roi de la terre et des Cieux.

La Providence divine, qui veillait visiblement sur cette maison, lui donna bientôt assez de vie pour aller fonder à trois cents milles, dans l'intérieur des terres, un nouvel établissement qui, à lui seul, a élevé jusqu'à ce jour des milliers de mères de famille.

L'Est et l'Ouest du Texas venaient donc d'être enrichis de deux grandes institutions monastiques, la race anglo-saxonne avait Galveston et la race latine avait San-Antonio ; ce n'était pas assez. Un peuple voisin, peuple simple, pauvre, méprisé de tous, excepté de l'Eglise sa mère qui l'avait arraché au paganisme en le recueillant dans les déserts brûlants de la zone torride, le Mexicain, ce peuple enfant doué de grandes vertus et de fortes passions, ne pouvait échapper au regard du chef du diocèse. Six sœurs du Verbe Incarné de Lyon reçurent l'ordre d'aller sur les bords du Rio-Grande, à quatre cents milles de Galveston, pour secourir ces populations mexicaines contre les attaques que leur préparait l'hérésie.

Ce monastère, comme les deux premiers, dut acquérir sa fécondité sur le Calvaire et rester plusieurs années au pied de la Croix avant de produire dans toute son abondance les fruits si précieux de la science et de la vertu. Aussi, lorsque la terrible armée du Nord fut victorieuse et se fut emparée de la place, elle rançonna Brownsville, détruisit son fort, mais pardonna aux habitants à cause du Monastère du Verbe Incarné et laissa à cet établissement d'amples provisions que les pauvres religieuses partagèrent avec les vaincus.

Comme Galveston était devenue la mère de San-Antonio, ainsi Brownsville devint la mère de Victoria qui, à son tour, trouva assez de force et de vie pour produire deux branches, l'une à Corpus-Christi et l'autre à Huston.

La communauté de Brownsville devait encore passer par le crible de Satan. Une trombe épouvantable arracha même les fondations des bâtiments, le sol était labouré par le fleuve, les huit religieuses et les deux cents pensionnaires n'avaient plus que les rues pour demeure et le firmament pour abri ; la moitié de la ville avait disparu dans la catastrophe et l'on ne rencontrait plus que des pauvres malheureux sans asile.

Mais le Seigneur, comme nous l'avons raconté plus haut, pourvut miraculeusement à la restauration du couvent.

La Providence possède tous les trésors et elle n'est pas moins visible dans les choses spirituelles, elle ne s'endort jamais dans ce qui touche la marche et le triomphe de l'Eglise de Jésus-Christ, elle n'entoure pas seulement de tous ses soins le berceau de cette jeune épouse du Christ, mais encore elle dirige tous ses pas ; suivez plutôt sa conduite dans cet immense Etat du Texas et vous serez témoin de faits qui peuvent étonner l'incrédulité de ce côté de l'Océan, mais qui au-delà, seront toujours des monuments qui parlent de son action vivifiante et divine.

Lorsque les villes principales du diocèse de Galveston eurent été pourvues de grands monastères cloîtrés, qui sont comme les artères de la sève catholique et de la vie civilisatrice, les villages et les bourgades eurent à leur tour les sœurs de la Providence, celles du Cœur agonisant de Jésus, celles de Sainte-Croix du Mans. Puis enfin la Belgique, qui ne veut rester étrangère à aucune bonne œuvre, nous envoya de Namur ses filles apostoliques de Sainte-Marie. Dès lors dans cet immense Etat il n'y eut plus de solitude, la prière était entendue de partout, il n'y eut plus de désert ; les plus belles fleurs du catholicisme furent semées et cultivées par ces anges de vertus que l'ancien monde trop rassasié des faveurs du Ciel ne sait plus apprécier. Le Texien comprit le trésor qu'il recevait en voyant arriver ces âmes de Dieu et put bientôt constater la puissante fécondité civilisatrice du catholicisme.

Qu'il nous suffise de citer un petit trait en témoignage de cette fécondité spirituelle :

« Il y a dix ans, une humble petite sœur sortait de la Providence de Porcieux, traversait les mers, entrait dans le Texas, sans comprendre un mot de la langue du pays ; elle n'avait ni or ni argent, mais elle avait renoncé à elle-même, elle avait pris sa Croix et elle voulait suivre Jésus-Christ. Aujourd'hui elle est supérieure générale de vingt-six couvents.

Elle est ainsi la preuve vivante de l'accomplissement, même ici-bas, des paroles infaillibles de l'éternelle Vérité : « Si quelqu'un pour me suivre renonce à son père, à sa

« mère, à ses frères et à ses sœurs, je lui donnerai le centu-
« ple en ce monde et dans l'autre la vie éternelle. »

Les sœurs missionnaires de Sainte-Marie, dès leur arrivée dans notre pauvre diocèse, ne tardèrent pas à connaître les voies merveilleuses de la divine Providence. Un jour que j'étais à Carriranat, où l'établissement n'était pas encore sorti de la pauvreté de Bethléem, il n'y avait rien pour déjeuner et la Supérieure, qui était d'une famille distinguée de la ville de Luxembourg, sentait vivement à cause de notre présence, cet abandon plus absolu qu'à l'ordinaire. Voilà que tout à coup, pendant qu'elle accompagnait de ses larmes quelques paroles de regret pour le présent et d'espérance pour notre prochaine visite, il nous fut remis une lettre qui contenait 250 francs pour les bonnes sœurs. Celui qui croit en la Providence comprendra le bonheur procuré par ce soulagement temporel tombant comme du Ciel sur ces âmes de Dieu.

L'Eglise catholique sait bien que son divin Epoux est mort pour tous les hommes, aussi n'oublie-t-elle personne. A ses yeux, l'âme des Peaux-Rouges, celle des noirs comme celle des blancs, offre l'image vivante du Créateur : toutes sont marquées du sceau de la Rédemption, aussi se dévoue-t-elle pour toutes, et pour toutes elle a des institutions ; voilà pourquoi elle créa des sœurs noires pour les pauvres nègres. Maintenant donc, on peut le dire, rien ne manque dans ce pays pour la femme, rien sinon la multiplication des œuvres fondées, pour lui donner une bonne et sainte éducation.

Cependant l'homme aussi est fait pour le Ciel ; comme la femme, il a puisé à la source originelle des penchants, des passions qu'il doit redresser ou enchaîner, et l'éducation catholique seule peut lui en fournir les moyens. Aussi dès que le catholicisme eut commencé à mettre son empreinte sur la République texienne, on songea à appeler les Frères des Ecoles chrétiennes, de Sainte-Marie, et le petit garçon put grandir à côté de sa petite sœur en âge et en sagesse. Nos collèges de Frères, comme le grain de sénevé, restèrent enfouis quelque temps, puis grandirent doucement et aujourd'hui, après vingt-cinq ans d'existence, ils sont devenus cet arbre couvrant de son ombre salutaire les familles et les tribus qui viennent chercher la science et la vertu.

Ce n'est pas tout, après avoir pourvu à tous les besoins de l'âme, l'Eglise appelle ses anges consolateurs, ses filles de la charité ; à l'une elle donne le berceau de l'orphelin, à l'autre elle confie le vieillard qui s'avance vers la tombe ; elle place celle-ci au chevet du malade et elle envoie celle-là au milieu des incurables, et la terre du Texas a été obligée de confesser que le Ciel faisait des prodiges en produisant de tels résultats par des moyens humainement si faibles. Aujourd'hui, il y a des centaines d'églises catholiques dans lesquelles peuvent prier l'Américain, le Français, le Mexicain, l'Espagnol, l'Allemand, le Polonais, le Bohémien comme le Créole, le Nègre et l'Indien, chacun dans sa langue, dans son temple ; de plus, il y a deux hôpitaux considérables, ainsi que deux orphelinats, pour San-Antonio et pour Galveston. Tous ces établissements religieux, toutes ces œuvres de charité dépendent en grande partie de la libéralité du peuple et sont toujours protégés par l'Etat contre les injustices des méchants.

Couvents, écoles, orphelinats, hôpitaux furent l'œuvre de notre zélé apôtre. Et après cela, il nous est facile de comprendre la parole tombée des lèvres d'un missionnaire du Texas : « Jamais, en France, on ne pourra apprécier le zèle et les travaux de Mgr Dubuis et il est impossible de raconter tout ce qu'il a fondé et organisé au milieu des Texiens. »

CHAPITRE XVIII

Mgr DUBUIS A ROME, A COUTOUVRE VISITE DU DIOCÈSE & ACCIDENT. — DIFFICULTÉS AVEC LES AMÉRICAINS

Le 9 mai 1877, Mgr Dubuis arrivait d'Amérique et gravissait pieusement la montagne de Fourvière où il aimait à se prosterner devant l'image de Marie. Le soir il présidait l'exercice au milieu d'une foule considérable qu'il intéressa beaucoup par le récit de ses rudes travaux apostoliques dans le Texas.

De là il partit pour Rome prendre part aux fêtes du Jubilé épiscopal de Pie IX. « Pendant ce voyage, raconte-t-il lui-même dans une lettre publiée par les journaux en 1881, j'étais accompagné d'un homme qui, depuis son jeune âge, était sujet à des attaques d'épilepsie. Il était persuadé que, si Pie IX daignait lui accorder une audience et lui poser la main sur la tête, il serait immédiatement guéri.

« Durant le trajet que nous fîmes ensemble de Lyon à

Rome, il éprouva dans le wagon de fréquentes attaques, dont quelques-unes durèrent deux heures. Lorsque nous fûmes arrivés à Rome, je le conduisis au Vatican, à une audience que le Pape devait donner aux pèlerins de Saint-Etienne. Je le plaçai sur le passage et quand Pie IX arriva devant nous, je le prévins et le priai de vouloir bien poser sa main sur la tête de ce jeune homme. « Très Saint-Père, lui dis-je, ce jeune homme est malade, et il espère être guéri, si seulement vous le touchez. » Pie IX me répondit avec un grand air de bonté : « Eh bien! puisqu'il a cette foi, je vais vous satisfaire tous les deux. »

« Ce jeune homme affirme que, à partir de ce moment-là, il n'a plus rien souffert de sa maladie, et les médecins eux-mêmes ont constaté son parfait rétablissement. C'est ce qu'il m'a assuré dans le mois d'octobre 1880, ajoutant avec émotion : « Oui c'est à Pie IX que je suis redevable « du bon état de ma santé. »

A son retour d'Italie, nous voyons l'évêque de Galveston présider la distribution de prix de l'école Saint-Michel à Saint-Etienne, et là, après un beau discours du R. Père Vadon, supérieur, sur l'éducation chrétienne de la jeunesse, le prélat missionnaire prit la parole à son tour. « Et malgré un long séjour dans les missions il montra, dit le *Moniteur de la Loire*, que la langue française n'avait point cessé d'être l'instrument docile de son éloquence. » Son allocution courte et pathétique enleva tous les cœurs, élèves et assistants se séparèrent sous le charme de ces pensées de la foi qui rassérènent l'âme et la fortifient au milieu de tant de sophismes écœurants de la presse contemporaine.

Le 15 août, fête de l'Assomption, il présidait à Coutouvre, son pays natal, une touchante cérémonie. Le Jubilé de 1875 avait été prêché par les Pères Maristes avec tant de fruits que l'on ne comptait que cinq personnes qui ne s'étaient pas approchées des Sacrements dans cette paroisse de deux mille âmes. La population, voulant garder éternellement le souvenir d'une mission si fructueuse, résolut d'élever en l'honneur de Marie une superbe chapelle au-dessus du bourg. Le zélé pasteur, M. Rigotier, parcourut alors le pays et tous les habitants voulurent participer à une si pieuse action. Les uns offraient quelques journées de travail, d'autres des journées de leurs bœufs et de leurs chevaux, tous enfin de l'argent, selon leur moyen.

Ce fut vraiment merveilleux de voir l'enthousiasme de cette chrétienne population, et l'entrain avec lequel ces ouvriers volontaires s'acquittaient de leurs fonctions. Au mois d'août 1877, le monument était achevé ; il s'élevait majestueusement sur le plateau des Auges dominant le pays tout entier. Ce monument comprend une chapelle et un clocher de style gothique dans de parfaites proportions. La statue qui domine l'édifice est une vierge immaculée, de cinq mètres de haut, du plus beau modèle. Une galerie aménagée aux pieds de la vierge permet d'en faire le tour et offre à la vue la plus belle perspective sur tous les environs, surtout sur la plaine du Roannais qu'elle embrasse dans toute son étendue.

Le jour de l'Assomption tous les habitants étaient en fête ; les rues du village étaient couvertes de guirlandes et d'arcs de triomphe ; les maisons disparaissaient sous la verdure et les fleurs ; jamais on n'avait vu de si belles décorations. Attirés par les salves d'artillerie, les villages voisins accouraient et bientôt, autour du monument, une foule énorme de six à sept mille personnes se pressait pour assister à la cérémonie. Du haut d'une estrade élevée, Mgr Dubuis fit alors entendre sa voix puissante. Après avoir donné à la vierge du sanctuaire le nom de Notre-Dame de Prompt-Secours, en l'honneur d'une statue miraculeuse de la Nouvelle-Orléans, il demanda aux habitants et à tous ceux qui assistaient à la cérémonie de se confier pleinement en la reine du Ciel; il leur promit qu'elle serait, sous ce vocable béni, la garde et la protectrice non seulement de la paroisse, mais de tout le vaste horizon qu'elle domine.

De retour en Amérique, Mgr Dubuis reprit sa vie apostolique, parcourant le pays pour y porter la parole de Dieu et y donner le sacrement de Confirmation.

Un jour, raconte un missionnaire qui l'accompagnait quelquefois dans ses courses, Monseigneur avait donné la Confirmation dans un village; il faisait une chaleur étouffante; nous étions tous deux dans un appartement à réciter notre bréviaire, lorsqu'une dame protestante du pays vint trouver le maître du logis et lui demande à parler à l'évêque de Galveston.

— Bien facile, lui répond celui-ci.

— Que dois-je faire en me présentant devant lui? continue-t-elle.

— *Kiss the Bishop's ring*, vous baiserez l'anneau de l'évêque. La bonne femme n'entendit pas le dernier mot l'*anneau*, elle n'entendit que les premiers : *Kiss the Bishop.* Elle s'avance aussitôt et sans hésitation elle embrasse le bon prélat qui la regarde tout étonné.

Lorsque nous eûmes connaissance du quiproquo, un franc éclat de rire s'échappa de nos poitrines; mais il faut croire que cet acte de simplicité de la part de cette bonne femme ne fut pas perdu devant Dieu, car elle se convertit bientôt après et devint dans la suite une excellente catholique.

« Que de fois, ajoute ce même missionnaire, que de fois nous nous sommes égarés dans les forêts et les vastes prairies! Un jour, il ne voulut point du guide que le curé d'une petite ville voulait envoyer pour diriger notre marche. Nous partîmes tous deux sur une petite voiture conduite par un jeune négrillon. Au bout de quelques heures nous étions égarés; ne sachant pas de quel côté diriger notre marche, il nous fallut traverser trois ou quatre rivières au milieu des plus grandes difficultés ; nous n'avions aucune provision et la faim se faisait sentir. Enfin, vers dix heures du soir, nous aperçûmes une petite cabane. C'était l'habitation d'un brave colon, excellent catholique et intime ami de Monseigneur. Toute la famille se lève aussitôt, prépare un bon souper, et ne sait comment remercier la Providence de cette agréable surprise. Cependant, cette joie sincère que nous procurions à nos hôtes était loin de nous être salutaire, car notre orientation avait grand besoin d'être rectifiée, et malgré les douze heures du voyage que nous avions fait en voiture, nous nous trouvions à la même distance de notre but que le matin.

« Après trois heures de sommeil, nous repartîmes avant le jour et, dirigés par ce colon, nous pûmes arriver juste au commencement de l'office et calmer l'inquiétude de ceux qui ne savaient que penser de notre retard.

« Souvent, me disait-il, lorsque je vais donner la Confirmation, le diable me joue de ces vilains tours. »

Un autre jour, l'évêque de Galveston allait visiter et bénir des colons de la Bohême. Ces braves gens, pleins de foi et d'ardeur, voulant recevoir leur évêque avec toute la pompe et l'éclat possibles, vinrent le chercher à une grande distance avec un superbe équipage à quatre chevaux. Une centaine de jeunes gens à cheval escortaient le carosse et à certains moments déchargeaient tous ensemble leurs carabines.

Les chevaux, effrayés par ces salves générales, s'élancèrent à fond de train et à un contour de la route renversèrent la voiture dans le ravin. Mgr Dubuis fut relevé couvert de sang, ayant un doigt cassé et de nombreuses contusions. Cet accident lui fut fatal car il ressentit alors un ébranlement général qui lui occasionna pour le reste de ses jours un violent tremblement nerveux.

A partir de ce moment, sa santé, si robuste jusque-là, fut fortement atteinte et, malgré les soins qu'on lui prodigua, il ne put se guérir complètement.

Ce fut alors que, se voyant condamné à un repos relatif, et n'ayant plus la force de parcourir son diocèse, il demanda à Rome un coadjuteur avec future succession. Celui-ci lui fut accordé, immédiatement, le 14 mai 1878, en la personne de Mgr Dufal, évêque de Delcon, vicaire apostolique de la partie Est du Bengale.

Nous n'aurons pas à nous occuper de Mgr Dufal dans cette histoire, car accablé déjà par ses travaux apostoliques, ne connaissant pas du tout la langue anglaise si nécessaire dans ce pays, et ne pouvant supporter les ardeurs de ce nouveau climat, il donna sa démission quelques mois après.

J'ai parlé du terrible climat de Galveston ; c'est que, en effet, cette ville plantée dans le sable brûlant d'une petite île perdue sous le soleil des tropiques, est vraiment meurtrière pour ses habitants. « Dans le Texas, raconte un ancien missionnaire, plusieurs contrées sont saines et habitables, mais Galveston a dû être fondée par des fous, car on ne peut trouver, dans le monde entier, un endroit plus incommode et plus malsain. Elle est construite sur une île de sable blanc dans lequel on enfonce jusqu'à mi-jambe. Le soleil chauffe et surchauffe ce sable avec une fureur tout à fait tropicale. Les maisons, peintes en blanc, reflètent cette chaleur et l'atmosphère embrasée ressemble à celle d'une fournaise en pleine activité. Avant d'arriver à l'évêché, j'étais mis dans un tel état que je me demandais si j'étais rôti ou bouilli. Rouge comme une crête de coq, et mouillé jusqu'aux os par la transpiration, je me sentais cuit à point pour passer de vie à trépas ; un degré de plus et je terminais ma carrière en pleine rue.

« En outre, l'excès de la lumière produite par le soleil

et la réverbération du sable et des maisons, m'aveuglait, me faisait cuire les yeux et m'obligeait à les tenir presque complètement fermés.

« La population de Galveston avait néanmoins quintuplé depuis mon premier voyage. La ville s'était embellie par la construction de nouvelles églises, de l'hôpital, du collège catholique, des maisons de banque ou de commerce ; mais les rues sont toujours les mêmes : du sable, partout du sable.

« Si Galveston était en France, on y aurait élevé déjà plus d'une statue à Mgr Dubuis, pour avoir métamorphosé la ville par les édifices religieux, d'instruction et de bienfaisance dont il l'a dotée ; mais la reconnaissance est un fardeau aussi lourd au Texas qu'ailleurs.

« Les deux nuits que je passai dans cette fournaise appelée Galveston, furent pour moi deux nuits de souffrances continuelles. La chambre que me donna l'administration de l'évêché regardait le nord ; elle était par conséquent privée de la brise du golfe qui rafraichit un peu l'atmosphère au Texas. La chaleur et la privation d'air m'étouffaient littéralement. Je transpirais sur mon lit, au point d'avoir l'air de flotter dans un bain d'eau chaude.

« Ma moustiquaire, trop épaisse, avait la charmante propriété d'empêcher l'air de me parvenir quoiqu'elle laissât entrer les moustiques de tous côtés. J'étais sur mon lit sous une cloche pneumatique, haletant, soufflant, remuant et prêt à rendre le peu d'esprit qui me reste, sans pouvoir dormir une minute. Les moustiques introduisaient dans tous mes pores avec leur infernal aiguillon, une chaleur cuisante semblable à la piqûre d'une aiguille rougie au feu. Ensuite venait cette démangeaison irritante, prolongée, particulière à la piqûre de ce diabolique insecte. Lorsque ces faits se produisent sur toutes les parties du corps et pendant toute une nuit, on finit par se lever, s'éventer, fumer et boire de l'eau; puis on se recouche, on remue, on râle avant de se relever, se *réventer*, refumer et reboire.

« Afin de ne pas devenir enragé, je me levai peut-être pour la vingtième fois, je courus à la fenêtre et j'exhalai ma bile en faisant de la poésie de circonstance comme celle-ci : « Oh ! Châteaubriand, le plus véridique des « poètes, dont la muse gasconne semble s'être inspirée « sur les bords de la Garonne, pourquoi n'avez-vous pas « promené votre lyre sur les plages enchanteresses de « ce golfe aux ondes d'azur ?... »

Nous voyons par ces quelques lignes en quel pays Mgr Dubuis se trouvait pour réparer sa santé ébranlée par son accident et par un effroyable rhumatisme articulaire inflammatoire. Autrefois, lorsqu'il jouissait d'une santé florissante et qu'il parcourait constamment son diocèse pour y porter la parole de Dieu et le Sacrement des forts, il évitait les inconvénients de cette ville insalubre ; maintenant, cloué sur un lit de douleurs, il lui fallait endurer tous les supplices de cette fournaise.

Aussi les médecins, voyant son état, lui conseillèrent d'aller réparer sa santé dans sa patrie. Il partit et après avoir respiré quelques mois l'air natal et fait une station à Vichy, il retrouva bientôt une amélioration sensible.

Nous lisons dans l'*Echo de Fourvière*, du 28 août 1880, ces quelques lignes : « Dimanche soir, Mgr Dubuis présidait la belle cérémonie de clôture de l'octave de l'Assomption. On sait que la santé de ce digne évêque a donné dernièrement de vives inquiétudes. C'est avec une joie bien légitime que les fidèles se sont associés à la prière d'action de grâce que M. le Recteur a adressée à Dieu et à la très sainte Vierge pour la guérison de sa Grandeur. »

Pendant ce séjour en France, il écrivit une lettre où il se peint trop lui-même pour que nous ne la rapportions pas ici.

Le 31 juillet 1869, Mgr Dubuis avait ordonné prêtre, dans la chapelle du Prado, l'abbé Jaricot, le premier disciple du Père Chevrier et un de ses grands amis.

Après la mort du fondateur de la Providence du Prado, ce saint prêtre, se sentant attirer vers la solitude, forma le dessein de se retirer à la Trappe et de finir sa vie loin du monde, dans l'union à Dieu. Ne voulant cependant rien faire sans l'avis et le consentement de son évêque, il écrivit à Mgr Dubuis son attrait et son désir. Celui-ci lui répondit par cette lettre où l'on retrouve en quelques mots les conseils qu'il avait lui-même mis en pratique toute sa vie :

L'imposition des mains épiscopales renferme des devoirs aussi importants qu'ils sont sacrés. Cette seule réflexion m'explique votre lettre et vous donne ma réponse. Par cette imposition, vous devenez l'homme de Dieu, *homo Dei*, et pour me servir de deux paroles des Saints-Pères, vous devez être parmi les hommes un autre Jésus-Christ, *Sacerdos alter Christus*. Cela suffit pour imposer silence à toutes les considérations ou personnelles, ou purement humaines.

Vous avez mon adhésion et ma bénédiction la plus spéciale pour votre grande entreprise. J'ajouterai une prière, celle de vous fixer dans la voie que votre directeur vous montrera, fut-elle toute hérissée de ronces et d'épines. Ne pensez donc pas que vous ayez encore quelqu'un à ensevelir, ce n'est pas l'habitude que les morts ensevelissent les vivants.

Priez pour celui qui marche rapidement vers la tombe, mais qui vous aime toujours comme son fils.

† C.-M. Dubuis,
Evêque de Galveston.

Cependant, malgré ses maladies il ne put rester longtemps en France ; l'état de son diocèse réclamait sa présence, et homme de devoir, il ne pouvait rester plus longtemps loin de ses chers diocésains qui pouvaient souffrir de son absence prolongée.

Aussi nous lisons encore dans le même *Echo de Fourvière* (25 septembre 1880) : « Jeudi dernier, Mgr Dubuis, évêque de Galveston, est venu dire la sainte messe avant de partir pour le Texas. Une centaine de Frères, à ce moment dans la chapelle, ont été heureux de recevoir la bénédiction de sa Grandeur et d'unir leurs prières aux siennes pour sa mission et pour la France. Malgré son mauvais état de santé, il doit s'embarquer le 8 octobre au Havre avec quatre missionnaires qu'il emmène. »

Arrivé à Galveston dans un état de santé déplorable, il eut encore à lutter contre bien des obstacles et des difficultés.

Le clergé américain, alors déjà en grande partie d'origine irlandaise, a pour principe — principe aussi bon que naturel en lui-même, mais qui semble défectueux en pratique — qu'il faut des évêques et des prêtres américains pour les Américains (des prêtres, non pas des évêques), mais des prêtres allemands pour les Allemands, espagnols pour les Espagnols, ainsi de suite pour les autres nationalités. Ce principe paraît très juste de prime abord; mais, pour ceux qui ont visité le pays, il ne paraît pas applicable à ces missions, au milieu d'un contact incessant avec toutes sortes de nationalités et de sectes.

Avec les évêques français qui survivent encore aux Etats-Unis, l'on peut dire « qu'il faut avant tout, dans ce milieu, des missionnaires, c'est-à-dire des prêtres ayant le cœur, le zèle, l'activité, le dévouement et l'abnégation des vieux missionnaires d'autrefois ; ou, si l'on veut, des hommes réellement apostoliques qui fondèrent l'Eglise des Etats-Unis. » Quand on trouve ces qualités chez un prêtre de même nationalité que ceux qu'il doit évangéliser, édifier, convertir, alors le principe moderne américain et son application sont parfaits. Mais quand ces qualités font défaut, en tout ou en partie, on ne les remplace pas par le flegme américain, ni par le caractère national, quel qu'il soit.

Autrefois, la grande majorité de l'épiscopat aux Etats-Unis se composait de prélats français ; tous s'occupaient moins, dans le recrutement de leurs auxiliaires, des nationalités auxquelles ils appartenaient, que de leurs vertus apostoliques et sacerdotales. Avec la grâce de Dieu, les langues nécessaires à leur ministère qu'ils ignoraient, s'apprenaient vite et bien, les préjugés religieux disparaissaient, les conversions devenaient nombreuses et l'Eglise de l'Union américaine, qui n'existait en 1822 qu'à l'état d'embryon, devint si belle et si florissante qu'elle s'imposa bientôt au respect de tous.

Ce sont des Français qui ont formé cette belle Eglise américaine et particulièrement l'Eglise du Texas. Mais maintenant les missionnaires français sont en baisse aux Etats-Unis ; ils partagent le discrédit dans lequel sont tombés nos nationaux à l'étranger, en Amérique comme ailleurs.

Nous voulons parler ici du véritable Yankee, de l'homme du Nord, à l'esprit étroit et égoïste et nullement de ces vieux colons du Midi, descendants de Français, d'Espagnols et d'Irlandais, qui nous sont toujours restés sympathiques. Malheureusement ces derniers n'ont pu rester maîtres chez eux, et après avoir été vaincus en 1866, ils ont été peu à peu absorbés par les rapaces vautours du Nord qui se sont emparés de tout.

D'ailleurs, le Yankee est absolument persuadé que la race anglo-saxonne est une race supérieure, la race de l'avenir, la race qui doit désormais diriger le monde. Et il regarde la race latine, en particulier, comme une race morte, une race qui a fait son temps et qui ne doit plus avoir d'influence dans le monde. C'est pour cela qu'il a montré si peu de scrupules à la spolier dans la personne des Espagnols, aux Antilles et aux Philippines. Et si les

Américains se mettent au-dessus de toutes les autres nations, ils mettent également leur pays au-dessus de « tous les autres pays du monde » — *of all the world* — selon leur expression favorite. Cette suffisance nationale peut être appelée un produit national de l'ignorance universelle, en tout ce qui n'est pas Américain.

« Quelqu'un de New-York, raconte un missionnaire, me disait un jour : « — N'est-ce pas que l'Hudson est le plus beau fleuve du monde ? — *of all the world* — et que les plus beaux sites du monde se trouvent aux Etats-Unis ?

« — Permettez, répondis-je, avez-vous vu le monde en général, et l'Europe en particulier ?

« — Non, je ne suis jamais sorti des Etats de l'Union.

« — Alors qu'est-ce qui peut vous faire affirmer que le Saint-Laurent, le Niger et le Nil, le Rhin, le Danube et tant d'autres fleuves, que vous ne connaissez pas, ne sont pas plus beaux que l'Hudson, et que les sites de la Suisse, des Pyrénées, des Apennins, du Caucase et mille autres, ne sont pas infiniment supérieurs à ceux des Etats-Unis ?

« — Je le supposais.

« Et sur cette supposition tous affirment et, quand ils affirment, ils abusent de cette expression : *of all the world.* »

En résumé, le Yankee a des vertus incontestables : il est hardi, industrieux, persévérant, incapable d'injustice — à moins que son intérêt ne soit en jeu ; mais il n'a guère que les qualités pratiques de l'Anglais, qui, dans cette nation composite, a donné le ton au reste en donnant la langue ; on s'étonne que l'Irlandais, l'Espagnol et le Français, entrés pour une si grande part dans sa formation, lui aient infusé si peu des qualités de cœur et d'imagination que ces trois peuples possèdent en surabondance, pour ne pas dire en excès. En tous cas, le Yankee n'est pas cet être supérieur qu'il se croit, il faut bien qu'il sache que l'Amérique est essentiellement un pays d'exagération, de forfanterie et de *humbugh*, comme elle dit elle-même, et que dans tout pays où prédomine le culte de la matière et du veau d'or, la bête tue l'esprit.

Les ecclésiastiques, même les plus éminents, finissent aussi par se persuader de cette supériorité. Le Père Hecker, fondateur des Paulistes, écrivait hardiment : « La race latine a glorieusement couronné son œuvre par le Concile du Vatican, le temps est arrivé d'appeler la race teutonique à développer ses forces dans la vie intérieure de l'Eglise, car il est presque impossible d'amener l'esprit celte et latin à concevoir et à apprécier les marques intérieures de l'Eglise et le caractère de sa vie divine intérieure. Puis la faiblesse de ces races enseigne à tous la leçon qu'il leur est nécessaire d'apprendre. Pour compléter le développement de la vérité et de l'Eglise, ces races ont besoin de la race anglo-saxonne. »

Avec un tel état d'esprit, il était tout naturel que l'on suscitât des difficultés à Mgr Dubuis. Le diocèse de Galveston n'était pas, comme celui de San-Antonio, peuplé de Mexicains et d'autres peuples de race latine, par conséquent sympathiques aux Français ; c'était une ville complètement anglaise. Le diocèse de Galveston était fondé, organisé, prospère, il paraissait tout naturel d'évincer les Français dont on n'avait plus besoin. Semblable à l'oiseau bien connu qui ne construit jamais son nid mais s'empare bravement par la force de celui qu'il trouve à son goût, la race anglo-saxonne n'aime pas fonder, organiser les colonies et les missions, mais lorsque les fondateurs ont travaillé et souffert pour constituer quelque chose, elle vient les mettre à la porte pour prendre la place, elle trouve cela tout naturel. N'est-elle pas la première race du monde ? Est-ce que ce n'est pas pour elle que travaillent les autres races ?

Ce que nous disons là, c'est l'histoire des Indes et du Canada, c'est l'histoire des vastes annexions de 1898, et c'est l'histoire des missions des Etats-Unis.

Voyant cet esprit américain se développer dans son diocèse et souffrant de plus en plus de ses rhumatismes, Mgr Dubuis partit de nouveau du Texas et vint à Rome prier le Saint-Père de le décharger de son administration. Le Saint-Père accéda à sa demande et, le 25 février 1882, on lisait dans l'*Echo de Fourvière :*

« Mgr Dubuis, évêque de Galveston, vient d'être déchargé par le Souverain Pontife du gouvernement de son diocèse, à cause de son âge déjà avancé et des infirmités qu'il a contractées pendant son apostolat de trente-six ans.

« Nous recevons du Texas le compte-rendu détaillé du sacre et de l'installation de Mgr Gallagher, évêque de Canopus et administrateur du diocèse de Galveston, que la retraite de Mgr Dubuis laissait vacant.

« Nous regrettons de ne pouvoir entrer dans toutes les particularités de la cérémonie fort solennelle qui a mis en mouvement toute la population catholique de la ville. Aux Etats-Unis, grâce à la liberté dont jouit la religion, l'on fait très bien les choses. La messe de Sainte-Cécile, de Gounod, a été parfaitement exécutée par l'élite des chanteurs de la ville. Une magnifique procession de cinq évêques et de quarante-sept prêtres s'est déroulée aux alentours de la cathédrale. Enfin, un éloquent discours de Mgr Witerson, évêque de l'Ohio, sur la perpétuité de l'Eglise, a mis le comble à l'enthousiasme des assistants qui n'avaient jamais vu de fête pareille. »

CHAPITRE XIX

Mgr DUBUIS EN FRANCE

Quatre époques distinctes divisent l'existence de Mgr Dubuis. Dans la première, celle de son éducation ; il quitte la maison paternelle et finalement se dirige vers les missions. Dans la seconde, qui est celle de la semence de son apostolat et de ses plus durs travaux, il montre ce que peut un homme inspiré par la foi et jusqu'à quel degré peut aller l'héroïsme, le courage et la ténacité de nos missionnaires français. La troisième, celle de la moisson, comprend l'organisation et le développement vraiment prodigieux du Texas, la division de ce pays en quatre diocèses, le triomphe du catholicisme. La quatrième, celle qui va nous occuper, renferme pour Mgr Dubuis treize années de souffrances et de lente agonie jusqu'à sa mort, treize années pendant lesquelles Dieu le fit passer par le creuset des souffrances et perfectionna ainsi en son âme la sainteté.

« En 1882, ayant résigné définitivement sa charge pastorale, écrit Mgr Coullié, nous le vîmes revenir à Lyon où le ramenaient toutes ses affections. Mais un repos complet ne pouvait convenir à cette nature essentiellement active et militante. Aussi s'empressa-t-il, dès que ses forces se furent un peu rétablies, de se mettre en quête de nouveaux labeurs. Bien des fois, nous le savons, nos vénérés prédécesseurs firent appel à son précieux concours, et il serait impossible de nommer ici toutes les paroisses et toutes les communautés religieuses auxquelles il donna des témoignages de son dévouement.

« C'est à Vernaison que nous aimions à le rencontrer et à l'entourer de notre affectueuse vénération, quand il nous était permis de visiter cette chère famille de nos vétérans du sacerdoce. Il y vivait dans le recueillement et la prière et dans la pratique hautement édifiante de ces fortes vertus dont toute sa vie porta l'empreinte : un grand esprit de foi, un admirable désintéressement, un courage à toute épreuve. A plusieurs reprises, en ces dernières années, il eut à subir les plus cruelles atteintes de la souffrance et des infirmités. Vous savez avec quelle énergie et quelle patience il luttait contre elles, et souvent même parvenait à leur disputer héroïquement des heures qu'il voulait à tout prix consacrer aux travaux du ministère épiscopal. »

Comme sa santé déclinait toujours, il voulut essayer de tous les changements de pays et de climats, de tous les remèdes indiqués par la science et il en profita pour faire un séjour prolongé dans les pèlerinages célèbres du Midi de la France. Il visita Pibrac, le pays de sainte Germaine Cousin, Toulouse où il voulut célébrer la messe à l'église de Saint-Servin devant la relique de saint Thomas d'Aquin et enfin à Lourdes où il reçut l'abjuration d'un Anglican et donna le baptême à ce nouveau converti. Le même jour il fut témoin de la guérison merveilleuse d'une phtisie pulmonaire, opérée sur un prêtre belge, à la piscine, par l'intercession de la Vierge immaculée.

A travers ses pérégrinations durant lesquelles il ne cessait de déverser son esprit de foi et de confiance en Dieu, il se détournait souvent de son chemin pour retrouver un ancien ami ou pour entrer en relations avec quelque esprit de marque dans les cercles religieux. Il se procurait facilement de nouvelles connaissances. Sachant bien l'anglais, l'allemand, l'espagnol, il était recherché par les étrangers et pour lui toutes les sociétés étaient bonnes, pourvu qu'il pût amener la conversation sur les questions religieuses. Sa causerie était émaillée de traits et de souvenirs tirés de sa propre expérience. Lorsque des âmes généreuses, comme celle de Mgr Dubuis, se trouvent condamnées à l'inaction, elles trompent leurs regrets en se rappelant les œuvres de leur zèle passé, et c'est souvent un grand profit pour les autres.

L'impression dominante que produisait Mgr Dubuis sur ceux qui se trouvaient en contact avec lui, était une impression de sainteté. Dans sa compagnie, on se sentait tout entier influencé par je ne sais quoi de divin et de surnaturel. C'était le type de l'évêque missionnaire plein de foi et de confiance en Dieu.

Cependant il n'était pas moins impossible à cet homme qui n'avait jamais péché par paresse, ni même été tenté de le faire, de vivre sans travailler que de vivre sans respirer. Aussi vivra-t-il treize ans encore de sa vie mourante et quand même active, en acceptant avec plaisir, dès que la maladie lui en laisse le temps, les invitations pour exercer son ministère.

Après avoir passé dans le Midi, à Lourdes, près de Marie Immaculée, l'hiver 1883, il revient à Lyon et de là il rayonne dans le diocèse et les diocèses voisins partout où on l'appelle, dans tous les endroits où l'on a besoin de lui.

Son vieil ami du Texas, l'abbé Domenech, venait d'être installé curé à Miéry, petite paroisse du Jura; il courut auprès de lui pour exercer le ministère dans sa paroisse et fortifier son cher compagnon au milieu de ses luttes et de ses afflictions.

« Nous eûmes à Miéry, raconte ce bon curé, une grande fête, surtout pour moi, car elle fut occasionnée par l'arrivée de mon ancien compagnon de misère du Texas, Mgr Dubuis, évêque de Galveston. Il venait passer quelques jours à mon presbytère pour se reposer de ses fatigues et causer de nos missions. Sauf deux courtes entrevues de quelques instants, je ne l'avais pas revu depuis trente ans ; c'était donc pour moi une grande joie de le revoir et de l'embrasser. Je l'avais prié de faire coïncider sa visite avec notre fête patronale, et pour donner à cette fête plus de solennité, j'avais préparé les enfants à recevoir le sacrement de Confirmation des mains de mon vénérable ami.

« Jamais à Miéry l'on n'avait vu d'évêque assister aux offices de l'église et confirmer dans un aussi petit village. Ce fut donc un grand évènement pour la population. Je ne sais pas si l'amour-propre, flatté par cette visite, n'était pas aussi considérable que la joie de mes paroissiens. Quoi qu'il en soit, tout le monde se mit à l'œuvre pour pavoiser l'église, l'entrée du village et faire à mon bon évêque une réception solennelle et cordiale. Je fus moi-même étonné de cette réception, ou pour mieux dire, des préparatifs de la fête à laquelle la Fanfare de Poligny voulut bien prêter son concours. Je ne dirai rien de la fête même, ni des cérémonies religieuses, car tout le monde les connaît ; je dirai seulement que si les enfants furent heureux d'être confirmés dans leur propre église par un évêque missionnaire, je le fus davantage par les sermons que Mgr Dubuis prononça soit à Miéry, soit à Poligny, comme à Saint-Lothain, durant son séjour parmi nous. Sa parole énergique, convaincue, ennemie des lâches compromis qui font tant de mal aux sentiments religieux des populations, remuait fortement les consciences.

« Mgr Dubuis et moi nous causions de nos missions lointaines et nous nous rappelions avec bonheur les souvenirs du temps passé. Questions et réponses se pressaient sur nos lèvres jusqu'au milieu de la nuit. Histoires plaisantes, histoires affligeantes se succédaient sans relâche. La religion des souvenirs, comme celle du bon Dieu, s'en va dans notre pauvre France; on ne la retrouve plus que dans ces vieux cœurs qui n'oublient rien, et que nous sentions battre dans nos poitrines, comme à vingt ans.

« Aussi, lorsque j'embrassai mon saint ami, brisé par plus de quarante années d'apostolat, c'est-à-dire de dévouement, d'abnégation et de misères inouïes, j'étais rajeuni de trente ans, mais les adieux me firent monter des sanglots à la gorge, des larmes dans les yeux et m'étreignirent le cœur comme dans un étau. »

Le jour de Pentecôte 1885, nous le voyons au pensionnat des Frères Maristes de Charlieu; là quarante nouveaux communiants reçoivent de sa main le pain des Anges et le sacrement des forts.

Le soir même le vénéré prélat posait la première pierre des écoles libres dues à la munificence des familles du pays, qui ont voulu répondre au défi jeté par la libre-pensée. Il trouve alors une fois de plus des accents pleins de feu dans son cœur d'apôtre pour parler à l'assistance du but des écoles chrétiennes et pour les placer sous l'égide de la bonne Vierge, patronne de Charlieu. Le vieil et infatigable évangélisateur du Texas rappelle avec bonheur les dernières paroles de Washington recommandant à ses successeurs de ne jamais bannir Dieu des écoles où l'on instruit la jeunesse, s'ils voulaient que l'Union américaine restât grande et libre toujours. Puis il montre l'iniquité de la loi française : « Nous catholiques, dit-il, nous versons dans les caisses de l'Etat une somme énorme pour les écoles sans Dieu, qui ne nous servent à rien, et nous sommes ensuite obligés de recommencer pour les écoles chrétiennes où nous envoyons nos enfants. Nous payons ainsi deux fois. Est-ce juste ? Nos enfants ne sont-ils pas Français comme les enfants des écoles laïques, et tous égaux devant l'impôt que nous payons sans hésiter ? C'est la plus révoltante iniquité que l'on ait jamais vue dans l'histoire des peuples civilisés.

Mais pour résister à ces outrages, pour réparer autant que nous le pouvons l'étrange aberration de tant de nos concitoyens qui partagent nos sentiments religieux, mais qui, régulièrement, votent pour leurs adversaires, donnons, donnons sans compter ; à ce prix seulement nous aurons des fils dignes de nos aïeux, c'est-à-dire Catholiques et Français ! »

Ce discours, plein de profondeur dans sa forme familière, produisit une vive et durable impression sur les nombreux assistants qui étaient venus à cette fête.

Nous venons de parler d'écoles catholiques. Mgr Dubuis ne craignait pas de dire que de ces écoles dépend l'avenir de la France.

A Belmont, d'où son père était originaire, il travailla fortement à leur fondation, en fournissant lui-même de l'argent et en quêtant pour elles, puis en septembre 1887, il vint en grande cérémonie bénir l'édifice dû en grande partie à son dévouement.

Mais ce fut surtout à Coutouvre, son pays natal, qu'il montra son zèle pour les écoles chrétiennes. Il était cloué par ses rhumatismes sur son lit de souffrance, à Tèche dans sa famille, et l'hiver sévissait dans toute sa rigueur, lorsque les ordres de laïcisation arrivèrent à Coutouvre

Le bon et intelligent curé vint le trouver dans sa solitude et lui exposa son chagrin.

— Qu'allons-nous faire, Monseigneur, qu'allons-nous faire ? la paroisse est trop pauvre, il nous sera impossible de trouver l'argent nécessaire pour fonder et entretenir deux écoles libres. — Croyez-vous que la Providence fasse défaut à ceux qui ont confiance en elle, répondit Monseigneur. — Non, reprend le bon curé, mais encore faut il être prudent en toute chose. — Allons, mon cher ami, puisque vous trouvez la charge trop lourde, je la partagerai avec vous ; à nous deux nous arriverons à bout de l'entreprise ; la Providence est venue si souvent à mon aide que je croirais lui faire injure si je reculais dans cette circonstance. Et se levant aussitôt, malgré ses fatigues, ne pouvant pas seulement mettre ses souliers à cause de l'enflure extraordinaire de ses pieds, il parcourut la paroisse à travers la neige et se fit quêteur pour les enfants de son pays natal. Ah ! il sentit saigner son cœur d'apôtre à la pensée que les enfants de Coutouvre allaient être condamnés à l'école sans Dieu. Aussi, plein d'ardeur, il réveilla les courages, suscita les dévouements et parce que sa bourse était aussi pauvre que son cœur était riche, comme autrefois pour son Eglise d'Amérique, il implora ses amis.

Il écrivait le 21 février 1888 :

« MON CHER BARON,

« Je reconnais bien dans votre lettre si cordiale que votre charité peut toujours traverser les mers et passer les frontières des nations sans rien perdre de sa vigueur, car elle vous a dicté une bien bonne parole : « Parlez-moi franchement, avez-vous besoin de quelques secours ? » Pour moi, je n'ai besoin de rien ; pour les autres, je suis obligé de vous parler différemment. Accoutumé à lutter dans le Texas contre les écoles sans Dieu, je n'ai pu résister à la demande pressante de toute ma paroisse natale de lui venir en aide contre la laïcisation de toutes ses écoles en même temps. Non seulement je n'ai pu résister aux larmes de cette population entière, mais la voix de la Providence semblait me dire à chaque instant : pourquoi douter après une expérience de quarante ans.

« Votre parole me permet de vous exprimer bien simplement et avec hardiesse le besoin de mes nouveaux enfants. J'ose encore vous demander, malgré toutes vos œuvres de charité, de vouloir bien être encore mon avocat auprès de Mlle la comtesse J. de B... et de vos amis.

Votre charité les encouragera et ses fruits m'aideront à remplir des obligations au-dessus de mes forces, que je me suis imposées. Donnez à ces pauvres enfants qui demandent le pain spirituel pour leurs âmes et, je vous le dis, vous en recevrez un jour une grande récompense dans les saints cœurs de Jésus et de Marie. »

C'est ainsi qu'il plaidait la cause des écoles. Aussi, au moment de sa mort, tous ceux de la paroisse qui s'intéressaient à leur avenir comprenaient la perte irréparable qu'ils venaient de faire et ils s'écriaient dans leurs douleurs : « Qui nous viendra en aide maintenant qu'il n'est plus là ? » Nous pouvons leur répondre hardiment : Ne perdez pas courage, Dieu ne saurait refuser la victoire suprême à celui qui, toute sa vie, batailla si généreusement. N'est-il pas écrit que le royaume des Cieux sera donné aux violents ? Or, il nous paraît impossible que, même au Ciel, Mgr Dubuis consente à se reposer tout à fait ; nous sommes certains, d'ailleurs — il l'a promis à ces derniers moments — qu'il continuera sa protection efficace à l'œuvre qui lui fut si chère et grâce à laquelle se conserveront, dans son pays natal, les saintes traditions qu'il a si glorieusement incarnées : la Foi précieuse, inspiratrice des grandes choses qu'il a faites.

Nous pouvons le suivre pour ainsi dire pas à pas avec la *Semaine Religieuse* du diocèse et l'*Echo de Fourvière* ; nous le trouvons aux bénédictions d'écoles, aux bénédictions de cloches, aux consécrations d'églises, aux premières communions et aux confirmations, surtout de la ville de Lyon.

Le dimanche 30 août 1885, une cérémonie religieuse attirait de nombreux pèlerins à Notre-Dame de Valfleury. Ce jour-là, la belle croix qui termine l'élégante flèche du sanctuaire dédié à Marie, était bénite solennellement par Mgr Dubuis.

« Oubliant, raconte la *Semaine Religieuse*, dans son zèle apostolique, les labeurs d'autrefois et des fatigues plus récentes, Mgr Dubuis avait bien voulu accepter l'invitation de M. le Supérieur des prêtres de la Mission à présider la cérémonie de la bénédiction de la Croix. Cette cérémonie fut précédée du saint sacrifice de la messe à laquelle sa Grandeur assista pontificalement.

« La messe terminée, Monseigneur monta en chaire et avec l'accent particulièrement énergique de l'apôtre qui a vaillamment porté la Croix dans les lointaines et immenses contrées du Nouveau-Monde, il exalta la puissance du Divin crucifié. Il rappela la parole prophétique du Fils de Dieu annonçant que : après avoir été élevé sur l'instrument de son supplice il attirerait tout à lui. Le prélat a montré comment s'était réalisée cette divine séduction qui jusqu'à la fin des temps jettera aux pieds de la Croix et entre les bras du Rédempteur les nations assises dans les ténèbres et à l'ombre de la mort. Puis sa Grandeur a exhorté ses nombreux auditeurs à faire un saint usage du signe de la croix, arme puissante et gage de victoire pour le chrétien.

« Après cette touchante allocution, le clergé et les

fidèles sont sortis processionnellement et Monseigneur, placé sur le degré supérieur du seuil du couvent, en face du portail de l'église, a prononcé les prières liturgiques de la bénédiction de la Croix au milieu de la foule pieusement recueillie. »

Nous lisons ensuite dans l'*Echo de Fourvière* :

« Dimanche, la paroisse de Meys était en grande fête, Mgr Dubuis, l'infatigable apôtre du Texas, avait bien voulu répondre à l'invitation de M. le curé. La journée fut bien remplie. A sa messe, Monseigneur confirma les enfants de la paroisse ; à la grand'messe, il bénit deux belles statues de la Sainte Vierge et de Saint Pierre, et à vêpres, il baptisa deux magnifiques cloches dues, l'une à la générosité de deux familles, l'autre à une souscription collective. La veille, le village par un mouvement spontané, avait été gracieusement décoré : arbres, guirlandes, couronnes, oriflammes, fleurs, la rue n'était qu'un vaste reposoir. Un grand nombre d'ecclésiastiques et une foule considérable d'étrangers de toutes les paroisses voisines étaient accourus à cette fête religieuse ; jamais depuis son existence la modeste gare de Meys n'avait reçu tant de voyageurs. C'est que nos populations religieuses sont toujours avides de la bénédiction du pontife de l'Eglise. »

Nous pourrions citer des quantités de passages de journaux qui nous montrent comment le saint évêque occupait le temps qu'il arrachait pour ainsi dire par force à la maladie, car, bien souvent, nous l'avons vu faire ses cérémonies, avec les pieds et les mains endoloris et tuméfiés et il lui fallait toute l'énergie que nous lui cons naisons pour marcher, agir et pontifier avec des souffrances si intenses.

Cependant, malgré son courage et sa force d'âme, la maladie s'emparait de plus en plus de son corps. En 1888, de l'avis des médecins, il dut quitter la ville de

Lyon, où les brouillards du Rhône et de la Saône entretenaient son mal. Il choisit pour séjour le lieu qui l'avait vu naître, le hameau de Tèche, afin de trouver dans sa famille les soins nécessaires. Mais durant la longue saison d'hiver, il fut bien éprouvé par la souffrance et l'isolement.

« L'hiver que nous traversons, écrit-il à un de ses amis, ne m'est pas plus favorable que celui de l'année dernière. Je suis dans la profonde solitude de Coutouvre, dans le hameau de Tèche, privé de toute communication même avec le village par les glaces et par les neiges.

» Mais pourquoi, cher ami, tant vous occuper de moi ? N'étant plus qu'un triste assemblage de toutes les variétés de rhumatismes avec la quintessence du diabète et les souvenirs de la vieille dyspepsie texienne, j'ai eu beau m'éloigner de Lyon, mes infirmités m'ont suivi dans mon pays natal. Actuellement je suis saisi par une attaque des plus violentes ; tout mouvement m'est impossible. L'avantage pour moi, et il est grand, c'est d'avoir ma famille pour me soigner et un excellent air à respirer ; le tout contribue à alléger ces douleurs qui augmentaient sous les courants froids et nébuleux du Rhône et de la Saône.

« Malgré tout, c'est une peine cruelle pour moi de me voir condamné par les infirmités et les maladies à mener une vie oisive dans ma famille et à ne plus exercer le ministère. Heureusement, je suis ici dans ma solitude par ordre du médecin, et à cause de cela, les jours sont moins longs, les souffrances moins pénibles et l'isolement moins dur, car tout s'adoucit avec le baume de l'obéissance et la croix repose presque tout entière sur les épaules du divin Maître.

« Vous le comprenez sans peine, c'est malgré tout un grand sacrifice que le bon Dieu me demande, et si ce n'était pas que la voie de la douleur et des souffrances est toujours la plus sûre pour aller au Ciel, j'ouvrirais parfois peut-être mon âme au murmure, mais ne parlons plus de mes misères et suivons ensemble le chemin royal de la Croix. »

Dans sa solitude, il n'oublie pas sa chère mission du Texas ; il est tout heureux d'en apprendre des nouvelles et de répondre à ceux qui lui en donnent. Le 5 janvier 1888, il écrit à la supérieure des Ursulines de Galveston :

« Bien Révérende Mère et très honorée Sœur,

« Je n'ai qu'une plume française depuis que la maladie m'a chassé de Lyon et m'a condamné à ne plus quitter mon pays natal.

« Les détails que vous avez la bonté de me donner dans votre chère lettre, m'intéressent vivement. Ils me laissent, il est vrai, entrevoir les luttes ; je m'en réjouis, c'est une preuve que l'ennemi du bien n'est pas plus content de cette maison que lorsque les filles de sainte Angèle l'établirent, il y a quarante ans, dans la ville naissante de Galveston, afin d'y semer toutes les vertus, de les cultiver, et de répandre leurs fruits sur tout le pays du Texas. Je n'entrerai point dans de nouveaux détails sur la maison de San-Antonio, de Laredo et de Dallas.

« Soyez sans crainte : à travers toutes ces difficultés, votre couronne s'enrichit de jour en jour, comme les diamants prennent leur lustre et leur valeur par le frottement.

« Toutes nos communautés de religieux et de religieuses subissent en ce moment en France les mêmes épreuves ; la lutte est terrible et acharnée, mais les écoles sans Dieu ne sauraient triompher. Elles ont l'or qui est tout sec et qui doit finir, les nôtres ont la charité des vrais chrétiens et la rosée du Ciel qui doivent durer jusqu'à la fin des siècles. En un mot, voici mes souhaits pour vous : la lutte en Dieu, la lutte avec Dieu, la lutte pour Dieu, afin que Jésus, notre aimable Sauveur, soit tout notre partage, tout notre patrimoine. »

A la sœur Supérieure du Verbe Incarné de San-Antonio, il répond :

« Chère Mère,

« Votre bonne sœur Saint-Vincent m'adresse vos vœux et les souhaits de toute la Communauté avec cette générosité de cœur dont je n'ai jamais douté. J'apprends avec un véritable bonheur que vous avez envoyé un essaim de vos chères filles du Verbe Incarné à la ville de Houston. Je demande au divin Sauveur qu'il veille toujours et sur les anciennes et sur les nouvelles abeilles que votre zèle et votre régularité ont constamment soutenues au milieu des épreuves. Le sanctuaire de Fourvière et celui de la Vierge Immaculée de Lourdes ont été témoins de nos supplications auprès de la bonne Mère, afin que l'œuvre par excellence de la charité continuât sa marche dans ce Texas si cher à notre cœur. C'est là, chère Mère, une grande consolation pour moi, condamné par les infirmités et les maladies à mener une vie oisive dans ma famille. Oui je peux partout prier pour votre œuvre et étendre ma main pour vous envoyer les plus abondantes bénédictions de votre tout dévoué en Jésus-Christ. »

Il ne renonçait même pas à toute espérance de revoir encore ce cher pays d'au-delà des mers, dont il suivait le développement et la prospérité religieuse et matérielle avec tant d'intérêt. Il écrivait à Mgr Gallagher, son successeur :

« Je n'ignorais pas que ma terrible maladie ne me permettrait plus de vivre dans ma chère mission, mais j'avais toujours conservé l'espoir de vous rendre visite et de vous adresser de vive voix des actions de grâces pour votre zèle et votre dévouement. »

Tout retiré qu'il était dans un désert, il suivait avec intérêt les grandes manifestations de l'Eglise et nous avons vu qu'il était rempli de zèle toutes les fois qu'il s'agissait du Vicaire de Jésus-Christ ; ainsi, à l'occasion du Jubilé sacerdotal du Souverain Pontife, il écrit au cardinal Simeoni.

« Éminence,

« Lassé d'attendre plus longtemps un peu de force pour aller nous-même déposer aux pieds de Sa Sainteté Léon XIII nos souhaits et nos vœux à l'occasion de ce Jubilé solennel si désiré et si bien accueilli, je viens prier humblement votre Eminence de vouloir bien accomplir pour nous ce grand acte. Si les infirmités me donnent quelques relâches dans la bonne saison, j'aurai le bonheur de vous remercier de vive voix. J'espère, en effet, au mois de mai prochain entrer dans les rangs du pèlerinage de Lyon, faveur promise à ceux qui, comme votre dévoué serviteur, n'ont pu participer personnellement à la grande manifestation Jubilaire. Notre cœur et nos prières s'y trouveront bien réunis pour tous nos enfants du Texas.

J'espère que par votre entremise une bénédiction spéciale de Sa Sainteté sera accordée au diocèse de Galveston et à son pauvre titulaire.

« Que Dieu vous conserve de longues années à son Eglise et à toutes ses missions, c'est le désir le plus ardent de notre cœur et le souhait que nous déposons dans celui de Jésus. »

Malgré le plaisir qu'il éprouvait au milieu de sa famille, il était trop isolé, surtout durant l'hiver, dans cette profonde solitude de Tèche ; aussi, vers la fin de 1888, il choisit définitivement pour résidence la gracieuse maison de retraite, pour les prêtres infirmes, située à Vernaison, sur la rive droite du Rhône.

De là, par la plume d'un de ses amis malade aussi, il écrit à ses parents :

« Ma grave indisposition n'a pas été longue. Quinze jours s'étaient à peine écoulés dans l'hospice de Saint-François, que j'ai trouvé un grand mieux. Vous en comprendrez d'ailleurs facilement le motif par les explications que je vais vous donner. Cette maison construite par la charité pour les prêtres infirmes du diocèse de Lyon, est vaste et spacieuse ; elle possède deux longs couloirs de plus de 160 pieds de long et des salles immenses qui permettent aux malades une promenade régulière, même en cas de mauvais temps, puis de temps en temps de vastes balcons qui permettent de respirer l'air pur et sain de la forêt entourant la maison. Mais surtout, de ces balcons, la vue s'étend au loin sur le Rhône. les collines et la plaine du Dauphiné. »

Il semble, en effet que Mgr Dubuis eut pu prendre le langage de Boileau, en parlant de ce lieu enchanté, et dire avec lui :

Du lieu qui me retient veux-tu voir le tableau ?
C'est un petit village, ou plutôt un hameau
Bâti sur le penchant d'un long rang de collines,
D'où l'œil s'égare au loin dans les plaines voisines.
Le *Rhône*, au pied des monts que son flot vient laver,
Voit du sein de ses eaux vingt îles s'élever,
Qui, partageant son cours en diverses manières,
D'une rivière seule y forment vingt rivières.
Tous ses bords sont couverts de saules non plantés,
Et de noyers souvent du passant insultés.

Il rencontra là de bons et saints prêtres, d'anciens condisciples, bref de nombreux amis qui lui parlaient de l'ancien temps et qui tâchaient de le distraire lorsque son rhumatisme le clouait sur son fauteuil. Le régime pour les infirmes ne laissait rien à désirer. Le médecin les visitait souvent et les infirmiers étaient soigneux et attentifs. Le vieil évêque ne regrettait qu'une chose, c'était de ne plus agir et de ne plus travailler pour le bien des âmes. « Ah ! s'écriait-il de temps en temps, Seigneur, vous voulez donc définitivement me river sur mon fauteuil ? Que votre volonté soit faite ! »

Réduit à garder la chambre pendant de longs mois, il exerça encore son apostolat en consolant les cœurs affligés qui lui faisaient part de leurs malheurs. A Mme la vicomtesse de Saint-Cyr, il répond ces belles paroles, bien dignes d'un apôtre :

« Madame la vicomtesse et chère Sœur en Jésus-Christ,

« Je suis bien touché de la confiance que vous voulez bien avoir en moi et c'est de tout cœur que compatissant sincèrement à vos immenses douleurs, je viens vous apporter la consolation suprême, au nom de Jésus-Christ. Oui, chère sœur en Notre-Seigneur, quand on est cloué sur la croix, comme vous l'êtes, on est chéri de Dieu et plus cette croix est dure et pénible, plus on ressemble au Divin Modèle qui, abandonné de tous, crucifié par les siens et trahi par son apôtre, a prié tout spécialement pour ceux de ses enfants qui éprouveraient des douleurs semblables aux siennes.

« Que ce Souverain sublime nous soutienne, chère Vicomtesse, et ne cherchez point à vous débattre sur la croix ni à la quitter, car plus vous serez semblable au Sauveur sur la terre, plus vous participerez de près et complètement à sa gloire dans le Ciel. Dès ce monde même, la Providence n'abandonne jamais les siens, et c'est lorsque tout semble perdu du côté des hommes que le secours divin apparaît fort et efficace. Courage donc, chère Sœur, ne désespérez jamais de la bonté infinie de Dieu. Je penserai souvent à vous devant le Seigneur... »

A son frère, qui venait de perdre une de ses filles, religieuse au Verbe-Incarné à Lyon, il rappelle un évènement extraordinaire, inexplicable sans une intervention miraculeuse de la bonté divine :

« Lorsque tu auras lu ces deux lettres que j'ai reçues du Verbe-Incarné m'annonçant le départ de Marie du Saint-Esprit pour rejoindre dans le Ciel sa mère et ses sœurs, tu remercieras Dieu avec moi, mon bien cher frère, tout en conservant dans ton cœur cette grande vérité, si consolante au milieu de nos douleurs. C'est là qu'on nous attend, et non seulement ceux qui viennent de partir, mais de plus notre père et notre mère, chrétiens fidèles et zélés dont les exemples continuels nous sont toujours si chers et si encourageants.

« Il me semble t'avoir raconté, cher frère, qu'à l'époque de la séparation de notre bon père, le jour même de sa mort, selon la date donnée dans la lettre que tu m'envoyas au Texas, ce cher père se présenta à moi dans ma chambre et en plein jour, car c'était deux heures après midi ; il me dit, tout en souriant : « Claude, je pars ! » et sa figure resta tellement gravée dans mon esprit et dans mon cœur qu'aucune photographie n'aurait pu la conserver dans une plus belle ressemblance. Je n'ai aucun doute que tes trois filles, mes chères nièces, n'ont point tardé à jouir en Dieu du bonheur ineffable d'être réunies à ces membres défunts que nous aimons et dont nous faisons mémoire chaque jour au *memento* des morts.

« A nous, cher frère et chères nièces, à nous de tenir nos regards fixés sur la Patrie où sont entrés ceux que nous aimons, et si nous avions des larmes à verser, ce serait plutôt sur nous-mêmes que nous devrions le faire, puisque nous sommes encore exposés à nous laisser vaincre dans nos combats contre le démon, et contre le monde. Que le souvenir de ces âmes si bien préparées nous encourage toujours et nous fortifie. »

Puis un mois après, à l'occasion du jour de l'an, Monseigneur reprenait le même sujet :

» Le courrier d'hier m'a apporté l'expression de vos souhaits de bonne année, aux pieds de l'Enfant Jésus. On dirait qu'il porte encore le deuil du départ pour une vie meilleure de tes trois enfants qui sont allés rejoindre leur mère. Je n'accuse point la douleur naturelle, saint Augustin pleura sur sa mère défunte et Jésus-Christ versa des larmes sur son ami Lazare enfermé dans le tombeau ; mais après avoir donné quelques instants à ce que réclame la nature, nous devons nous rappeler aussitôt les vœux chrétiens, les vœux pour le Ciel et pour la possession de Dieu. Je suis assuré que ces vœux religieux et que ces souhaits de famille ont été bien agréables aux trois anges qui nous ont précédés dans le séjour des bienheureux.

« Que sera donc l'année que nous allons commencer? Dieu veuille qu'elle soit féconde pour le Ciel et qu'elle augmente nos trésors pour l'Eternité. Toutes les choses nous seront inutiles, à moins qu'elles ne produisent des fruits de salut et de sanctification.

« Ma bien chère sœur Annette, tu touches comme moi au soir de la vie, je pourrai dire que nous commençons à entrevoir l'aurore de l'Eternité. N'oublions pas le grand avertissement du Saint-Esprit : « Souvenez-vous de vos « fins dernières et vous n'offenserez jamais Dieu. »

Cependant la douceur du climat de Vernaison semblait lui donner un renouveau de vie et de force, et alors, répondant aux nombreuses invitations qu'il recevait de toutes parts, il allait, malgré le poids des ans et des infirmités, là où il pouvait encore travailler à la gloire de Dieu.

Il ne comptait ni les peines ni les fatigues : de ville en ville, de village en village, il se donnait à tout et à tous, aux confirmations, aux premières communions, aux vêtures, aux missions, aux prises d'habit. En vain ses souffrances, accrues de jour en jour, l'avertissaient des progrès du mal qui le minait, il ne pouvait se résoudre à l'inaction. Il se comparait au Juif-Errant, et, en vérité, il ne s'arrêtait guère nulle part ; il faisait le bien et passait ; il allait, il marchait sans trêve, comme un laboureur dans les champs qu'il ensemence. Un passage d'une de ses lettres pourra nous en donner une idée :

« A la suite de ma mission à Viricelles et après la confirmation de Chandon où je bénissais les écoles catholiques, et celle de Grezieu-le-Marché où je remplis les mêmes fonctions, je fus repris par mon rhumatisme, mais il ne me fut pas possible de m'aliter, car j'avais plusieurs ordinations à faire pour les Missions africaines. Un jour après je devais officier à Givors pendant les solennités de Noël. L'influenza a bien essayé de se joindre à mon vieux rhumatisme, mais jusqu'à présent elle n'a pas réussi, car dimanche dernier j'officiai toute la journée dans l'église du Bon-Pasteur à Lyon. »

CHAPITRE XX

JUBILÉ SACERDOTAL DE Mgr DUBUIS

Cinquante années s'étaient écoulées depuis le jour de son ordination sacerdotale et trente-deux depuis son sacre. Pour célébrer ses noces d'or, c'est-à-dire ses cinquante années de sacerdoce, ses prêtres, anciens missionnaires du Texas, se réunirent le jour de la Saint-Claude, qui était sa fête patronale. La plupart cependant, pour des raisons diverses, faciles à concevoir, n'avaient pu être présents que de cœur, et les prêtres des divers diocèses du Texas, avertis, étaient en union de prière.

Le vendredi 6 juin 1894, à 9 heures, dans l'église de Fourvière, parée comme aux jours de fête, aux sons d'un carillon joyeux, Mgr Dubuis, assisté des abbés Domenech et Buffard, s'inclinait au pied de l'autel et retrouvait, pour ainsi dire, sa première jeunesse, en répétant ces paroles du Psalmiste : « *Introibo ad altare Dei, ad Deum qui lœtificat juventutem meam.* Je m'approcherai de l'autel de Dieu, de ce Dieu qui a fait la joie de ma jeunesse. »

Quelle émotion pour ce vénéré Pontife, de voir agenouillés autour de lui tous ses prêtres, l'œuvre de ses mains, les ouvriers de son vaste champ de travail qui lui avaient donné leur jeunesse, et qui étaient alors, comme lui, au déclin de leur carrière !

Deux prêtres du Texas avaient tenu à honneur d'offrir ce jour-là le saint sacrifice dans le sanctuaire de Fourvière. L'abbé Genolin, qui célébrait lui-même ses noces d'argent, c'est-à-dire le vingt-cinquième anniversaire de son ordination sacerdotale, avait précédé Monseigneur à l'autel et l'abbé Chandy célébra la messe d'actions de grâce.

Après cette messe d'actions de grâce, le bon évêque, tout ému et tout en larmes, reçut les félicitations de ses prêtres et de nombreux assistants ; puis avec ses Texiens, il se rendit à Villeurbanne chez les bonnes sœurs hospitalières du Verbe-Incarné, où devaient avoir lieu les agapes fraternelles.

Si Mgr Dubuis avait choisi ce couvent pour célébrer ses noces d'or, c'est que ces bonnes religieuses ont des liens étroits avec le Texas et avec lui-même.

En effet, en 1867, avec le concours des dames du Verbe-Incarné de Lyon et de leur digne aumônier, l'abbé Galtier, de vénérable mémoire, Monseigneur, désireux de lutter contre l'élément protestant de l'hôpital de Galveston et de pourvoir aux œuvres de charité de son vaste diocèse, fondait cette congrégation qui prit le nom de sœurs hospitalières du Verbe-Incarné et qui fut au commencement comme un tiers-ordre de l'Institut. L'ordre né dans la tribulation prospéra d'une manière inouïe, si bien qu'il compte aujourd'hui trois grandes branches indépendantes : la branche de Galveston, celle de San-Antonio et celle de Villeurbanne. Et nombreuses sont les succursales, pour les deux premières dans le Texas et le Mexique, et pour celle de Villeurbanne dans divers diocèses de France. Monseigneur se trouvait donc au milieu de ses filles spirituelles ; voilà pourquoi il avait choisi pour cette circonstance la communauté de Villeurbanne.

Monseigneur est introduit dans une vaste salle de réception. L'abbé Louis Chaland s'avance alors, et au nom de tous, offre ses félicitations à leur père. Ensuite il lui présente les magnifiques adresses et les généreuses offrandes envoyées par les prêtres, les laïcs, les Ursulines et les sœurs hospitalières du Verbe-Incarné du diocèse de Galveston, et aussi par les prêtres et les Ursulines du diocèse de Dallas. Dans un écrin violet, il présente à sa Grandeur un anneau en or massif ciselé : deux anges dans l'attitude de la prière supportent une couronne ducale enchâssant une améthyste de la plus belle eau. A la face intérieure on lit gravé : *Souvenir des Ursulines de Galveston, juin 1844-1894* ; et à la face extérieure : *A sa Grandeur, Monseigneur C.-M. Dubuis.* Ceci, disent les assistants, est une restitution à Monseigneur, puisque la dévotion filiale de ces religieuses a usé le premier anneau.

Puis l'abbé Chaland lit l'adresse du diocèse de Galveston, écrite dans un anglais magistral et enjolivée de beaux travaux à la plume. En voici la traduction :

« A NOTRE BIEN-AIMÉ SEIGNEUR ET PÈRE LE TRÈS RÉVÉREND C.-M. DUBUIS,

« *1844 — ad multos annos — 1894*, 1er juin.

« L'approche imminente du Jubilé d'or du sacerdoce de votre Grandeur a éveillé en nous la brillante vision du groupe heureux qui se réunira autour de vous, notre bien-aimé et vénéré Pontife, en cette occasion fortunée, et votre peuple dans le lointain Texas, considère comme un précieux privilège de prendre part à ces réjouissances et à ces félicitations en cet évènement solennel et trois fois béni.

« Nous venons comme des enfants aimants saluer un bon Père, qui a sacrifié les meilleures années de sa vie pour leur bonheur. Bien-aimé Seigneur, beaucoup d'années se sont écoulées depuis que Dieu nous favorisait de votre présence, et à nous qui vous sommes si attachés, ces années nous ont paru des années de désolation et d'exil. Votre zèle et votre sollicitude paternelle pour le clergé et les fidèles sur lesquels vous régniez avec tant de bonté et d'affection, sont précieusement conservés dans le souvenir de leurs cœurs; et, s'il était en leur pouvoir de le faire, comme ils se grouperaient autour de vous dans votre vieillesse et s'efforceraient de vous montrer leur gratitude et leur amour par des marques d'attentions personnelles, qui, ils le savent bien, seraient très agréables à votre cœur. Mais quoi que ce privilège leur soit refusé, ils désirent que vous acceptiez cette faible expression de leur dévouement et de leur respect pour vous, et ils tiennent à vous assurer que l'absence et les longs laps de temps n'ont pas affaibli leurs affections ni obscurci le souvenir de votre bienfaisant épiscopat.

« Nous remercions et louons le Tout-Puissant pour les nombreuses années de vie qu'il a accordées à votre Grandeur, et surtout pour celles que vous avez passées avec tant de zèle et d'efficacité dans le Texas, endurant les fatigues et les souffrances pour les intérêts de nos âmes. Nous bénissons et nous louons aussi cette divine Majesté, qui tout en vous affligeant par des maladies et les infirmités, vous a aussi donné la grâce de vous soumettre avec patience à sa divine volonté, en toutes choses, même dans les plus pénibles. Nous prions ardemment le Seigneur d'agir à votre égard avec plus de tendresse pendant le reste de vos jours et vous accorder toute espèce de bienfaits.

« Nous vous supplions de vous souvenir toujours de nous dans vos prières. Car, bien que nous soyons séparés de vous, nous sentons encore que nous sommes vos enfants spirituels et nous nous tournons tous vers vous, ô notre Père en Dieu, pour que vous vouliez bien nous continuer cette sympathie et ce dévouement que nous avons reçu de vous alors que nous étions avec vous.

« Puisse Dieu vous accorder de nombreuses années de paix et de santé ! Voilà la sincère prière de vos enfants dévoués dans le Seigneur Jésus. »

Cette adresse était signée des personnages catholiques les plus éminents de la cité de Galveston, des sœurs hospitalières du Verbe-Incarné, des sœurs de la Divine-Providence, d'un vicaire général et de dix prêtres du diocèse.

Puis l'adresse du diocèse de Dallas, rédigée en français par le Père Martinière, vicaire général.

« Dallas, 2 mai 1894.

« A NOTRE ANCIEN ET VÉNÉRÉ ÉVÊQUE, MONSEIGNEUR DUBUIS,

« Vos anciens prêtres du diocèse de Dallas tiennent à cœur de venir prouver à l'occasion des noces d'or de votre ordination sacerdotale, qu'ils n'ont pas oublié l'évêque qui, pendant trente ans, leur a donné l'exemple du vrai zèle apostolique.

« Nous voudrions pouvoir être présents et partager le bonheur des amis, qui plus heureux que nous, pourront de vive voix vous exprimer leur sentiment filial et leur gratitude. Tout ce que nous pourrons faire, c'est de nous unir à eux de loin par l'espace, mais de bien près par le cœur.

« Nous aimerions pouvoir prouver notre estime d'une manière plus digne de votre Grandeur, nous rappelant votre dévouement et affection pour votre cher Texas et pour vos anciens fils dans le sacerdoce, mais quoique les circonstances aient bien changé depuis votre départ du

Texas, votre exemple de désintéressement avait jeté de telles racines dans nos cœurs, que les hommes d'argent ne sont pas encore connus parmi nous. Toutefois, nous savons que notre pauvre petite offrande vous sera aussi agréable qu'une bourse pleine d'or.

« C'est donc avec plaisir, Monseigneur, que nous nous unissons pour vous souhaiter d'heureuses noces d'or et vous dire du fond du cœur : *ad multos annos* et puissiez-vous célébrer encore ici-bas les noces d'or de votre épiscopat.

« Vos fils tout dévoués et reconnaissants. »

Cette adresse était signée par neuf prêtres.

Après les remerciements que Monseigneur exprima avec une vive émotion, tous se rendirent à la salle des agapes où resplendissaient les armoiries du prélat : l'Evangile tout ouvert au milieu de la mer agitée avec ces mots : *Ignem veni mittere in terram et quid volo visi ut accendatur* (1). Durant le repas, plein de franche allégresse, on lisait de temps en temps les diverses adresses, lettres de félicitations, poésies envoyées du Texas ou reçues des prêtres de France.

Après les toasts français, l'abbé Ch... se leva et porta en anglais un toast au fondateur des cinq diocèses qui existent dans le Texas ou le territoire indien du Texas.

Avec beaucoup de verve et de cœur, il rappela les travaux et les fatigues de sa Grandeur, son dévouement sans bornes, son abnégation si parfaite et les grands exemples qu'il a laissés à ses prêtres et aux générations à venir.

L'abbé G... célèbre ensuite en espagnol, les labeurs et les privations de l'évêque au milieu des Mexicains qu'il

(1) Je suis venu apporter le feu sur la terre, et que puis-je désirer si ce n'est qu'il enflamme ?

aimait si passionément et pour lesquels il se dépensa sans mesure.

Ensuite, brièvement, dans une adresse en allemand, l'abbé B... exalte le don des langues que possédait Monseigneur et rappelle les bienfaits que sa Grandeur n'a cessé de répandre au milieu des populations de toutes les races. Et ce sont, en allemand, des vivats prolongés en l'honneur de Monseigneur.

Puis l'abbé D... se levant, propose à Monseigneur un toast à la santé des missionnaires, des religieuses et de tous ces nobles chrétiens du Texas qui s'étaient unis de cœur à cette fête.

Alors l'abbé B... prit la parole en ces termes : « Monseigneur, maintenant que tous, absents ou présents dans une parfaite harmonie, nous avons célébré le Texas, ce vaste champ fécondé par vos travaux et votre dévouement, où vos pas ont laissé pour l'avenir des traînées de lumière, alors que les anges, recueillant vos mérites, commençaient à tresser votre couronne, permettez-nous de porter un toast à la santé et à la prospérité du clergé du diocèse de Lyon et des nombreux bienfaiteurs, partout où ils se trouvent, des missions du Texas.

« Vous le savez, Monseigneur, nous l'avons dit bien des fois : le Texas était une colonie du diocèse de Lyon. Pendant de nombreuses années, en raison de notre pauvreté et du dénûment des missions, nous n'avons pu suivre strictement le rite et la liturgie romaine, mais ayant des livres du rite lyonnais, nous suivions avec amour le rite, les usages et la liturgie de l'Eglise de Lyon.

« Et au milieu de nos labeurs et sacrifices de tout genre, c'était pour nous une consolation de penser que nous étions les enfants de cette grande Eglise de Lyon ; que, malgré notre indignité, nous étions, pour ainsi parler, ses éclaireurs et son avant-garde pour l'extension de la foi, et que, s'il est permis de comparer les petites choses aux grandes, *sic parvis componere magna solebam*, étant appelés par la voix de Dieu, nous étions venus au Texas pour remplir le même rôle et la même mission que les Pothin et les Irénée, envoyés par l'Eglise de Smyrne, étaient venus accomplir dans l'antique *Lugdunum* et ses provinces adjacentes païennes. Vous le savez, Monseigneur, vos travaux apostoliques ont été bénis au-dessus de toute attente. Et cette petite colonie fondée par le diocèse de Lyon compte maintenant cinq diocèses et formera, dans un avenir prochain, une province ecclésiastique.

« Mais vous le savez aussi, Monseigneur, en face de cette prospérité chrétienne inouïe, la Fille ne doit pas s'attribuer toute la gloire, mais bien la faire rejaillir sur sa Mère vénérée.

« C'est pourquoi nous avons bien à rendre gloire aux illustres prélats qui ont occupé le siège de Lyon, pour avoir béni et encouragé cette colonie et nous avoir facilité les divers moyens de la faire prospérer.

« Nous avons pareillement à rendre des actions de grâces à tous ces prêtres zélés et désintéressés et à tous ces chrétiens d'élite qui, outre la riche aumône de leurs prières, ont prélevé, sur leurs modiques ressources, quelquefois des sommes considérables pour vous aider, vous et vos prêtres à la création de tant d'églises, de chapelles, d'écoles, d'académies, de couvents, d'hôpitaux et d'orphelinats.

« Nous avons aussi bien des actions de grâces à rendre à ces pères généreux et à ces mères aux cœurs héroïques, qui vous ont donné un fils pour le ministère apostolique, une fille pour le cloitre, ou les œuvres d'éducation et de charité.

« Que d'actions de grâces aussi nous avons à rendre aux diverses sociétés apostoliques de France et d'Europe et surtout à l'admirable société de la *Propagation de la*

Foi, qui a toujours été notre soutien dans nos entreprises si multipliées.

« Actions de grâces et profonds remerciements soient donc rendus à tous les bienfaiteurs des missions du Texas ! Déjà peut-être beaucoup sont allés dans le Ciel recevoir la récompense de leurs mérites et de leurs bonnes œuvres. Ils étaient mûrs pour le royaume céleste. Unissant nos faibles prières à celle de Votre Grandeur, nous continuerons de penser à eux. »

Pendant qu'à Lyon on était dans la joie, San-Antonio célébrait en grande pompe le Jubilé sacerdotal de son ancien pasteur. La fête fut vraiment magnifique : au lever du soleil, vingt et un coups de canon annoncèrent la solennité. Puis une messe solennelle fut célébrée à l'église Sainte-Marie qui avait été bâtie en 1856 par le Père Dubuis.

Trois évêques, Mgr Neraz, de San-Antonio ; Mgr Verdaguier, de Brownswille ; Mgr Montes de Ocha, de Saint-Louis-Potosi (Mexique), et dix prêtres assistaient à la cérémonie. Le chœur des Frères exécutait de merveilleux morceaux de musique et une foule immense remplissait l'édifice décoré merveilleusement de fleurs et de verdure. A dix heures, la procession rentra dans l'église et le R. Père jésuite J. O'Shaunon, recteur de l'Université de Sainte-Marie de Galveston, commence le panégyrique par ces mots : « Qu'ils sont beaux les pieds des ministres de l'Evangile qui annoncent la bonne nouvelle. » Puis il ajoute : « Le Saint-Esprit consacre les empreintes des pieds de ceux qui instruisent les hommes des vérités du salut et les conduisent au bonheur du Ciel. Si c'est un devoir de nous rappeler nos bienfaiteurs, nous devons en ce jour, proclamer les bienfaits et les belles actions de notre grand évêque qui, accablé par l'âge, maintenant se repose dans une maison de retraite loin du champ de ses travaux. Pour bien comprendre le caractère et l'extension des bienfaits dont nous lui sommes redevables, il est nécessaire de donner un aperçu de sa vie d'apôtre parmi nous. » Après avoir raconté brièvement ses travaux et ses bienfaits, il conclut en disant qu'on peut à juste titre l'appeler l'apôtre du Texas, puisque c'est lui qui a fixé véritablement la foi dans le pays. Après la messe, le clergé et les notables de la ville se réunirent en un grand banquet chez les Pères Oblats de Marie.

Le second jour, le lundi matin, la fête s'annonça par vingt-cinq coups de canon et se termina le soir par le même nombre, en tout cinquante, nombre correspondant au 50e anniversaire de la prêtrise du vieil évêque.

Ce jour-là des télégrammes de félicitations furent envoyés nombreux à Lyon par Mgr Néraz, le clergé de San-Antonio, par Mgr Montes de Ocha, par Mgr Verdaguier et enfin par un bon nombre de ses anciens paroissiens et de ses amis.

A Galveston aussi eurent lieu des fêtes magnifiques en cette occasion et parmi les nombreuses lettres qu'il reçut de cette ville, en voilà deux qui nous montrent l'attachement et la reconnaissance que l'on avait gardés pour lui.

« Monseigneur et vénéré Évêque,

« Depuis longtemps nous attendions impatiemment le jour de vos noces d'or pour vous dire que, malgré les vagues sans repos de l'Océan qui nous sépare depuis de nombreuses années, nous n'avons pas oublié vos bienfaits. Cinquante ans se sont écoulés depuis l'appel du divin Maître, depuis le jour où vous avez écouté sa voix et avez reçu l'onction sacerdotale avec un pouvoir inconnu au plus élevé des Séraphins. Comme elles ont été bien remplies les pages de votre vie depuis ce glorieux moment !...

« En ce jour nous nous rappelons ces temps heureux déjà bien éloignés où vous étiez parmi nous pour nous consoler et nous encourager et le jour et la nuit, pendant les longs temps d'épreuves et de calamités. Nous vous avons vu souvent errer à travers les prairies désertes et les marécages pour secourir une âme aux portes de l'Eternité et la nourrir de la divine Eucharistie. A ce souvenir nos cœurs sont remplis de reconnaissance!

« Vous avez été longtemps nôtre guide par vos conseils, mais surtout par vos exemples; aussi nous nous sommes efforcés de ne pas laisser vos efforts stériles. Et ce qui peut le montrer mieux que toutes nos paroles, c'est de regarder les plaines sauvages de l'Ouest et tout le vaste Etat du Texas et de voir ces églises nombreuses et ces édifices religieux que votre foi y a implantés et qui de plus en plus se développent et se multiplient. Oui, Monseigneur, les mots sont impuissants à vous exprimer ce que nous vous devons et nous ne pouvons trouver dans la langue anglaise des expressions capables de vous exprimer, comme nous le voudrions, toute notre reconnaissance.

« Aujourd'hui nos cœurs débordent de joie, et quand dans un instant votre successeur va célébrer avec toute la magnificence et la solennité possible en chantant la messe pontificale à l'occasion de vos noces d'or, croyez bien que vos fidèles diocésains demanderont au Ciel de répandre ses plus abondantes bénédictions sur votre Grandeur.

« Daigner accepter ces congratulations reconnaissantes, et que le souvenir de ce jour à jamais mémorable, soit une joie et une consolation pour vous dans l'avenir.

« Vos anciens diocésains de Galveston qui se souviendront toujours de vous.

« E.-V. Klein. »

« A sa Grandeur Mgr C.-M. Dubuis,

« Monseigneur et vénéré Père,

« C'est toujours avec une nouvelle joie, un redoublement d'ardeur que nous saluons chaque année le jour béni de la fête de notre digne et vénéré fondateur. Mais cette année, nos cœurs tressaillent à la pensée que nous sommes appelées à célébrer non seulement votre fête, Monseigneur, mais encore le cinquantième anniversaire de votre consécration sacerdotale et du jour à jamais mémorable où, pour la première fois, il vous fut permis d'offrir le saint sacrifice de la Messe et de tenir entre vos mains la victime sainte qui s'immole chaque jour pour nous.

« Ce fut en ce grand jour, Monseigneur, nous ne l'ignorons pas, que vous consacrâtes, que vous immolâtes, à l'exemple de Celui qui s'immolait entre vos mains, vos forces, votre santé et votre vie même, en vous dévouant au service des Missions étrangères.

« Durant ce long espace de cinquante ans, qui dira tous vos pénibles travaux, vos longues veilles, vos dures privations, vos souffrances physiques et morales? Ah! Monseigneur, Dieu seul et ses anges sont les témoins de tout ce que vous avez fait et souffert pendant ces cinquantes années de sacerdoce, et vos mérites, Dieu les égale, nous le croyons, à ceux des apôtres.

« Nous voudrions qu'il vous soit permis, Monseigneur, de venir célébrer vos noces d'or au milieu de ce troupeau pour lequel vous avez épuisé votre santé et vos forces, mais au moins permettez-nous de vous offrir nos sincères félicitations, nous surtout qui avons l'honneur de vous nommer notre fondateur et notre Père. Recevez aussi, Monseigneur, les vœux bien sincères que nous offrons chaque jour au Verbe Incarné, mais plus spécialement encore en ce jour de vos noces sacerdotales, pour qu'il vous bénisse, vous conserve encore longtemps et vous accorde une bonne santé, afin que nous ayons un jour la consolation de vous revoir encore ici-bas. Acceptez aussi ce petit présent, il est bien minime, mais votre Grandeur ne le dédaignera pas, accompagné comme il est de notre meilleure bonne volonté et de nos sentiments filiaux. Le 6 juin, fête de votre Grandeur, sera célébrée à la cathédrale de notre ville, une messe pontificale à laquelle sont invités tous les fidèles et toutes les communautés religieuses. Les membres des communautés en ce jour recevront la sainte Communion à votre intention, et nous en sommes persuadées, bon nombre de fidèles aussi.

« Acceptez, Monseigneur, nos cordiales et sincères félicitations, nos souhaits et nos vœux pour votre conservation et votre bonheur, et veuillez en votre bonté donner votre paternelle bénédiction à celles qui aiment à se dire, Monseigneur,

« De votre Grandeur, les filles respectueuses, les sœurs de charité du Verbe-Incarné.

« Sœur AUGUSTIN,

« *Supérieure de l'hôpital de Galveston.* »

Cette lettre encadrée d'enjolivures était écrite en lettres d'or ; elle était accompagnée d'un chèque de cinq cents francs, que Monseigneur, dans sa générosité qui ne connaissait pas de borne, donna aussitôt aux écoles catholiques de Coutouvre et de Belmont. En outre de ce chèque, tout ce qu'il reçut d'autre source à cette occasion prit la même route. Ses anciens missionnaires réunis pour le fêter à l'occasion de ses noces d'or avaient décidé de ne pas lui donner de l'argent, car ils savaient qu'il ne le garderait point. Aussi lui offrirent-ils des vêtements en le priant de s'en servir, ce qu'il fit pendant le temps qu'il passa encore sur cette terre. Toutefois, comme après le règlement de cet achat de vêtements, il restait quelque argent disponible, le reliquat des offrandes fut porté par un missionnaire chez les Frères de Neuville-sur-Saône, où il donnait la confirmation. Il mit le billet de banque dans la couverture de son bréviaire : « Encore un, dit-il, qui saura bien trouver le chemin, qu'ont suivi les autres ! »

Ce chemin c'était celui de ses chères écoles catholiques.

CHAPITRE XXI

DERNIERE MALADIE. — MORT & FUNERAILLES

PENDANT l'année 1894, Mgr Dubuis s'arracha comme de coutume à sa retraite pour exercer son ministère. Une des dernières œuvres où il déploya son zèle, fut l'œuvre des mariniers du canal de Roanne. Toujours prêt, malgré ses soixante-dix-sept ans, à se dépenser au service des âmes, il vint lui-même, vers la fin d'août, célébrer la messe de première communion et, le soir du même jour, il administra la confirmation à ces enfants, après leur avoir expliqué dans une allocution touchante, où l'on sentait la foi ardente de l'apôtre, les effets merveilleux de ce sacrement et la puissance du signe de la Croix.

Puis, au commencement d'octobre, nous le retrouvons à la bénédiction de la nouvelle église de Cordelles, dans la Loire. La veille au soir, Monseigneur fut reçu processionnellement à l'entrée du village par un nombreux clergé, le Conseil municipal, le Conseil de fabrique et un grand nombre de fidèles. M. P..., maire du village, souhaita en termes touchants la bienvenue à sa Grandeur. Puis le cortège se dirigea vers l'église, admirablement parée pour la circonstance, au milieu des arcs de triomphe et des arbres verts dressés sur son parcours. Le dimanche matin eut lieu la cérémonie de la bénédiction de l'église ; le soir aux vêpres solennelles, Monseigneur, dans une allocution vibrante de foi et en même temps empreinte de la plus paternelle bonté, expliqua la cérémonie du matin ; puis il donna à tous sur la sanctification du dimanche et sur sa dévotion favorite : le signe de la Croix, des conseils qui furent pieusement goûtés par l'assemblée.

Nous lisons dans la vie du P. Chevrier :

« En l'absence des archevêques de Lyon, les confirmations étaient données par Mgr Dubuis qui s'appelait aimablement l'évêque du Prado et qui fut toujours entièrement dévoué au P. Chevrier et à son œuvre, parfois jusqu'à l'héroïsme. Un jour, le directeur des enfants de la première communion était allé à Coutouvre, le prier de venir donner la confirmation au Prado ; mais il n'osa pas faire sa demande. Mgr Dubuis était malade, incapable de faire un seul pas. A la fin, il fallut bien néanmoins exposer le but de cette visite inattendue.

« — Pourquoi ne me l'avez-vous pas dit tout de suite ? reprend le bon évêque. — Mais, Monseigneur, dans l'état où je vous vois, c'est inutile. — Qu'à cela ne tienne, mon ami, jamais un évêque ne recule quand il s'agit de donner la confirmation — Et comment ferez-vous, Monseigneur ? — Je me ferai transporter dans mon fauteuil. » On essaya vainement de le détourner de son projet ; il fit dans cet état un voyage de près de cent kilomètres pour donner la confirmation aux enfants du Prado. Ses fortes instructions, que les vieux souvenirs de sa vie de missionnaire rendaient extrêmement intéressantes, étaient toujours très goûtées de son jeune auditoire. »

Mgr Dubuis lui-même fait allusion à ce fait dans une lettre : « Malgré les attaques continuelles et les souffrances rhumatismales, j'ai dû, il y a trois semaines, me faire traîner à Lyon pour confirmer à la Providence du Prado les pauvres enfants délaissés qui, au bout de six mois de catéchisme, venaient de faire leur première communion. Je rentre sans être mort et même sans être plus malade. J'étais à l'avance certain du fait, il y a si longtemps que je connais les secours d'en Haut. »

Rentré dans sa solitude avec l'hiver, il sentit bientôt un redoublement de violence dans sa maladie et se rendit compte de la gravité de son mal.

Mgr Coullié qui avait pour cette âme ardente une vive sympathie et une affectueuse vénération, vint alors souvent le visiter sur son lit de douleur et quand il ne pouvait venir il demandait à chaque instant de ses nouvelles avec le plus vif intérêt. Il écrivait de Boën, 5 mai : « La pensée de Mgr Dubuis ne me quitte pas, je serais si heureux de conserver au diocèse un évêque dont l'exemple est une prédication si éloquente de foi, de charité et d'obéissance. Dites-lui mon affectueuse vénération. »

Cependant la maladie, pour être lente dans ses progrès, n'en était pas moins implacable. Elle torturait parfois affreusement le pauvre patient, si bien que les bonnes sœurs qui le soignaient étaient dans l'admiration de le voir si courageux et si fort. Les jours étaient occupés entre les exercices de piété et quelques visites de ses amis, et les nuits se passaient sans sommeil, à marcher dans la chambre et à prendre quelquefois un peu de repos dans un fauteuil, mais jamais dans un lit. Malgré ses souffrances, le prélat restait simple et bon pour tous ; on était heureux d'aller le visiter, on le sentait si plein de l'esprit de Dieu et on le voyait si patient dans ses maux et si doux envers ses douleurs que l'on se disait immédiatement : « Voilà un saint ! »

Son vieux rhumatisme contracté par le sommeil pris sur le sol humide des prairies, par ses courses à travers les rivières et les fleuves avait résisté à tous les remèdes, même les plus énergiques. L'espèce de supplice qu'il s'infligea plusieurs fois comme remède, avait, à la vérité, procuré du soulagement passager, mais n'avait pas assuré la guérison. Les années avaient étendu les incommodités à tous les membres, tellement qu'il se trouvait enfin cloué sur son fauteuil. Malgré cela on était tenté de croire qu'il ne souffrait pas beaucoup, car il ne se plaignait jamais et ne permettait que rarement aux plus violentes douleurs de se trahir par quelques signes. Son visage toujours serein, gai et tranquille, sans le moindre nuage de chagrin et d'altération, montrait à tous sa force d'âme et son union à ce Dieu pour lequel il souffrait.

Vers la fin de mars, le médecin jugea son état grave et ne le lui dissimula point. Le vertueux malade entendit cette nouvelle sans sourciller; il l'attendait, dit-il, de jour en jour. Son désir était de quitter la terre et d'être réuni à Jésus-Christ (1).

D'ailleurs la vie qu'il menait ne lui laissait guère plus d'autre intérêt que de mourir au plus tôt. En mourant, il n'avait rien à perdre, et il avait tout à gagner. Un homme depuis si longtemps attaché à la croix de Jésus-Christ et crucifié avec lui, ne pouvait regarder qu'avec joie son dernier soupir qui devait mettre fin à son tourment et commencer son bonheur.

Le médecin essaya en vain de soulager ses douleurs par tous les remèdes imaginables: tout ce qu'on put faire, fut sans succès. Le mal allait croissant et il n'y

(1) Au commencement du mois de mai, il dit aux religieuses qui le soignaient : « Mes bonnes Sœurs, je commence le mois de Marie avec vous, mais je ne le finirai pas sur cette terre, j'irai l'achever au Ciel. »

avait plus d'autre remède que l'admirable patience du malade. Toujours semblable à lui-même, Mgr Dubuis ne cessa jusqu'à son dernier soupir d'identifier sa volonté avec celle du Seigneur. « Que votre volonté se fasse, ô mon Dieu », répétait-il souvent comme oraison jaculatoire. Il donnait à tous ceux qui le visitaient le spectacle non seulement de la résignation du juste à ses derniers moments, mais encore de ce bonheur anticipé que goûte un saint à mourir pour plaire à Dieu (1).

Aussi grand sur son lit de douleur qu'il l'avait été dans le cours de sa laborieuse carrière, il jouissait moins de la pensée de la récompense prochaine que de la satisfaction de faire la volonté de son Dieu. Quoique d'une humilité profonde, son cœur était inondé de confiance et il abandonnait son sort à la bonté divine. Il avait aussi une grande confiance à la Sainte Vierge, comptait sur sa protection et, grâce à elle, ne doutait pas d'être sauvé. Un de ses amis lui ayant demandé s'il n'avait pas peur de se présenter au jugement de Dieu, il lui répondit joyeusement : « Hélas! malgré ma misère, j'ai confiance en Dieu, j'espère que le Seigneur payera mes sueurs puisque j'ai travaillé pour lui ; d'ailleurs, lorsque j'arriverai là-haut, si l'on me refusait l'entrée, je tâcherais bien de m'accrocher à la robe de la Sainte Vierge et lorsque je la tiendrai, vous pouvez être sûr que je ne la lâcherai pas ! »

Il était plein de ces sentiments de confiance quand, le 18 mai, il ouvrit pour la dernière fois sa conscience à son confesseur. Quelques heures après, il reçut le sacrement d'Extrême-Onction qu'il appelait son *passe-port*, et les

(1) A un de ses compatriotes qui était venu le visiter et qui le priait de lui dire si quelque chose lui serait agréable, il répondait : « Mon ami, tout ce qui est spirituel est excellent et précieux, le reste n'est rien, vos prières et celles de ceux qui me connaissent, sont les seules choses que je désire.

derniers secours de la religion qu'il réclama lui-même. A partir de ce moment, son cœur s'abandonna encore davantage au désir de son souverain Seigneur et fixa toutes ses pensées sur la céleste Jérusalem. Son union avec Dieu et ses aspirations vers lui étaient continuelles. « O Jésus, vous êtes mon Seigneur et mon tout ! » s'écriait-il souvent.

« Le lendemain, écrit un de ses amis, j'arrive près de Monseigneur et je le trouve sans connaissance. Je croyais que le moment de sa mort était arrivé, lorsque tout à coup, à ma grande surprise, il ouvre les yeux et me dit : « J'ai été aux portes du Ciel, j'ai vu une grande clarté, « je pensais pouvoir y pénétrer lorsque je me suis trouvé « encore sur la terre. »

Cependant ses forces diminuaient visiblement. Vers deux heures du matin il joignit ses mains, éleva ses regards vers le Ciel et dit encore : « Jésus, Marie, Joseph ! »

Ce furent ses dernières paroles, il entrait en agonie et semblait voir déjà Celui pour qui il avait tant travaillé sur la terre et qui allait être bientôt sa récompense. Son agonie dura près de deux heures, et il expira doucement à quatre heures du matin.

Il avait soixante-dix-sept ans.

Souvent il avait dit qu'il voulait mourir les armes à la main et non dans son lit, et c'est ce qui arriva, il mourut le 21 mai de grand matin sur son fauteuil, sans pousser une plainte et avec une foi à transporter les montagnes, allant à la mort comme à un de ses amis.

Quelques jours auparavant il avait fait appeler le supérieur de la maison et lui avait dit :

« — Monsieur le supérieur, je vais bientôt mourir et je désirerai être inhumé à Coutouvre ; voulez-vous être mon héritier universel et à ce titre faire les frais de mes funérailles ?

« — Je veux bien, Monseigneur, répondit le supérieur.

« — C'est que, reprit l'évêque en riant, vous ne savez peut-être pas bien exactement à quoi vous vous engagez? Pour toute fortune, je n'ai que mon anneau, ma crosse et ma tabatière; voulez-vous accepter les bénéfices et les charges? »

Le supérieur ayant réitéré son acceptation, Monseigneur écrivit immédiatement de sa propre main son testament.

Effectivement, à sa mort, il ne possédait pas un centime, n'ayant pas même, depuis plusieurs années, un porte-monnaie, qui lui eût été parfaitement inutile.

Le vendredi 24 mai eurent lieu, à l'hospice des prêtres, à Vernaison, les funérailles solennelles de l'apôtre du Texas.

En l'absence de Mgr Coullié, alors en tournée de confirmation, la cérémonie fut présidée par Mgr Déchelette, vicaire général, qui célébra la messe; puis un évêque missionnaire, Mgr Philipp, donna l'absoute. Autour de lui étaient rangés plus de cinquante prêtres, qui étaient venus rendre un dernier hommage à cet évêque si humble, si bon et dont les vertus parlaient si haut. Parmi ces derniers : MM. Lebas, Forest, Dadolle, vicaires généraux; M. Pagnon, chancelier de l'archevêché; une dizaine de chanoines titulaires ou honoraires, beaucoup de prêtres, des religieux et des religieuses, notamment plusieurs anciens missionnaires du Texas.

La dépouille mortelle du défunt, réclamée par sa paroisse natale, fut transportée à Coutouvre et reçue solennellement comme une relique par le clergé et la population de toute la contrée accourus à cette cérémonie. Déposé à son arrivée dans la chapelle de l'Hôpital, le corps fut gardé avec vénération durant toute la nuit. Une multitude innombrable de personnes y vinrent prier. Le lendemain, samedi 25 mai, à dix heures, commença le défilé à travers les rues du bourg de Coutouvre. On évalue à plus de deux mille le nombre des personnes qui précédaient ou suivaient le convoi. Les congrégations des enfants de Marie, des Mères chrétiennes, de saint Louis-de-Gonzague, la Société de secours mutuels, le Conseil municipal en corps, s'étaient fait un honneur d'accompagner à sa dernière demeure ce prélat tant aimé. Environ trente prêtres, en habit de chœur, étaient venus des paroisses voisines pour rehausser la cérémonie et une vingtaine d'autres en noir suivaient le cortège. Les cordons du poêle étaient tenus par M. le Curé-archiprêtre de Perreux ; M. le Curé de Notre-Dame des Victoires à Roanne ; MM. Camille et Léon Déchelette ; Dugoujard, ancien conseiller général du canton ; Pralus, président du Conseil de fabrique ; Lagarde et Perra, anciens maires de Coutouvre.

La Fanfare faisant entendre des chants funèbres alternant avec les chants liturgiques du clergé.

A l'église, Mgr Bonnardet, vicaire général et représentant de Mgr Coullié, archevêque de Lyon, prononça l'oraison funèbre du vaillant missionnaire. Après avoir retracé à grands traits son enfance, sa vocation sacerdotale et ses travaux apostoliques, il fit ressortir surtout son grand esprit de foi avec lequel il forçait Dieu à faire des miracles en sa faveur lorsque le bien des âmes les réclamait, et son esprit de détachement absolu qui lui attirait les cœurs pour les convertir et les donner à Dieu.

Au cimetière, M. Edouard Déchelette retraça, en quelques mots émus, la vie de l'évêque de Galveston, enfant de Coutouvre, si dévoué à son pays, à la France et au Texas. « Pendant cinquante ans, s'écria l'orateur, il a porté l'Évangile dans les pays lointains et avec cette énergie et cette bonté que nous lui connaissons tous, il a fait chérir le nom de Jésus-Christ et celui de la France.

Et s'il est aujourd'hui étendu dans ce cercueil, c'est que le travail et les souffrances des missions ont ruiné sa forte constitution, taillée pour durer un siècle. Revenu en France, vous avez été notre Providence pour nos écoles catholiques et nous espérons que vous continuerez votre protection efficace à l'œuvre qui vous fut chère. Illustre compatriote, noble enfant de Coutouvre, arrivé par votre seul mérite aux plus hautes dignités de l'Eglise, nous saluons en vous la gloire de notre pays et nous vous disons adieu, ou plutôt au revoir. »

Le cardinal Coullié qui avait toujours témoigné au saint évêque missionnaire une grande confiance et qui aimait cet apôtre du Christ, fut profondément affligé de cette mort et adressa à son clergé une lettre où il fit l'éloge du vieil athlète : « Une douloureuse nouvelle nous est parvenue au cours de notre visite pastorale », s'écrie-t-il. Puis après avoir esquissé à grands traits sa vie de sacrifice et d'abnégation, il ajoute au sujet de sa mort : « Lorsqu'il vit sa fin approcher, bien loin de redouter la mort, il l'envisagea avec une admirable sérénité et se prit même à l'appeler de tous ses vœux, s'appropriant à son tour les paroles de l'apôtre saint Paul : *Desiderium habens dissolvi et esse cum Christo.* Je désire mourir et être avec le Christ. N'avait-il pas, en effet, mieux que personne, des droits acquis à la céleste récompense, ce vaillant serviteur qui pendant tant d'années avait prêché l'Evangile en ces contrées lointaines par delà l'Océan.

« Et maintenant il reposera selon ses désirs, dans l'humble cimetière de Coutouvre, sa paroisse natale, qui le vénérait à si juste titre et dont il s'était fait l'insigne bienfaiteur. Nous sommes heureux que notre diocèse puisse ainsi garder sa tombe ; elle y perpétuera la mémoire de son nom, de ses travaux et de ses vertus.

« *Beati qui in Domino moriuntur*, heureux ceux qui meurent dans le Seigneur, riches de bonnes œuvres et de mérites surnaturels ! C'est là, Messieurs et chers coopérateurs, la pensée pleine d'encouragement que nous suggère toujours le spectacle d'une pieuse mort couronnant une vie fervente. Toutefois, rappelons-nous que les serviteurs de l'Eglise ont besoin de nos suffrages quand ils se présentent au jugement de Dieu. »

Mgr l'Archevêque terminait sa lettre en annonçant pour le 10 juin, dans l'église primatiale, un service pour le cher défunt, auquel service il convoquait son clergé, en ajoutant : « Nous acquitterons ainsi la dette de reconnaissance que nous avons contractée envers lui. »

Un an après, Mgr Coullié se trouvant dans la région pour une tournée de confirmation, vint à Coutouvre, et après quelques paroles d'édification adressées aux fidèles réunis à l'église, il demanda à se rendre au cimetière de la paroisse.

« C'était, raconte un témoin oculaire, un spectacle touchant de voir notre vénérable archevêque suivi de la population, et malgré sa fatigue, faisant à pied le chemin qui conduit à ce modeste cimetière de campagne. Arrivé devant la grande croix qui abrite les morts, sa Grandeur s'est agenouillé et a prié. C'est là que repose l'apôtre du Texas, l'ancien évêque de Galveston, le regretté Mgr Dubuis ; et c'était pour lui donner ce témoignage d'affection fraternelle et de reconnaissance pour les services rendus au diocèse, que l'éminent Prélat avait voulu faire ce pieux pèlerinage.

« Aussi tous les fidèles ont-ils été édifiés de sa douce bonté et de cet acte de piété si touchante. »

Plus de quarante journaux de France, que nous avons sous les yeux, ont rappelé à l'occasion de la mort de Mgr Dubuis, ses prédications, ses souffrances, ses travaux dans le Texas. Mais surtout les journaux d'Amérique ont profité de cette occasion pour faire de leur ancien évêque, des éloges extraordinaires : « Qui pourrait, s'écrie le *Messager du Sud*, oublier un des plus grands bienfaiteurs de notre Etat ? Claude-Marie Dubuis, il est vrai, n'a pas combattu, le fusil à la main, pour l'indépendance du Texas, il a fait mieux encore, il a combattu non seulement pendant quelques mois mais pendant de nombreuses années contre le plus grand ennemi du genre humain, contre le prince des ténèbres.

« Il planta la Croix, comme prêtre et comme évêque, dans beaucoup de pays encore inconnus aux prêtres catholiques. Il a fait beaucoup pour nos pères et mères et par leur entremise aux plus jeunes de nous. Il a fait des choses tellement surprenantes qu'il est impossible de raconter tous ses exploits. Aujourd'hui nous parlons de notre cher et bon évêque, parce que les occasions en deviendront plus rares. Il est mort comme un saint à l'hospice des prêtres retraités de Vernaison, près de Lyon. Soyons-lui reconnaissants pour tout ce qu'il a fait pour nous autres catholiques du Texas, en recommandant son âme à la miséricorde de Dieu. »

CHAPITRE XXII

PORTRAIT & VERTUS DE Mgr DUBUIS

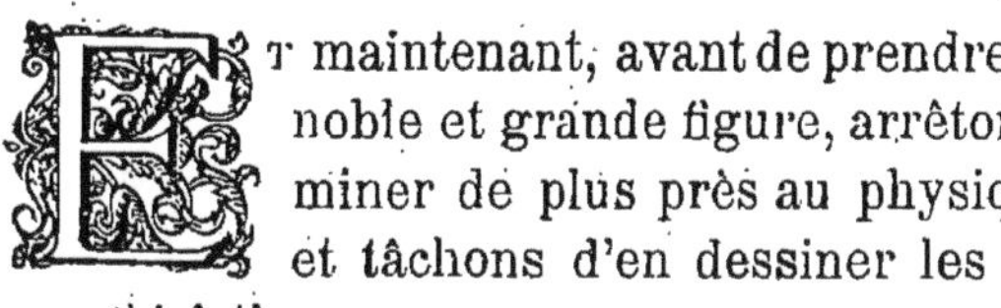

Et maintenant, avant de prendre congé de cette noble et grande figure, arrêtons-nous à l'examiner de plus près au physique et au moral et tâchons d'en dessiner les traits les plus caractéristiques.

Sa taille était élevée, son port naturellement majestueux, sa constitution athlétique, ses membres forts et osseux; tout en lui était imposant. Il était d'ailleurs si bien proportionné que sa vue impressionnait vivement et même les personnes qui ne le connaissaient pas disaient aussitôt : voilà un ardent serviteur de Dieu. Sa photographie rend assez bien cette belle physionomie. Le regard fixe, les mains pendantes, il semble dire encore : « Seigneur que voulez-vous que je fasse? Ordonnez, je suis prêt! » Tout dans son visage, comme du reste dans l'ensemble de sa personne respirait la dignité et l'énergie du missionnaire, ses yeux ardents semblaient pénétrer jusqu'au fond des consciences et sa bouche avait un sourire où passait toute son âme. Son large front ajoutait encore à sa physionomie un caractère de grandeur et d'intelligence qui aurait saisi de crainte si la bonté qui s'exhalait de toute sa personne n'eût tempéré le tout pour laisser uniquement sous l'impression du respect et du charme provenant de sa simplicité. Cet ensemble était harmonisé parfaitement pour donner, à ceux qui le regardaient, l'idée de l'apôtre, du représentant de Dieu sur la terre.

Malgré sa robuste constitution, les excès auxquels son zèle de missionnaire l'emporta dans les climats si variables du Texas, auraient brisé plusieurs vies ; il y résista longtemps, sa force morale venant encore en aide à la force de son tempérament. Nous l'avons vu, jusqu'à ses derniers moments, toujours en haleine, après avoir parcouru tous les parages de ses immenses missions, traverser plusieurs fois des mers et chercher en Europe des ressources et des ouvriers apostoliques. Ce qui contribua le plus à ruiner sourdement ses forces, ce fut cette vie inquiète et pleine de sollicitudes que l'évêque menait soit en Amérique, soit dans nos grandes villes de France, d'Italie, d'Allemagne et d'Irlande. Les besoins étaient pressants, le succès de ses entreprises était en jeu, et souvent les secours tardaient, quoique ses démarches ne demeurassent jamais complètement infructueuses.

Si parmi les saints dont les traits nous sont connus, on cherche auquel ressemblait Mgr Dubuis, on pense aussitôt à saint François-Xavier. Cet apôtre, par sa puissante parole et par son zèle ardent, avait converti plusieurs peuples dans les vieilles Indes ; Mgr Dubuis, à son tour, a évangélisé et conduit à Jésus-Christ un peuple entier près des nouvelles Indes.

Mais comment peindre cette belle âme ? Rien n'est beau ici-bas comme une âme. Combien plus une âme d'apôtre. Mgr Dubuis avait du missionnaire l'idéal le plus élevé. « Il faut, disait-il, qu'à l'exemple de Jésus-Christ, le missionnaire se dépouille de tout. Il faut qu'il renonce aux biens de la terre, qu'il renonce à son corps, à sa volonté et alors il est digne de travailler à la grande œuvre de l'apostolat. »

Les ambitieux cherchent des grandes occasions d'agir, les rêveurs forment mille projets grandioses, où ils dépenseraient le meilleur de leur être ; Mgr Dubuis, lui, n'était pas un rêveur, c'était avant tout un homme d'action. Et quand généreusement et sans hésiter il partit en Amérique, il avait une ambition dans l'âme, mais c'était l'ambition de ramener au catholicisme tant de pauvres infidèles abandonnés, tant de sauvages qui vivaient de leurs passions indomptées. Sans doute ses vues étaient larges et élevées, mais combien humbles et petits furent ses moyens d'action ! D'abord seul et pour ainsi dire abandonné au milieu d'un peuple indifférent qui ne veut pas le recevoir ni l'écouter, il apprend à mourir à lui-même pour vivre tout entier en Dieu, attentif à purifier ses intentions, à chercher à tout instant ce qui Lui est le plus agréable.

Bien faire ses actions, les faire par le plus pur amour de Dieu, voilà quel était son idéal. Aussi la volonté divine était le guide de sa conduite et le dernier mot de toutes ses délibérations. Il puisait dans cette pensée sa force pour surmonter des difficultés, pour aller au-devant des sacrifices les plus durs à la nature. Sa vocation de missionnaire, les travaux apostoliques, les charges de l'épiscopat, tout s'explique par ce seul mot.

L'abandon à la Providence rayonnait une salutaire influence sur ses actions et sur sa vie. Il en était pénétré ; c'était le sentiment qu'on éprouvait en approchant Mgr Dubuis.

Cette Providence était pour lui une de ces vérités pratiques qu'on ne connaît bien qu'autant qu'on s'y affectionne et qu'on les fait passer dans sa conduite. Son abandon était sans bornes. Jamais on ne le vit se décourager dans les épreuves les plus terribles. Les catastrophes et les ruines ne l'ébranlèrent pas. Et certes, au Texas, rien ne lui fut épargné. Après la destruction par le feu, les ouragans ou la guerre, de ses établissements religieux et de ses églises, après les épidémies qui enlevaient missionnaires et religieuses, après les trahisons, les injustices qui blessaient fortement son cœur, il se remettait à l'ouvrage, recommençait l'œuvre, traversant s'il le fallait les mers, le bâton de voyageur et de mendiant à la main, quêtant, recueillant partout où il le pouvait, des secours et des collaborateurs nouveaux.

Aussi, grâce à cette énergie et à cette confiance en Dieu, il obtint des résultats merveilleux. Comment Dieu, en effet, eut-il pu ne pas favoriser un zèle si saint et une vertu si pure ? La vie de cet homme de Dieu avait tous les caractères de l'héroïsme.

En temps ordinaire, il se levait avant quatre heures et demie et s'habillait en psalmodiant les louanges de Dieu, puis avant sa messe, qu'il disait avec une piété angélique, il faisait trois quarts d'heure d'oraison. Son âme était ainsi remplie de cette pensée de Dieu, il consacrait ses journées à l'apostolat, tout en conservant précieusement dans son cœur la présence de son Maître.

Il avait toutes les qualités du missionnaire. Doué d'une santé à toute épreuve, avant qu'elle ne fut affaiblie par ses travaux, pendant de longues années, il ne prenait la nuit qu'un demi repos, et lorsqu'il était en voyage dans les immenses prairies du Texas, il s'était habitué à dormir sur son cheval.

Pour lui, les délais, la lenteur dans la marche des affaires, les difficultés inhérentes à toutes choses, les oppositions ardentes, violentes, comme les contradictions les plus tenaces, n'avaient pas prise sur lui. Il en souffrait, mais il ne cédait rien de ce qui était son droit. Evêque au milieu de populations habituées à toutes les libertés à l'égard des lois de l'Eglise, il prit des mesures radicales, soit envers son peuple, soit, au besoin, envers son clergé; il souleva quelquefois des tempêtes, mais resta ferme sur les points importants, en cédant sur tous les points accessoires, s'accommodant dans une très large mesure aux mœurs du pays, aux habitudes de son peuple.

Qu'on se représente ce qui se trouvait d'épreuves pour un jeune missionnaire dans un pays comme le Texas, bouleversé par vingt ans de révolution, où les ruines morales et religieuses gisaient plus nombreuses que les ruines matérielles : d'un côté, des catholiques la plupart sans foi et sans pratique; de l'autre, des sauvages dont la cruauté sanguinaire était l'obstacle invincible à toute évangélisation. En outre, l'immensité des solitudes, l'absence de communications. Sans sa foi ardente et son énergie extraordinaire, cette âme quoique si bien trempée aurait succombé bien des fois sous le poids des difficultés.

Un soir qu'il parcourait seul, selon sa coutume, les vastes solitudes de l'Est de son diocèse pour encourager et fortifier ses braves Mexicains, il fut surpris par la nuit, près du Colorado, au milieu d'une immense prairie. Son cheval était fatigué et il était loin de toute habitation; il s'arrête, et comme il faisait souvent, il donne la liberté à son cheval, s'installe sous un petit arbre, descend la selle pour s'en servir comme d'oreiller, s'enveloppe dans sa couverture et s'étend doucement sur l'herbe de la prairie après avoir recommandé sa vie à Dieu. Le sommeil vient bientôt fermer ses paupières; mais tout à coup, vers minuit, un bruit épouvantable le réveille en sursaut. Il examine, il écoute un instant et se rend bien vite compte de l'imminence du danger ; ce n'était point la première fois qu'il entendait ce bruit sourd et menaçant. Ne perdant pas une minute, il saute sur l'arbre qui était près de lui et grimpe rapidement jusqu'au sommet. Il était temps ; à peine était-il installé qu'il vit les flots du fleuve débordé, balayer la plaine sur son passage avec un fracas terrible. Le cheval, entraîné par l'irruption des eaux, pousse un terrible hennissement et disparaît sous les flots. L'arbre lui-même, port de salut pour le pauvre évêque, est ébranlé par la violente secousse de l'inondation.

Et maintenant il est prisonnnier sur son arbre, au milieu d'une nuit obscure, se demandant comment il pourrait se tirer de cette triste position. Pour compléter son embarras, une violente pluie d'orage tombe en abondance, le tonnerre gronde avec fracas et à la lueur des éclairs, il aperçoit les animaux sauvages qui, emportés par les flots, se débattent contre la mort et poussent des rugissements de terreur.

La tempête dura toute la matinée ; les eaux montaient, montaient et à six heures du matin, bien qu'il eut grimpé sur le petit arbre jusqu'au sommet, le réfugié avait les pieds dans l'eau. A neuf heures, ce n'étaient pas seulement les pieds, mais les jambes ; à midi, il avait de l'eau jusqu'à la poitrine.

Qne faire à cet instant critique ? S'élancer à la nage au milieu des flots ? C'était aller à une mort certaine, car les eaux s'étendaient à cinq ou six kilomètres de chaque côté de lui et roulaient en écumant leurs tourbillons impétueux. Le meilleur parti à prendre était de se cramponner aux branches de l'arbre afin de n'être pas emporté par le courant et de se confier à la Providence ; c'est ce qu'il fit. Vers le soir l'eau commença à baisser, il était temps, car les forces du pauvre missionnaire étaient épuisées ; et voilà qu'un nouvel ennemi se présentait : le sommeil, contre lequel il lui fallut lutter pour ne pas glisser dans le torrent qui, gardait encore une profondeur de plusieurs mètres. Pendant toute la nuit il fut mouillé et glacé par le vent du nord qui venait des Montagnes Rocheuses, il ne put prendre un instant de repos, malgré sa fatigue.

Au crépuscule, Mgr Dubuis jeta un regard sur la campagne et vit le fleuve qui baissait peu à peu, mais qui était encore violent. Cependant un nouveau supplice venait se joindre à ceux que nous venons d'énumérer ; il y avait près de quarante-huit heures qu'il n'avait rien mangé et avec de telles fatigues, son estomac criait famine et le torturait.

Il attendit jusqu'à midi. Enfin, malgré son énergie, tombant presque de froid, de fatigue et de faim et commençant à découvrir la pointe des herbes de la prairie, il descendit de son arbre, et ayant de l'eau jusqu'à la ceinture, obligé même de traverser certains endroits à la nage, il fit trois kilomètres ainsi avec peine, exténué qu'il était par ces deux terribles journées. Arrivant enfin près d'un monticule à sec, il se jetta sur le sol et perdit connaissance. Mais la Providence veille sur ses enfants. Un pauvre Mexicain qui était à la recherche de ses troupeaux et qui se désolait en pensant qu'ils avaient été emportés par le fleuve, vint juste à passer près de lui et reconnut l'évêque, qu'il avait vu quelques jours auparavant. Il essaya de le ramener à la vie, et lui prodigua tous les soins possibles en pareilles circonstances ; puis il le chargea sur son cheval et le conduisit dans son *rancho*.

Mgr Dubuis ne reprit pleine connaissance que le lendemain matin ; dès le surlendemain il avait le courage de monter à cheval et de continuer ses courses apostoliques.

Comme nous l'avons dit précédemment, les serpents de toute sorte abondaient au Texas et il n'était pas rare de voir arriver, par eux, les plus graves accidents. Un jour, Mgr Dubuis était à San-Antonio chez les Ursulines. Pendant qu'il confessait, il entend tout à coup quelque chose remuer sous son siège, puis il perçoit un bruit d'écailles bien connu de lui ; au même instant il sent quelque chose s'enrouler autour de sa jambe. Il comprend aussitôt le danger ; il se lève, donne une forte secousse du pied, envoie rouler à distance un de ces serpents à sonnette dont la blessure est mortelle et l'écrase de son talon.

Souvent aussi le voyageur qui parcourt les vastes prairies du Texas en été, sous un soleil brûlant, se trouve en grand péril pour sa vie, lorsque les herbes s'enflamment et couvrent les plaines d'un vaste incendie. Le feu se propage alors avec une grande rapidité et l'on voit partout les animaux prendre la fuite à son approche. Malheur au voyageur égaré lorsque, poussées par des vents contraires, les flammes arrivent de plusieurs côtés à la fois ; il succombe presque infailliblement dans le brasier, s'il est à pied ou s'il n'a pas une bonne monture, car les flammes se précipitent et courent avec une rapidité extraordinaire.

Bien des fois Mgr Dubuis assista à cette scène grandiose et terrible pour ceux qui ne savent pas se défendre. Heureusement, dès les premières années de son apostolat, il avait appris des Indiens le moyen de conjurer le danger.

Lorsqu'il voyait arriver l'incendie, il embrasait immédiatement la prairie là où il se trouvait et, lorsque les flammes arrivaient vers lui, il trouvait un refuge assuré à l'endroit qui était brûlé depuis quelques minutes et qui ne pouvait plus recevoir la visite des flammes. Ceci lui arriva bien des fois durant sa vie de missionnaire ; une fois entr'autres qu'il se trouvait en tournée de confirmation, en compagnie d'un missionnaire, qui fut stupéfait de voir sa tranquillité et son moyen si simple de conjurer le péril.

Sa présence d'esprit, son audace et sa confiance en Dieu furent mises encore à beaucoup d'autres épreuves. Un jour qu'il allait au camp de Dhanis consoler et instruire les pauvres soldats Irlandais, il fut pris par une troupe de la cruelle tribu des Comanches. Il fut immédiatement ligotté, couché sur un cheval et attaché fortement, puis conduit au campement de la tribu en recevant durant une longue course, de quarante kilomètres au moins, toutes sortes d'injures, entremêlées de coups de lanière.

A son arrivée au camp, il était brisé et succombait de fatigues, après un si long voyage dans une position si incommode. Voyant la férocité de ses gardiens, il crut qu'il n'avait plus d'espoir de conserver sa vie, mais plein de confiance en Dieu, il résolut de se sauver par un coup d'audace.

— Va, dit-il à son gardien, va dire à ton chef de tribu que je le méprise.

Le gardien se rend aussitôt auprès de son chef, qui arrive bientôt tout bouillant de colère et la lance au poing.

— Que dis-tu, prisonnier, tu me méprises ?

— Oui, je te méprise.

— Et pourquoi cela ?

— Parce que tu agis en lâche et non en chef.

— Comment ? Pourquoi ?

— Parce que depuis dix heures je suis ligotté sur ce cheval dans une position barbare.

— N'ai-je pas le droit d'agir ainsi ? Nous sommes en guerre avec les blancs, tu es mon prisonnier, je puis bien faire de toi ce que je veux, puisque je suis chef.

— Et moi aussi je suis chef, et c'est pour cela que je dis que tu n'as pas le droit d'agir ainsi à mon égard.

— Que dis-tu ? Tu es chef ?

— Oui, je suis chef, je suis le chef de la prière et le ministre du Grand Esprit qui châtie les lâches comme ils le méritent.

— Pourquoi n'as-tu pas dit cela plus tôt ?

— Parce qu'on ne me l'a pas demandé.

Et aussitôt saisissant son poignard, le terrible Comanche s'avance et tranche les liens qui tenaient Mgr Dubuis captif, en disant humblement :

« Pardonne-moi, pardonne à ma tribu et puisque tu es chef de la prière, demande au Grand Esprit de bénir mon peuple. »

Puis faisant venir son meilleur cheval, l'Indien le présente à Mgr Dubuis avec toute sorte d'honneur en ajoutant : « Reçois ce présent, il sera le gage de notre amitié. »

Les souffrances qu'il endura, les périls qu'il affronta, les obstacles de toutes sortes dont il triompha, nous ne pouvons les raconter tous : Dieu seul les connaît dans les détails. Ce que nous savons, c'est qu'il fut pris plus de vingt fois par les Indiens sauvages, quatre fois dévalisé par les brigands, submergé deux fois pour ainsi dire dans une tempête sur mer, et une fois, au milieu du Colorado, sur le point d'être dévoré par les crocodiles. Cinquante fois il vit la mort en face et courut les chances du martyre; aussi, en voyant de près cette vie merveilleuse, on se rappelle tout naturellement les adversités de saint Paul dans son apostolat : « J'ai été fréquemment exposé à divers genres de mort : trois fois j'ai fait naufrage ; j'ai été un jour et une nuit au fond de la mer ; et souvent j'ai été en péril dans les voyages et sur les fleuves, périls des voleurs, périls du côté de ceux de ma race, périls du côté des gentils, périls dans les villes, périls dans les déserts, périls sur mer, périls parmi les faux frères ; dans le travail et les soucis, dans les veilles nombreuses, dans la faim et la soif, dans des jeûnes fréquents, dans le froid et la nudité. »

Malgré tous ces dangers, Dieu le réservait pour l'achèvement et la conservation de ses propres conquêtes. Une fois évêque il ne s'agissait pas seulement d'administrer, à force d'activité, un diocèse immense, il fallait encore construire des églises, des séminaires, des hôpitaux, des couvents; il fallait surtout recruter des ouvriers pour continuer l'œuvre commencée : beaucoup d'argent et beaucoup de dévouement étaient nécessaires. De cette époque datèrent les voyages périodiques de Mgr Dubuis en France.

Il venait demander pour ses missions et il avait l'art de convaincre. Chez lui, l'orateur, c'était l'homme tout entier se livrant dans la sincérité et la générosité de son âme véhémente. Sa parole semblait à l'étroit entre les murailles de nos églises de France; sa voix avait des éclats que l'exiguité des vaisseaux faisait paraître insolites. Mais comme il devait être beau, là-bas, dans les forêts, au bord des fleuves, clamant la bonne nouvelle à ses chers sauvages! Et quelles histoires merveilleuses il racontait; comme on le sentait dédaigneux de l'impossible, habitué au prodige, familier avec le miracle! Parfois en conversation il narrait des histoires qui paraissaient incroyables. C'est que les mœurs du Texas sont si différentes des nôtres, et puis il dramatisait les faits, multipliait quelquefois les chiffres pour égayer la société.

Les aumônes affluaient en ses mains, et il ne repartait pas sans qu'une phalange de volontaires, missionnaires et religieuses, ne prît avec lui le chemin de l'Amérique. Et en ce sens, sans doute, peut-on comprendre qu'il y avait, suivant la parole d'une vieille femme, quelque chose du brigand dans cet évêque, qui, consacré à l'apostolat, descendait si souvent sur la terre de France et y enlevait tous ceux qu'il jugeait dignes de collaborer à son œuvre.

C'est qu'on résistait difficilement à son ascendant. Il avait cette foi qui transporte les montagnes et, surtout, qui manie les âmes et incline les volontés. Jamais il ne regardait ni aux difficultés ni aux obstacles : l'œuvre était-elle utile, il la commençait ; le reste, disait-il, avec une belle confiance, regardait le bon Dieu et la Sainte Vierge. Au fait, le Ciel ne pouvait ne pas aider celui qui s'aidait lui-même si vaillamment.

Dans l'intimité, il était resté simple et familier, il causait volontiers avec les ouvriers des champs et s'intéressait à leurs travaux. Plus d'une fois, il alla trouver un paysan derrière ses bœufs et lui offrit, dans sa légendaire tabatière, une prise de l'excellent tabac d'Amérique pour lequel il avait un faible.

Nul, toutefois, n'officiait avec plus de dignité que lui ; quand, la crosse en main, redressant sa haute taille, il chantait, de sa voix claironnante, les formules de la bénédiction épiscopale, on eut dit un évêque guerrier des temps anciens. Il exigeait que les cérémonies s'accomplissent à la perfection, et, plus d'une fois, à l'occasion de quelque manquement, il se laissa surprendre par sa vivacité naturelle, quitte à indemniser d'une image ou d'un souvenir le clerc ou l'enfant de chœur qui avait supporté les frais de son impatience.

D'ailleurs cette vivacité naturelle s'alliait à un fond de bonté et de charité inépuisable. « Lorsque Dieu, dit Bossuet, forma le cœur et les entrailles de l'homme, il y mit premièrement la bonté comme le propre caractère de la nature divine. »

Aussi cette bonté se lisait sur son visage et était le premier attrait qui lui servait à gagner les hommes. Cette bonté il la portait dans toutes ses relations, elle embrassait toutes les personnes qui étaient en contact avec lui :

ses camarades de séminaire, ses confrères dans le sacerdoce et l'épiscopat. Pendant ses voyages en Europe, en Italie, en Belgique, en Allemagne et en Irlande, ses succès vraiment merveilleux pour grouper autour de lui les missionnaires et obtenir des secours abondants, furent dûs en grande partie à ce charme qu'il exerçait par sa simplicité et sa bonté. Au Texas, au dire des missionnaires qui nous en ont rendu témoignage, il était estimé même des protestants, et les ennemis les plus déclarés de l'Eglise le respectèrent toujours. Sous son air simple et bon, il avait gardé les formes de la vieille politesse française, et s'il rencontrait un Américain de lui inconnu, on était sûr de le voir faire toutes les prévenances que l'usage autorise et qui frappaient ce peuple si peu soucieux de se gêner pour le plaisir des autres.

Mais plus que tout autre, ses prêtres éprouvèrent ce qu'il y avait dans le cœur de leur évêque.

« Lorsque nous étions tristes, raconte un missionnaire, lorsque le chagrin et la misère nous accablaient, nous allions trouver le bon Père Dubuis, notre évêque, il pleurait avec nous sur nos difficultés et il nous disait : « Mon « pauvre enfant, venez dans mon bureau, prenez l'argent « que j'ai, venez à ma garde-robe, prenez le linge qu'il « vous faut; vous le savez bien, tout ce qui est à moi est à « vous. » Et sans plus de façon, nous acceptions tout. Il donnait tellement sans compter que, sur la fin, le chancelier n'avait consenti à tenir la caisse et les comptes du diocèse qu'à la condition que Mgr Dubuis n'aurait pas la clef du coffre-fort.

« En effet, celui-ci aurait toujours puisé jusqu'à extinction des fonds et l'on n'aurait plus rien trouvé pour payer les traites. Cet esprit de générosité l'a suivi jusqu'à la tombe, il donnait et donnait toujours tant qu'il avait quelque chose, et lorsqu'il n'avait plus rien, il demandait pour les autres, comme nous l'avons vu faire pour ses missions d'abord et encore plus tard pour les écoles catholiques. »

Il avait soin de visiter ses prêtres autant qu'il le pouvait, de les soutenir par ses lettres, de partager avec eux les secours qu'il recevait, et surtout de les rappeler de temps en temps à Galveston pour qu'ils pussent reprendre près de lui de nouvelles forces et un nouveau zèle. Sa règle était de ne les disperser qu'autant que la nécessité s'imposait ; il avait trop souffert lui-même, les premières années, de son isolement prolongé.

Il aurait voulu que ses prêtres fussent tous des saints, détachés des choses de la terre, afin de travailler plus efficacement à la propagande de l'Evangile. L'abbé Domenech, son vaillant compagnon de la première heure, écrit à ce sujet :

« Sa foi et sa confiance en Dieu n'avaient pas de bornes. Dur pour lui-même, il aurait voulu que ses collaborateurs fussent comme lui. Depuis qu'il était évêque, il les poussait rudement vers cette abnégation et cette confiance sans limites en la Providence, qui sont les traits caractéristiques de sa vie apostolique ; mais ses collaborateurs n'avaient pas la force morale de le suivre ; peu se formèrent à son école. J'ajouterai quelque chose d'assez étrange, c'est que Mgr Dubuis était dur pour le bon Dieu lui-même, quoique très bon pour son prochain. Comme il l'aimait de toute son âme ardente et de toutes ses forces, il ne le craignait pas. Il ne craignait pas non plus de le forcer, pour ainsi dire, à faire des miracles de n'importe quel genre, lorsqu'il s'agissait de propager le culte de son nom béni, et du salut des âmes ; je pourrais en citer bien des exemples... Quant à nous, pauvres pécheurs, à la foi débile comme celle des apôtres, avant la descente du Saint-Esprit sur eux, nous qui manquons si souvent d'amour et de générosité vis-à-vis de Celui qui nous a donné jusqu'à la dernière goutte de son sang pour nous ouvrir le Ciel, nous mesurons Dieu *à notre aune*, et nous croyons que c'est abuser de sa bonté de réclamer de lui des choses qui nous paraissent impossibles. Ah ! combien nous rapetissons Dieu, comme nous le comprenons peu, et comme nous avons peu de confiance dans cette assertion divine : « Demandez et vous obtien« drez ! » Il est vrai qu'on voit bien des gens demander des choses qu'ils n'obtiennent pas, parce qu'ils sont comme ces enfants qui demandent du poison, le prenant pour du sucre, et Dieu n'accorde que ce qui est bon pour notre âme, bon pour le Ciel. »

Mgr Dubuis fut vraiment un homme d'une foi héroïque et d'une vertu hors de pair.

Ses amis ont connu cette humilité si profonde, cette simplicité vraiment extraordinaire qui le rendait si populaire et si accessible à tous.

Ils ont connu cette activité qui déroute l'imagination, cette vie de parole et de mouvement au milieu de laquelle il trouve le moyen de conserver toujours son âme en la présence de Dieu.

Ils ont connu aussi cette pauvreté évangélique qui ravissait tout le monde. Dans ses voyages longs et pénibles, qu'il faisait très souvent à pied, il demandait ordinairement sa subsistance à la charité publique et très souvent il était obligé de se reposer en plein air ou dans quelques masures abandonnées.

D'ailleurs, à l'exemple des apôtres, il allait d'un lieu à un autre *sine sacculo et perâ*, porter les bienfaits de son ministère et il ne demandait d'autre récompense de ses travaux et de ses fatigues que la satisfaction de voir les pécheurs ou les fidèles en recueillir les fruits. Il aurait pu, comme tous les ministres de l'Evangile, *participer aux oblations de l'autel*, mais saint Paul lui avait appris qu'il était encore plus parfait pour un homme de sa profession de ne pas recourir habituellement à de telles ressources. Aussi, quand il recevait quelque don, c'était pour le faire passer aussitôt entre les mains de ses œuvres nombreuses et de ses prêtres.

Très Français de race et d'éducation, son intelligence pénétrante, la sainteté de sa vie, son zèle et son infatigable charité le faisaient apprécier de tous, croyants ou incrédules. Son départ du Texas fut regardé comme un malheur public et l'affligea lui-même profondément.

Au début de son apostolat il ne se trouvait que deux églises propres au culte et quatre prêtres dans tout le Texas et le territoire indien. A son départ il y avait cinq diocèses, deux cent trente prêtres et plus de deux cents églises.

Son nom restera toujours en honneur dans l'Eglise des Etats-Unis, comme celui du grand bienfaiteur du Texas. Il était une de ces rares natures qu'il suffit de montrer pour qu'on les accueille, les aime et les applaudisse, une de ses natures qui nous dominent de toute la force, de tout l'attrait, de toute la grandeur qui sont en elles.

Se faisant tout à tous, il avait même su prendre un certain cachet d'originalité américaine, si bien que l'on aurait dit en le voyant que c'était un de ces Yankees qu'il avait fréquentés. Et son prestige, sa puissance d'attraction se trouvaient augmentés d'autant, au milieu de ces populations du Texas, bizarres et mêlées, comme plus tard au milieu des populations françaises.

Dans tout pays nouveau qui s'ouvre à l'humanité, l'homme qui se trouve le premier à passer laisse une forte trace, et lorsque cet homme transforme sa nouvelle patrie, il prend place parmi ceux qui brillent au sommet de l'histoire. Or, nous pouvons dire en toute vérité que Mgr Dubuis fut le grand pionnier du catholicisme dans cette terre nouvelle.

Homme d'action, mais souple autant que ferme, et sachant adapter sa vie à son nouveau pays, il fut un travailleur infatigable mais heureux, et le type achevé du prélat américain. Les qualités de son âme et de son cœur étaient celles-là même qui peuvent le plus pour Dieu et les âmes, en Amérique, dans le temps présent. Il avait surtout l'intelligence pratique et en quelque sorte élastique, nécessaire pour étudier le terrain où il faut déployer ses forces et pour s'accommoder aux indications de la Providence. Il comprenait le peuple texien, il l'aimait, il constatait en lui de belles qualités naturelles, il était parvenu à s'assimiler ces qualités et à ne faire, pour ainsi dire, qu'un avec lui.

En un mot, cet homme puissant, cet éminent prélat, qui devait exercer une si grande influence sur l'Eglise catholique du Texas, était vraiment le type d'une des formes les plus élevées que puisse revêtir le catholicisme. C'était, dans la force du terme, un membre de l'Eglise militante ; sa mémoire restera comme celle d'un des plus illustres apôtres du siècle qui va finir.

ERRATA

Pages

3 Au lieu de : recommandable par sa *pitié*, lisez : recommandable par sa *piété*.

20 Au lieu de : *sa santé ne put tenir longtemps à cette robuste vie si intense*, lisez : *sa robuste santé ne put tenir longtemps à cette vie si intense.*

33 Au lieu de : la verdure s'élève, lisez : la verdure qui s'élève.

37 Au lieu de : *leur* noms sont *écrit* dans mon *cœurs*, lisez : *leurs* noms sont *écrits* dans mon *cœur*.

57 Au lieu de : *soit* à cause de l'état des sauvages, lisez : à cause de l'état des sauvages.

80 Au lieu de : vivant sans secours, sentirent bientôt, lisez : vivant sans secours, *ils* sentirent bientôt.

83 Au lieu de : et me *disposait*, lisez : et me *disposais*.

122 Au lieu de : ceux qui ne *compte*, lisez : ceux qui ne *comptent*.

135 Au lieu de : ses chères Ursulines *avait* une grande place dans son cœur, lisez : ses chères Ursulines *avaient* une grande place dans son cœur.

172 Au lieu de : nous arrivâmes *harrassés*, lisez : nous arrivâmes *harassés*.

193 Au lieu de : la négation absolue de l'infaillibilité pontificale les *mettaient*, lisez : la négation absolue de l'infaillibilité pontificale les *mettait*.

197 Au lieu de : comme on s'était *unis*, lisez : comme on s'était *uni*.

197 Au lieu de : les ayant *vu* partir, lisez : les ayant *vus* partir.

214 Au lieu de : mais pour cela qu'il fallait, lisez : mais *que* pour cela il fallait.

227 Au lieu de : *carosse*, lisez : *carrosse*.

231 Au lieu de : se sentant *attirer*, lisez : se sentant *attiré*.

TABLE

Bourg, imprimerie VILLEFRANCHE. — 155-99

www.ingramcontent.com/pod-product-compliance
Ingram Content Group UK Ltd.
Pitfield, Milton Keynes, MK11 3LW, UK
UKHW020129220726
13923UKWH00001B/74